Dietz Berlin / Analysen

W0417661

Timo Daum / Sabine Nuss (Hrsg.)

Die unsichtbare Hand des Plans

Koordination und Kalkül im digitalen Kapitalismus

Dietz Berlin

Editorische Vorbemerkung:
Alle Zitate und Dokumente in diesem Band sind den Regeln der neuen Rechtschreibung angeglichen.

Bibliografische Informationen der Deutschen Nationalbibliothek. Die Deutsche Nationalbibliothek verzeichnet diese Publikation in der Deutschen Nationalbibliografie; detaillierte bibliografische Daten sind im Internet über http://dnb.dnb.de abrufbar.

Gefördert von der Rosa-Luxemburg-Stiftung

1. Auflage 2021
© Karl Dietz Verlag Berlin GmbH
Franz-Mehring-Platz 1
10243 Berlin
Alle Rechte vorbehalten

Gestaltung: Andreas Homann
Lektorat: TEXT-ARBEIT/Stephan Lahrem
Druck und Bindung: CPI, Leck
Printed in Germany
ISBN 978-3-320-02382-9

Inhalt

Timo Daum und Sabine Nuss

Einleitung – die faszinierende Logistik des Kapitals

Die deutsche Post zu Zeiten Wilhelms II. galt dem vielleicht bedeutendsten Revolutionär des 20. Jahrhunderts als Musterbeispiel sozialistischen Wirtschaftens. Der »Mechanismus der gesellschaftlichen Wirtschaftsführung« sei »bereits fertig vorhanden« und könne eins zu eins übernommen werden. Einzig die Kapitalisten müsste man noch zum Teufel jagen, dann könne dieser »von dem ›Schmarotzer‹ befreite technisch hoch entwickelte Mechanismus« von der vereinigten Arbeiterschaft selbst gesteuert werden. Angestimmt hatte dieses Loblied auf die Reichspost Wladimir Iljitsch Uljanow, besser bekannt unter dem Namen Lenin. Am Vorabend der Russischen Revolution schrieb er in seiner programmatischen Schrift »Staat und Revolution«: »Unser nächstes Ziel ist, die *gesamte* Volkswirtschaft nach dem Vorbild der Post zu organisieren.«[1]

100 Jahre später zeigen sich erneut Linke begeistert von zeitgenössischen Logistikunternehmungen. Die beiden kanadischen Autoren Leigh Phillips und Michal Rozworski attestieren den heutigen Pendants der wilhelminischen Post, sie stellten eigentlich gigantische Planwirtschaften dar, vollbrächten Wunder an Koordination und Kalkulation in ihrem Bestreben nach optimierter Produktion und Distribution: »Planwirtschaft ist nicht nur möglich, sondern bereits überall um uns herum da, wenn auch in hierarchischer und undemokratischer Form«, lautet denn auch die Schlussfolgerung der beiden Autoren – ausgerechnet bei Amazon und Walmart sind sie fündig geworden.[2] Als problematisch sehen sie – ganz wie Lenin – in

1 Wladimir I. Lenin: Staat und Revolution, in: ders.: Werke, Bd. 25, Berlin 1962, S. 395–503, hier S. 440, Hervorh. im Original.

2 Leigh Phillips/Michal Rozworski: The People's Republic of Walmart. How the World's Biggest Corporations Are Laying the Foundation for Socialism, London/New York 2019, S. 75.

erster Linie einen Nebenaspekt der geplanten Logistikmaschinerien an, nämlich dass die »gesellschaftliche Arbeit der vielen in Profite für die wenigen transformiert« werde.[3] Auch sie wollen also Profiteure wie Jeff Bezos zum Teufel jagen und die Logistikfabrik den Arbeiterinnen und Arbeitern zur Selbstverwaltung überlassen.

Die Verwirklichung von Sozialismus und Planwirtschaft steht derweil auch in China auf der Tagesordnung und Logistikunternehmen spielen dabei eine wichtige Rolle. Dort ist es der Gründer und ehemalige Chef von Alibaba, der größten Handelsplattform der Welt, der die Rückkehr der Planwirtschaft heraufziehen sieht. Jack Ma, seit den 1980er-Jahren Mitglied der Kommunistischen Partei,[4] hat den uramerikanischen Traum vom Tellerwäscher zum Millionär bzw. vom Englischlehrer zum Milliardär durchlebt und prophezeit, die Technik mache es möglich, die Marktkräfte »vorherzusagen und zu planen«, denn: »Wenn wir Zugang zu allen Daten haben, finden wir die unsichtbare Hand des Markts«. Dies erlaube letztendlich, so Ma, »die Planwirtschaft zu verwirklichen«.[5] Ausgerechnet durch Aktivitäten profitorientierter privatkapitalistischer Digitalkonzerne nach dem Vorbild des Silicon Valley soll im sozialistischen China, so jedenfalls das Selbstverständnis des von einer kommunistischen Einheitspartei regierten Landes, Big-Data-Planwirtschaft Realität werden.

Die Dimensionen dieser weltweit aktiven Unternehmen, die eigene Flughäfen, Rechen- und Logistikzentren betreiben, hätten Lenin ganz gewiss die Sprache verschlagen: Amazon als weltgrößter Einzelhändler setzt das Dreifache des Bruttoinlandsprodukts der frühen Sowjetunion um. Walmart beschäftigt mehr Menschen, als die Alpenrepublik Slowenien Einwohner zählt, und ist so der weltgrößte private Arbeitgeber (2,2 Millionen Beschäftigte). Und Alibaba bewältigte zuletzt an

3 Ebd., S. 87.

4 Arjun Kharpal: Alibaba's Jack Ma Has Been a Communist Party Member since the 1980s. CNBC, 27.11.2018.

5 Can big data help to resurrect the planned economy?, in: Global Times, 14.6.2017, unter: www.globaltimes.cn/content/1051715.shtml

einem einzigen Tag über eine Milliarde Transaktionen – angesichts dieser Ausmaße nimmt sich die Reichspost wie ein Briefmarkensammelverein aus und die Fünfjahrespläne der Sowjetunion wie Sandkastenspiele.

Dabei werden sämtliche internen Abläufe dieser Logistik-Riesen völlig ohne Marktmechanismen abgehandelt. Produktion, Allokation von Gütern und Arbeitskraft werden koordiniert, das Kapital plant auf grandioser Skala. Doch nicht nur die schiere Größe der neuen Weltkonzerne erklärt die Renaissance der Debatte um Planwirtschaft. Auch digitale Technologien zur Ermittlung von Kundenwünschen und eine perfektionierte Echtzeit-Logistik tragen dazu bei. So begegnen die Unternehmen der Unsicherheit des Markts mit dem durch Künstliche Intelligenz (KI) gesteuerten Versuch, das künftige Kaufverhalten möglichst genau voraussagen zu können, um zielgenau, personalisierend und schnell Kundinnen und Kunden zu bedienen und der für die Marktwirtschaft notorischen Überproduktion zu entgehen. Amazon weiß heute mit großer Wahrscheinlichkeit, welche Waren ich als nächstes kaufen werde – nämlich diejenigen, die es mir aufgrund meiner Geschichte vorschlägt.

Sozialismus aus dem Rechner?

Die Idee mithilfe von elektronischer Datenverarbeitung Ökonomie und Gesellschaft zu planen, ist so alt wie die Erfindung selbst. Konrad Zuse, der Erbauer des ersten Computers, taufte nicht nur seine Anfang der 1940er-Jahre entwickelte Programmiersprache auf den geradezu poetischen Namen »Plankalkül«. Auch die Idee eines »Computer-Sozialismus« geht Zuses Freund und Biograf Arno Peters zufolge auf den Kreuzberger Tüftler zurück. Vier Jahre nach dem Mauerfall erläuterte er: »Mir schwebt so etwas vor wie eine Art Computer-Sozialismus [...], vieles durchzusetzen, was die Idealisten in den sozialistischen Ländern im Osten dachten, was ihnen dann aber nicht ganz gelungen ist.«[6]

6 Arno Peters/Konrad Zuse: Was ist und wie verwirklicht sich Computer-Sozialismus? Gespräche mit Konrad Zuse, Berlin 2000, S. 10.

Mit erheblicher Altersmilde findet Zuse hier geradezu euphemistische Worte für den im Weltmaßstab gescheiterten Versuch, Lenins Idee einer verallgemeinerten Reichspost als Gesellschaftsmodell zu etablieren. Denn wenige Monate nachdem Lenin sein Loblied auf die Reichspost zu Papier gebracht hatte, bekamen er und seine Mitstreiterinnen und Mitstreiter die historisch einmalige Chance, eine vernünftige Alternative zum ausbeuterischen Kapitalismus mit seiner anarchischen Marktwirtschaft, seinen Krisen und Ungerechtigkeiten aufzubauen.

Doch der Aufbau des Sozialismus scheiterte, gemessen an seinen eigenen Ansprüchen – vernünftige Planung, Überwindung der Ausbeutung von Mensch und Natur, gutes Leben für alle –, auf ganzer Linie. Der Unvernunft des Markts vermochte der Realsozialismus keine vernünftige Planung entgegenzustellen. Oft herrschte gleichzeitig Mangel und Verschwendung. Robert Kurz sprach in seiner furiosen Abrechnung mit dem Realsozialismus von der »identischen Blindheit« von Kapitalismus und Sozialismus, die auf ihrer gemeinsamen Basis in der modernen Industriegesellschaft beruhe.[7] Dass die Kapitalisten verschwunden waren, änderte nichts daran, den Raubbau an Mensch und Umwelt schonungslos fortzusetzen. Der real existierende Sozialismus erscheint in der Rückschau durch seine kritiklose Übernahme von Fordismus und Taylorismus eher als *dirty version* des Industrialismus, als kleiner hässlicher Bruder des »Amerikanismus«. So bezeichnete Antonio Gramsci dessen »größte bisher zustande gekommene kollektive Anstrengung [...], mit unerhörter Geschwindigkeit und einer in der Geschichte nie da gewesenen Zielbewusstheit einen neuen Arbeiter- und Menschentypus zu schaffen«.[8] Phillips und Rozworski sprechen ihrerseits von den »beiden Zwillingen undemokratischer Planung, der Sowjetunion und Walmart«.[9]

7 Robert Kurz: Der Kollaps der Modernisierung. Vom Zusammenbruch des Kasernensozialismus zur Krise der Weltökonomie, Frankfurt a.M. 1991, S. 8.

8 Antonio Gramsci: Gefängnishefte, Bd. 9, Heft 22, §11 Rationalisierung der Produktion und der Arbeit, Hamburg 2012, S. 2086.

9 Phillips/Rozworski: The People's Republic of Walmart, S. 245.

Dieses historische Scheitern gilt es im Hinterkopf zu behalten, wenn heute von linker Seite Debatten um eine Übernahme der Prädiktionstechnologien des Kapitals geführt werden. Amazon, Walmart oder Alibaba einfach übernehmen und unter die Kontrolle der Arbeiterinnen und Arbeiter oder auch der Konsumentinnen und Konsumenten stellen zu wollen und zu glauben, dadurch einen digitalen Sozialismus verwirklichen zu können, ist vermutlich – das legen die historischen Erfahrungen nahe – nicht ausreichend.

Planwirtschaft gleich Sozialismus?

Das »Universal-Lexikon« liefert folgende Definition von Planung: »der geistige, auch organisatorisch und institutionell ausgeformte Vorgang, durch Abschätzungen, Entwürfe und Entscheidungen festzulegen, auf welchen Wegen, mit welchen Schritten, in welcher zeitlichen und organisatorischen Abfolge, unter welchen Rahmenbedingungen und schließlich mit welchen Kosten und Folgen ein bestimmtes Ziel erreichbar erscheint«.[10] So gesehen ist Planung, das gedankliche Vorwegnehmen von Handlungen, immer schon Bestandteil nahezu jeglicher menschlichen Betätigung, und das gilt auch und erst recht im Kapitalismus.

Der britische Marxist Aaron Bastani schreibt, zentralisierte Planung sei ein wichtiges Merkmal auch in »freien Marktwirtschaften«, und macht darauf aufmerksam, dass etwa Zentralbanken lupenreine Planungsorganisationen darstellten.[11] Zustimmung findet sich auch auf der anderen Seite des ideologischen Spektrums: »Alle modernen kapitalistischen Staaten haben einen großen öffentlichen Sektor und sozialistische Staaten haben private wirtschaftliche Betätigung in gewissem Rahmen erlaubt«, schreibt Francis Fukuyama.[12] Und doch gilt der »freie Markt« immer noch als Wesensmerkmal des Kapitalismus, von Adam Smith bis heute wird das Mantra der

10 https://universal_lexikon.deacademic.com/6655/Planung.

11 Aaron Bastani: Fully automated luxury communism. A manifesto, London/New York 2020, S. 227.

12 Francis Fukuyama: *Das Ende der Geschichte. Wo stehen wir?*, München 1992, S. 81.

Marktprinzipien Konkurrenz und Allokation von Ressourcen heruntergebetet. Planwirtschaft wird demgegenüber nicht nur mit den real existierenden Sozialismen der Vergangenheit und Gegenwart gleichgesetzt, sondern gilt auch als Schlüsselbegriff der theoretischen Konzeptionen von Sozialismus.

Der Begriff Planwirtschaft taucht jedoch im deutschen Sprachraum nicht im Kontext des Sozialismus auf, sondern wurde 1917 vom Industriellen Walther Rathenau ins Spiel gebracht. Im selben Jahr erschien dessen Abhandlung »Von kommenden Dingen«,[13] in der er seine Erfahrungen als Organisator der kaiserlichen Kriegswirtschaft verarbeitet, die er als erfolgreichen Versuch wertete, den Kapitalismus planerisch zu gestalten. Der oberste Kriegswirtschaftsführer wollte jedoch keineswegs den Sozialismus verwirklichen, sondern einzig die anarchische Marktwirtschaft durch eine kapitalistische Planwirtschaft ersetzen – ohne Veränderung der Eigentumsverhältnisse. Erst 1928 begann dann in der Sowjetunion die Ära zentraler staatlicher Planung. Seit jener Zeit ist der Begriff Planwirtschaft mit dem Aufbau des Sozialismus und der sozialistischen Überführung des Eigentums an Produktionsmitteln in genossenschaftliches oder Staatseigentum untrennbar verbunden.

Kapitalismus aus dem Rechner

In den 1920er-Jahren hat eine breite Debatte um die Planbarkeit sozialistischer Wirtschaftssysteme stattgefunden, im englischen Sprachraum als »socialist calculation debate« bekannt. Der marktliberale Vordenker Friedrich August von Hayek argumentierte damals, dass es in einer komplexen arbeitsteiligen Ökonomie wegen des Fehlens eines »allwissenden Akteurs« Preise und freie Märkte benötige, um Informationen über die effizienteste Allokation und Produktion zu generieren. Seine Argumentation hatte Erfolg: Seit dieser Zeit gilt der Markt als »allwissendes Informationssystem«[14] – und der Plan demgegenüber als lahme Ente.

13 Walther Rathenau: Von kommenden Dingen, Berlin 1917.

14 Raul Zelik: Die Untoten des Kapitals, Frankfurt a.M. 2020, S. 208.

Heute allerdings wird diese immer schon fragwürdige Dichotomie zunehmend obsolet. Das Kapital hat stets geplant, gegenwärtig geschieht dies in Gestalt der digitalen Plattformen mit ihrer Echtzeit-Datenanalyse erst recht und im großen Stil, nur meist vor unseren Augen verborgen im Inneren seiner komplexen Maschine – das ist die unsichtbare Hand des Plans.

Die Plattformkonzerne vermögen noch mehr: Sie sehen sich zusehends in der Lage, die Unwägbarkeiten von Konkurrenz auf anonymen Märkten auszuschalten, indem sie Vorhersagetechnologien einsetzen, die das Verhalten der Marktteilnehmer kalkulieren können. Dass sie meist als Monopole die Märkte selbst errichten in Gestalt digitaler Ökosysteme, deren Spielregeln sie bestimmen und auf denen sie gleichzeitig mitspielen, erleichtert die Sache.

Daraus zieht etwa Evgeny Morozov den Schluss, heutige Plattformen seien als kybernetische Feedback-Infrastrukturen zu betrachten, die sich anschickten, das von Hayek formulierte »Knowledge-Problem« zu lösen, also die These, dass die für eine rationale Wirtschaftsplanung erforderlichen Daten stets auf unterschiedliche Akteure verteilt seien und sich dem Zugriff durch eine zentrale Instanz entzögen.[15] Wir haben es möglicherweise mit etwas Drittem zu tun, nicht mehr (klassischer) Markt und beileibe keine Planwirtschaft, sondern eine Synthese aus beiden: *planning in real time* im Dienst des Kapitals.

Ob Planwirtschaft und freier Markt vielleicht zwei Seiten ein und derselben KI-gestützten Vermessungs-, Verkaufs- und Kontrollmaschinerie sind und ob und welche Chancen für Emanzipation darin liegen – das sind Fragen, mit denen sich die Autorinnen und Autoren des vorliegenden Buchs beschäftigen. Die kybernetischen Maschinen des Kapitals und ihr vermeintliches Lösungspotenzial geben also Anlass, alte Fragen neu aufzugreifen und vor dem Hintergrund aktueller Entwicklungen eine Neuauflage der »sozialistischen Planungsdebatte« anzustoßen. Dabei gilt es zu begreifen, dass die grandiose

15 Evgeny Morozov: Digital Socialism? The Calculation Debate in the Age of Big Data, in: New Left Review 3–4/2019, S. 33–67.

Unvernunft unserer Welt nicht in Fragen von Markt, Plan oder *planning* aufzulösen ist, sondern in der Organisationsweise von Gesellschaft liegt. Die entscheidende Frage ist nicht, ob, sondern zu welchem Zweck geplant wird und in welcher Form dies geschieht. Denn Planwirtschaft allein ist genauso wenig ein Merkmal einer vernünftigen Gesellschaftsordnung wie veränderte Eigentumsverhältnisse ein Garant dafür sind, dass kein Arbeitszwang herrscht, kein Raubbau an der Natur betrieben wird und keine katastrophale Misswirtschaft entsteht.

Wie aber könnte dann eine Alternative zum digitalen Kapitalismus aussehen? Wie eine Alternative, in der der Markt ersetzt wäre durch ein soziales Arrangement, das kybernetische Steuerungsprozesse nutzt, um möglichst ressourcenschonend und arbeitssparend zu produzieren? Wie eine Alternative, in der die Veränderung der Eigentumsformen flankiert wird durch eine gesellschaftliche Produktion und Konsumtion, die keine Waren mehr produziert? Wie eine Alternative, die die Ambivalenz der digitalen Technologien nicht als technologische, sondern als politische Herausforderung begreift?

Der vorliegende Band liefert keine fertigen Antworten auf diese Fragen, sondern möchte anknüpfend an die Renaissance der sozialistischen Planungsdebatte eine Planungsdebatte 2.0 voranbringen.

Die einzelnen Beiträge

Theoretische Diskussionen über die Möglichkeit von Koordination und Kalkül, Planung und Plan gingen der Entstehung sozialistischer Planwirtschaften voraus bzw. begleiteten sie von Anfang an. Dabei bildete die Kapitalismuskritik von Marx und Engels das ideologische Fundament. Aktuelle Debatten beziehen sich erneut auf Marx und speziell auf sein Konzept des »general intellect«, entwirft es doch ein Szenario, in dem das Wissen unmittelbar Anwendung in der Produktion findet und so als In-eins-Fallen von Plan und dessen Realisierung gelesen werden kann.

Der erste Teil des vorliegenden Buchs reflektiert daher nicht nur den Diskussionsstand um die (Un-)Möglichkeit der Planung einer komplexen Ökonomie in der ersten Hälfte des 20. Jahrhunderts, hinter den heutige Debatten teilweise zurückfallen, sondern hinterfragt, wie und ob sich die marxsche Kritik der Politischen Ökonomie für Überlegungen zu einer geplanten Ökonomie jenseits des Markts überhaupt produktiv nutzen lässt.

Bis heute werden Marx und Engels, die Ikonen der Kapitalismuskritik, für das Scheitern des real existierenden Sozialismus in Haftung genommen. Inwiefern das gerechtfertigt ist und wie viel Planung überhaupt in Marx steckt, dieser Frage gehen Valeria Bruschi, Antonella Muzzupappa, Sabine Nuss und Anne Steckner in ihrem Beitrag zum Auftakt des Buchs nach.

Statt vorschnell die Potenziale der neuen Technologien als Voraussetzung für die Überwindung einer kapitalistischen Marktökonomie zu diskutieren, plädiert der bereits erwähnte Evgeny Morozov für eine »neue Planungsdebatte«. Dazu ist eine Revision der älteren Planungsdebatten unabdingbar, nicht nur um das Rad nicht neu zu erfinden, sondern vor allem weil dort noch Fragen gestellt wurden, die heute verschüttet sind, weil sie – zu Unrecht – schon als gelöst gelten, zum Beispiel die Rolle des Preises als Träger von Information bei der Ermittlung von Bedürfnissen. Oliver Schlaudt skizziert die historischen sozialistischen Planungsdebatten, erinnert Probleme, die eine geplante Ökonomie zu bewältigen hätte, wenn es keine Märkte geben würde und zeigt im Vorbeigehen, wie seinerzeit die jungen sozialistischen Ökonomen sich ausgerechnet den neoklassischen, eigentlich auf den Kapitalismus gemünzten Theorieapparat aneigneten, um eine Theorie der Planwirtschaft zu entwickeln.

Die Kybernetik beschäftigt sich mit der Struktur komplexer Systeme nicht nur in der Biologie, sondern auch bei Maschinen, Unternehmen, ja ganzen Gesellschaften. Mit ihrer Hilfe erhoffte man sich in den 1950er- und 1960er-Jahren, planwirtschaftliche Prozesse im real existierenden Sozialismus effizienter zu gestalten. So kam es zu dem »kurzen Frühling der Kybernetik« in der DDR, den Tom Strohschneider im Anschluss an Schlaudt nachzeichnet.

Der Einführung von Strohschneider in diese Diskussion und ihren jähen Abbruch stellen wir zur Illustration einen kurzen Ausschnitt aus Georg Klaus' »Kybernetik in philosophischer Sicht« zur Seite, der vielleicht wichtigsten Publikation zur Thematik in der DDR, die 1962 im Dietz Verlag Berlin erschien. Im »Philosophischen Wörterbuch« der DDR schrieb Klaus: »In Wirklichkeit ist die Kybernetik ihrem Wesen nach materialistisch und dialektisch.«[16]

Eine verschüttete Tradition der ökosozialistischen Planwirtschaft legen Inga Jacobsen und Alexander Amberger frei. Sie erinnern an Walter Harich, Rudolf Bahro und Robert Havemann – drei ganz unterschiedliche DDR-Intellektuelle, die eine eigentümliche Kombination in ihrem Denken einte: der feste Glaube an die sozialistische Planwirtschaft und das frühe Erkennen der ökologischen Krise. Sie kritisierten aus verschiedenen Perspektiven die Konsum- und Verschwendungslogik, die Sozialismus und Kapitalismus in ihrer industriellen Phase, in ihrem Wettbewerb um die Gunst der Konsumentinnen und Konsumenten hüben wie drüben auszeichnete. Jacobsen und Amberger kontrastieren diese Ansätze mit den Überlegungen des Humanökologen Andreas Malm, der mit seinem Buch »Fossil Capital« derzeit für Furore in der Kapitalismuskritik sorgt. Malms These, dass eine postfossile Transformation nur mit planwirtschaftlichen, nicht aber mit Marktmechanismen gelingen könne und dafür ein »Öko-Leninismus« erforderlich sei, unterziehen Jacobsen und Amberger einer historisch-vergleichenden Prüfung.

Im zweiten Teil des Bandes geht es um den gegenwärtigen Kapitalismus, insbesondere um eine recht junge Organisationsform des Kapitals: Die Plattform, wahlweise auch als digitales Ökosystem bezeichnet, ist weltumspannend zum Standardmodell des digitalen Kapitalismus geworden.

Armin Beverungen gibt Einblick in das Herzstück der Logistikmaschinerie Amazon. Der Konzern gehört zu den größten Logistikunternehmungen in der Geschichte der Menschheit

16 Georg Klaus/Manfred Buhr (Hrsg.): Philosophisches Wörterbuch, Leipzig 1976, Bd. 1, S. 701f., hier S. 702.

und setzt auch beim Planerischen neue Maßstäbe. Berühmt ist Amazons Patent für vorauseilendes Ausliefern: Bedürfnisse werden befriedigt, noch bevor der Kunde weiß, dass er sie hat. In den Fulfilment-Zentren (wörtlich: Wunscherfüllungszentren) des Konzerns arbeiten algorithmisches Management und logistische Koordinationsmaschinerie im Verborgenen vortrefflich zusammen.

Ausgehend von einer kritischen Analyse der erstarkenden Plattformökonomie geht Dominik Piétron auf die Risiken staatlicher Datenkontrolle ein. Die entscheidende Bedingung für eine demokratische Plattformsteuerung sei die Vergesellschaftung der Daten. Dies legt er exemplarisch dar an dem Modell der »Datengenossenschaft« (Data-Trust), eine Form kollektiver Selbstverwaltung von Daten, die sowohl das Grundrecht auf informationelle Selbstbestimmung als auch eine plattformbasierte Wirtschaftsplanung zu gewährleisten verspricht.

Sun Wei beschreibt mit China ein Land, das seit 40 Jahren versucht, Markt und Plan zu vereinbaren, und gleichzeitig ein Gegenmodell zum »Washington Consensus« repräsentiert – offiziell befindet sich das Land in einer Frühphase des Sozialismus *(primary stage of socialism)*. Dort spielen – allen Marktelementen zum Trotz – Elemente der Planung und staatlich gelenkte Interventionen nach wie vor eine entscheidende Rolle.

Direkt an Sun Wei anknüpfend untersucht Timo Daum die vielfältigen planerischen Elemente in der Organisation chinesischer Digitalkonzerne und der staatlichen Infrastrukturpolitik, die im Zusammenspiel eine Art digital-sozialistische Plattformökonomie bilden. Er legt dar, warum Führungskräfte aus Politik und Wirtschaft in China der Meinung sind, mittels des Plattformkapitalismus chinesischer Prägung die Planwirtschaft verwirklichen zu können, und schlägt vor, China selbst als Plattform zu betrachten, als eine Art digitalen Realsozialismus der Gegenwart.

Die Beiträge im dritten Teil des Bandes weiten den Horizont über den digitalen Kapitalismus hinaus. Welche emanzipativen Potenziale bieten die Kybernetik-Geschichte bzw.

konkrete kybernetische Praktiken und Organisationsformen für die Herausarbeitung einer gesellschaftlichen Alternative?

Die Bedeutung von Technologie (Digitalisierung, Vernetzung, Künstliche Intelligenz etc.) als Voraussetzung für einen Postkapitalismus wird häufig unter Bezugnahme auf den marxschen Begriff »general intellect« diskutiert. Im sogenannten Maschinenfragment postuliert Marx, dass im Fortgang des Kapitalismus das allgemeine Wissen in seiner gesellschaftlichen Funktion als unmittelbare Produktivkraft so weit voranschreitet, dass menschliche Arbeitskraft als einzige Quelle von Wert zunehmend von Maschinen ersetzt werden könne, sodass die auf Tauschwert beruhende Produktionsweise zusammenbrechen müsse. Christopher Wimmer zeichnet die Rezeption dieses berühmt gewordenen marxschen Diktums kritisch nach.

Jens Schröter lotet aus, wo es Berührungspunkte gibt zwischen der Debatte um eine Planwirtschaft auf Basis digitaler Plattformen und der Commons-Bewegung, die sich ebenfalls Planung auf die Fahnen geschrieben hat, allerdings eine, die nicht nur den kapitalistischen Markt überwindet, sondern auch davon wegkommen will, dass alles und jedes Warenform annimmt.

Dem von Daniel E. Saros entwickelten Modell einer nicht zentralistisch organisierten sozialistischen Planwirtschaft widmet sich Jan Groos. Für ihn kann es eine glaubwürdige Alternative zum Kapitalismus erst dann geben, wenn auch jene Aspekte wirtschaftlicher Organisation berücksichtigt werden, die sich nicht im Technisch-Funktionalen erschöpfen. Hierfür stellt er dem Modell von Saros das von Eva von Redecker entwickelte Verständnis von Revolution als vorweggreifender Praxis zur Seite.

Katharina Volk nimmt in ihrem Beitrag eine feministische Perspektive ein und fragt mit Rekurs auf Überlegungen von Clara Zetkin und Shulamith Firestone, inwieweit konkrete kybernetische Praktiken und Organisationsformen eine feministische Utopie realisieren könnten und welcher gesellschaftlichen Veränderungen es dazu bedarf.

An das zum Mythos gewordene Cybersyn-Projekt aus Allendes Chile erinnern Anna-Verena Nosthoff und Felix Maschewski und diskutieren die Ambivalenz zwischen emanzipatorischem Potenzial und repressiver Ausnutzung solcher informationsgestützten Verwaltungsregimes.

Ned Rossiter und Geert Lovink analysieren einen Begriff, der für die algorithmische Herrschaft im KI-getriebenen digitalen Kapitalismus zentral ist, den des Modells *(model)*. Die Autoren fragen, ob Rauschen *(noise)* als widerständiges Konzept dienen kann, um Sand ins Getriebe der parametrisierten digitalen Welt zu streuen.

César Rendueles schließlich diagnostiziert eine Krise des technologischen Solutionismus, auch wenn selbst Linke noch glauben, für alle Probleme gebe es technische Lösungen. Rendueles insistiert darauf, dass Planung mehr als ökonomisches Parameter-Handling sein muss, nämlich politische Praxis. Er sieht die emanzipatorischen Kräfte, die auf eine postkapitalistische und demokratische Alternative drängen, vor der Aufgabe, eine gesellschaftliche Utopie anbieten zu müssen, die angesichts der begrenzten natürlichen Ressourcen ohne Wachstumsversprechen auskommen muss – wahrlich eine neue Herausforderung.

Explizit bedanken wollen wir uns bei Florian Butollo, Frank Engster, Phillip Frey, Lydia Heller, Boy Lühtje, Phoebe Moore, Ralph Ruckus, Simon Schaupp, Phillipp Staab, Patrick Stary, Gerd-Rüdiger Stephan, Ingo Stützle und Jan Turowski. Und bei unseren Übersetzern Oliver Hörl und Raul Zelik sowie bei unserem Lektor Stephan Lahrem.

Teil I
Planung: Theorie und Geschichte

Valeria Bruschi, Antonella Muzzupappa,
Sabine Nuss und Anne Steckner

Arbeitsteilung – Kooperation – Rationalität

Wie viel Planung steckt in Marx?

Marx' »Kapital«: Blaupause für den Kommunismus?

Planwirtschaft, gelenkte Ökonomie, Staatseingriffe in die Wirtschaft. Damit werden gemeinhin Freiheitsbeschränkung, Mangelwirtschaft und lange Schlangen vor den Geschäften assoziiert, nicht selten in einem Atemzug mit Karl Marx als vermeintlichem theoretischen und politischen Wegbereiter der Planwirtschaft. Ob die genannten Assoziationen schon die ganze Geschichte des real existierenden Sozialismus erzählen, kann nur nach redlicher Analyse der Planwirtschaften in den ehemaligen sozialistischen Ländern beantwortet werden. Treffend stellte jedoch jüngst die Journalistin Hélène Richard in der französischen Ausgabe der *Le Monde Diplomatique* fest, dass die sowjetische Planwirtschaft als das »Antimodell« gelte. Ihre Erfolge anzuerkennen und zugleich ihre Schwierigkeiten im Kontext der Epoche zu verorten werde Richard zufolge als der Mühe nicht wert erachtet.[1]

Darum soll es im Folgenden aber nicht gehen, sondern um die Frage, ob und wie Marx sich überhaupt mit dem Thema Planwirtschaft auseinandergesetzt hat. Und so viel sei vorweggenommen: Marx hat sich nur wenig dazu geäußert. Eigentlich kaum überraschend, ist doch der Gegenstand seiner Forschung die bestehende – *kapitalistische* – Produktionsweise. Sein unvollendet gebliebenes Hauptwerk hieß »Das Kapital« und nicht »Die Planwirtschaft«. Zwar finden sich darin vereinzelte Passagen über eine künftige, andere Gesellschaft, deren Bedeutung im Kontext seines gesamten Schaffens viele Debatten nach sich zog, Marx interessierte

1 Hélène Richard: Les Soviétiques en quête de bons plans, in: Le Monde Diplomatique 796, Juli 2020, S. 22f.

sich jedoch vorwiegend für die Analyse der allgemeinen Bewegungsgesetze einer kapitalistischen Gesellschaft. Sie liefert uns den Schlüssel zu einem umfassenden Verständnis der kapitalistischen Produktionsweise. Für uns interessant sind hier die Fragen, (1) wie im Kapitalismus die Arbeit organisiert und verteilt wird, (2) welchen Zweck die Produktion verfolgt und (3) welche Rolle darin Markt, Planung und Kooperation spielen.

Notwendige Arbeitsteilung

In *jeder* Gesellschaft sind Arbeitsteilung und Kooperation nötig, um Produkte herzustellen: Niemand könnte alle seine Bedürfnisse als isoliertes Individuum befriedigen. Das betrifft die Pflege von Menschen ebenso wie die Produktion von Gütern und Dienstleistungen. In Gesellschaften bedarf es, um ein Produkt herzustellen, einer Vielfalt von Tätigkeiten, die von unterschiedlichen Produzenten verrichtet werden. Tasse, Rechner, Wasserflasche, Kugelschreiber, Handcreme sind zum Beispiel Gegenstände, die auf einem durchschnittlichen Schreibtisch zu finden sind; aus der Anschauung allein ergibt sich nicht, wie viele unterschiedliche Arbeiten und Vorprodukte in diesen Alltagsgegenständen stecken, die unterschiedliche Menschen an mitunter weit auseinander gelegenen Orten produziert haben. Zur Herstellung der Tasse oder des Rechners bedarf es Keramik, Lack, seltener Metalle, Software, Plastik, Etiketten, Tinte und Öfen, zudem Energie, dafür wiederum Gas, Kohle oder Erdöl und außerdem Logistik. Die Liste ließe sich weiterführen.

Dass Arbeitsteilung immer vorhanden ist, heißt aber nicht, dass sie in jeder Gesellschaft auch gleich aussieht. Wie Arbeitsteilung organisiert ist, wie man sie plant, koordiniert und die Produkte am Ende verteilt, das kann unterschiedlich geregelt sein, je nach Gesellschaftsform. Im Kapitalismus existieren zwei verschiedene Arten der Organisation der Arbeitsteilung nebeneinander: auf gesamtgesellschaftlicher Ebene einerseits und innerhalb der Unternehmen andererseits. Wie sich diese zwei Arten voneinander unterscheiden, einander sogar in bestimmter Hinsicht widersprechen, und wie sie zugleich miteinander zusammenhängen, das ist zentraler Teil der marxschen Analyse.[2]

Planung und Arbeitsteilung im Betrieb

Marx analysiert im ersten Band des »Kapital«, wie sich die Organisation von Arbeit im Zuge der Industrialisierung, von der Manufaktur zur großen Industrie veränderte.[3] Der Einsatz von Maschinerie wird dabei als eine der zentralen Strategien vorgestellt, wie Arbeitskosten gesenkt werden können, indem Arbeiterinnen und Arbeiter mehr Güter in der gleichen Zeit herstellen können als vor Einführung der Maschine. Zwar geht es Marx an dieser Stelle darum zu zeigen, welche Methoden es gibt, den Mehrwert zu steigern, deutlich wird in diesen Beschreibungen aber auch der hohe Grad an innerbetrieblicher Organisation. Genaueste Planung kennzeichnet den Arbeitsprozess innerhalb einer Fabrik. Marx analysiert,

1. in welche Teiloperationen, Gesten, Bewegungsabläufe von Körpern etc. sich der Gesamtprozess zur Herstellung einer bestimmten Menge von Produkten aufteilen lässt. Durch die Aufteilung dieser Bewegungen auf verschiedene Arbeiterinnen und Arbeiter lässt sich Zeit einsparen. Diese Form der Organisation des Arbeitsprozesses, die Arbeitsteilung, geht mit der Entwicklung von Maschinen einher, die den Arbeitenden ihre Teiloperationen vorgeben;
2. wie Pausen eingespart werden können;
3. welches quantitative Verhältnis zwischen Maschinen, der Menge an Rohstoffen und der Zahl der Arbeitskräfte auf den verschiedenen Zwischenstufen des Arbeitsprozesses einen maximalen Ertrag gewährleistet;

2 Eine weitere Arbeitsteilung bleibt bei Marx allerdings unterbelichtet: die zwischen den Geschlechtern. Marx hatte die überwiegend von Frauen bevölkerte familiäre Reproduktionssphäre – Pflege von Kindern, Alten und Kranken, Sorge umeinander, Kochen, Waschen, Putzen, Einkaufen, Trösten, Koordinieren – als Voraussetzung für die gesamtgesellschaftliche Reproduktion nur ansatzweise im Blick.

3 Karl Marx: Das Kapital. Erster Band, in: ders./Friedrich Engels: Werke [MEW], Berlin 1956ff., Bd. 23, S. 356ff.

4. welche Formen der Kooperation zwischen Menschen, die gemeinsam an der Herstellung von Waren tätig sind, zu einem erhöhten Ausstoß an Produkten führen.

Die Arbeit in einer Fabrik ist einer strengen Disziplin unterworfen, für ihre Einhaltung sorgen Vorarbeiter, Kontrolleure und Leiter. In kleineren Unternehmen können die Eigentümerinnen oder Eigentümer der Produktionsmittel selbst diese Funktion übernehmen, üblicherweise erledigen aber andere die Beaufsichtigung, obwohl sie selbst Angestellte des Unternehmens sind. Marx spricht von der Despotie des Kapitals, weil die Art und Weise, wie in einer kapitalistisch organisierten Fabrik geplant und kooperiert wird, unter dem Kommando des Kapitals steht: »Der Kapitalist ist nicht Kapitalist, weil er industrieller Leiter ist, sondern er wird industrieller Befehlshaber, weil er Kapitalist ist. Der Oberbefehl in der Industrie wird Attribut des Kapitals, wie zur Feudalzeit der Oberbefehl in Krieg und Gericht Attribut des Grundeigentums war.«[4] Die Überwachung der Arbeit unter dem Kommando des Kapitals hat sich bis heute nicht geändert, allerdings sind die Mittel andere geworden, zum einen haben die Beschäftigten durch stets neue Management- und Organisationsmethoden die Überwachung häufig internalisiert, das heißt aus Überwachung wurde Selbstkontrolle, zum anderen ermöglichen die digitalen Technologien eine wesentlich feiner getaktete Kontrolle, als es einzelne Oberaufseher in einer Fabrik je hätten bewerkstelligen können.

Die Despotie des Kapitals demonstriert den Herrschaftscharakter der kapitalistischen Produktionsweise. Die abhängig Beschäftigten sind gezwungen, ihre Arbeitskraft zu verkaufen, da sie selbst keine Produktionsmittel haben, mit denen sie sich reproduzieren könnten. Indem der Kapitalist nicht die Arbeit, sondern die Arbeitskraft der Lohnabhängigen bezahlt und sie länger arbeiten lässt, als die Arbeitenden selbst Lohn für ihre Arbeit erhalten, kann er sich einen Mehrwert aneignen, den er stets bestrebt ist zu erhöhen. Diesen Zusammenhang nannte Marx Ausbeutung.

4 Ebd., S. 352.

So findet Ausbeutung unter dem Kommando des Kapitals statt, innerhalb von Betrieben allerdings jenseits von Marktprozessen, also planmäßig, in Form von Arbeitsteilung und Kooperation: »Die Form der Arbeit vieler, die in demselben Produktionsprozess oder in verschiednen, aber zusammenhängenden Produktionsprozessen planmäßig neben- und miteinander arbeiten, heißt Kooperation.«[5]

Mit der Entwicklung des Weltmarkts hat sich daran wenig geändert. Trotz der viel beschworenen gestiegenen Komplexität der internationalen Arbeitsteilung wird in großen Konzernen weiterhin im großen Stil geplant und kooperiert – auch grenzüberschreitend. Schätzungen zufolge gehen bereits 60 Prozent aller internationalen Warenlieferungen und Dienstleistungen auf das Konto konzerninterner Aufträge. Diese Lieferungen zwischen Tochter- und Muttergesellschaften oder in anderen Unternehmensverbünden werden mit Verrechnungspreisen versehen, die auf verschiedene Weise ermittelt werden können, mit je unterschiedlichen Zielsetzungen (u. a. aus steuerrechtlichen Gründen): »Die Besonderheit der Entstehung von Verrechnungspreisen liegt darin, dass diese Preise nicht das Ergebnis von Angebot und Nachfrage auf anonymen Märkten (›natürliche Preise‹) sind. Vielmehr wird der Preis regelmäßig unternehmensintern unter der Bedingung vollkommener Informationen zweckorientiert festgelegt. [...] Die Interaktionspartner sprechen sich bei der Preisgestaltung ab. Sie sind bei der Preisfindung grundsätzlich nicht an Marktpreise gebunden.«[6] Das bedeutet, dass die einzelnen Unternehmensteile ihre Leistungen nicht für eine unbekannte, anonyme andere Abteilung erbringen, deren Bedarf sie nur ahnen. Sie stehen bei der Lieferung der konzerninternen Leistung auch nicht in Konkurrenz zu anderen Abteilungen und müssen darauf hoffen, dass ihre Leistung sich verkauft. Planung bei Arbeitsteilung und Kooperation, die die Arbeit der Beschäftigten innerhalb des Unternehmens prägt, ist daher auch im

5 Ebd., S. 344.

6 Arno Prangenberg/Martin Stahl/Julia Topp: Verrechnungspreise in Konzernen, hrsg. von der Hans-Böckler-Stiftung, Düsseldorf 2011, S. 13.

heutigen Kapitalismus Alltag. Sie unterliegt allerdings dem allgemeinen Zwang dieses Systems, aus Kapital mehr Kapital zu machen, und muss sich stets am Kriterium der Rentabilität messen lassen.

Anarchie und Konkurrenz auf gesellschaftlicher Ebene

Im Gegensatz zu Planung, Arbeitsteilung und Kooperation innerhalb von Unternehmen ist das Handeln der einzelnen Unternehmen auf gesamtgesellschaftlicher Ebene, so Marx, von Willkür und Anarchie gekennzeichnet.[7] Die Teilarbeiten für ein Produkt erfolgen unabhängig voneinander. Der Chef einer Tassenfabrik etwa fragt nicht, wie viele Tassen die Menschen einer Stadt oder eines Landes brauchen, sondern lässt sie produzieren. Das Kapital ist investiert, die Maschinen und Menschen, die für die Produktion von Tassen notwendig sind, stehen bereit. Das einzelne Kapital muss sich jetzt vermehren gegen alle anderen, die auch Tassen produzieren.

Auch die Keramik- und Lackhersteller sowie die Gasproduzenten für die Öfen wissen nicht, wie viel von ihrer Produktion die Tassenindustrie in einem Jahr braucht. Auch sie produzieren in Konkurrenz mit den anderen Kapitalien in ihrer Branche für den Markt, auf dem die Tassenproduzenten sich ihre Produktionsmittel besorgen. Dasselbe lässt sich von den Herstellern der Maschinen sagen, die für die Produktion von Lack und Keramik nötig sind. Ob und wie viel von diesen Arbeitsmengen am Ende auf Nachfrage, *zahlungskräftige* Nachfrage wohlgemerkt, trifft, lässt sich immer erst auf dem Markt feststellen. Erst in dem Moment, in dem ein Gut oder eine Dienstleistung tatsächlich verkauft wird, hat Produktion *für andere* stattgefunden, erst *im Nachhinein* wird die Produktion der Tasse *gesellschaftliche* Arbeit. Wenn eine Tasse nicht verkauft wird, hat zwar Produktion stattgefunden, aber nicht für andere, es handelt sich dann nicht um *gesellschaftliche* Arbeit. Das zeigt sich bei Butterbergen, Autos auf Halde, unverkauften

7 Marx: Kapital I, MEW, Bd. 23, S. 377.

Lebensmitteln, Investitionsruinen oder Leihrädern, die zuhauf in den Großstädten liegen bleiben.

Die einzelnen Hersteller von Tassen stehen im Konkurrenzkampf gegen alle anderen Tassenhersteller – bei Strafe ihres Untergangs, so Marx –, sie müssen sich behaupten, das heißt, immerzu die Produktivität steigern, Kosten sparen, die Konkurrenz unterbieten. Die Hersteller sprechen sich also nicht untereinander ab, wer, was und wie viel herstellt, sondern produzieren blind für einen anonymen Markt. Dies versteht Marx unter *Privatarbeiten* oder *Privatproduktion.* Und sie macht überhaupt erst einen Markt erforderlich, denn es braucht eine Instanz, die die unbekannten Zielgrößen von Angebot und Bedarf so miteinander in Beziehung setzt, dass gesellschaftliche Produktion stattfinden kann. Erst aus der Privatproduktion resultiert daher die Notwendigkeit des Tauschs und damit die eines Markts. In Marx' Worten: »Gebrauchsgegenstände werden überhaupt nur Waren, weil sie Produkte voneinander unabhängig betriebner Privatarbeiten sind.«[8] Der Markt ist daher ein Notnagel. Wie sonst sollten die getrennt voneinander produzierenden Unternehmen *gesellschaftliche Arbeit* bewerkstelligen können, wenn nicht über den Markt?

Das Paradox: Um sich zu reproduzieren, sind die Gesellschaftsmitglieder auf die gesellschaftliche Arbeit anderer angewiesen. Kein Produktionsprozess kann unabhängig von den Produkten oder Teilprodukten anderer Produktionsbereiche vonstattengehen. Doch über die Bestimmung und Aufteilung der verschiedenen Tätigkeiten zur Produktion aller für die Gesellschaft notwendigen Produkte wird – nicht wie innerhalb der Fabrik – vorher nachgedacht, vielmehr wird die wechselseitige Abhängigkeit aller Produzierenden, die jeder gesellschaftlichen Arbeitsteilung eigen ist, also das *Füreinander,* über ein stetes *Gegeneinander* der privat produzierenden Unternehmen hergestellt.

So haben in der kapitalistischen Marktwirtschaft die Menschen die Organisation ihrer gesellschaftlichen Produktions-

8 Ebd., S. 87.

und Aneignungsweise an jene ominöse »unsichtbare Hand des Marktes« abgegeben, an einen sich selbstregulierenden, anarchischen Marktmechanismus, der »hinter dem Rücken« der Menschen Preisschwankungen, Überproduktion, Wirtschaftskrisen, Arbeitslosigkeit auslöst, die nicht vorhersagbar sind. Diese Gesellschaft steht den »Marktbewegungen« ohnmächtig gegenüber, sie erscheinen als von außen kommende Ereignisse: »Die bei der Teilung der Arbeit im Innern der Werkstatt a priori und planmäßig befolgte Regel wirkt bei der Teilung der Arbeit im Innern der Gesellschaft nur a posteriori als innre, stumme, im Barometerwechsel der Marktpreise wahrnehmbare, die regellose Willkür der Warenproduzenten überwältigende Naturnotwendigkeit.«[9]

Kapitalistische Zweckrationalität: Profit maximieren

Wenn Marx von Anarchie und Willkür der Produktion im »Inneren der Gesellschaft« spricht, so ist das ausschließlich darauf bezogen, dass Marktakteure für eine Blackbox und unabgestimmt produzieren. Deshalb agieren die einzelnen Unternehmen keineswegs irrational. Die Rationalität folgt ihrem Privatinteresse, mit dem Verkauf von Gütern oder dem Angebot von Dienstleistungen in der Konkurrenz das von ihnen vorgeschossene Kapital zu vermehren. Zweck von Unternehmen ist die Maximierung des Profits. Es geht nicht um die Befriedigung von Bedürfnissen, sondern lediglich um die Vermehrung ihres Kapitals. Interessant für die Kapitalisten ist also ausschließlich die zahlungsfähige Nachfrage. Wofür keine zahlungsfähige Nachfrage, da kein Angebot. Zugleich ist das Ziel der Profitmaximierung dem Inhalt gegenüber gleichgültig: Ob man mit Müll, Gift oder Immobilien Kapital vermehren kann, ist dem Kapital egal. Hauptsache, es findet eine Anlage zur Selbstvermehrung.

Diese Handlungsrationalität legt es Kapitalisten nahe, tendenziell in jene Produktionssphären zu investieren, in denen die höchste oder eine zumindest im Schnitt höhere Profitrate

9 Ebd., S. 377.

(Verhältnis von Gewinn zu Investitionen) zu erwarten ist. Der Zufluss von Kapital führt zur Ausdehnung der Produktion in dieser Branche, bis der Markt gesättigt ist und die Profitrate dort wieder sinkt. Dann investieren die Kapitalisten in einer neuen Branche, in der die Profitrate nun am höchsten ist, etc. Das ist sehr vereinfacht ausgedrückt die Art und Weise, wie im Kapitalismus Produktionsentscheidungen entstehen. Das Resultat der vielen voneinander unabhängigen Investitionsentscheidungen ist dabei nicht koordiniert, nicht von den Menschen kontrolliert und im Detail auch nicht vorhersehbar. Das Resultat kommt wie von Geisterhand zustande.

So entsteht der Eindruck, als sei »die Wirtschaft« mit einem von der Gesellschaft unabhängigem Eigenleben begabt: »Die Privatarbeiten betätigen sich in der Tat erst als Glieder der gesellschaftlichen Gesamtarbeit durch die Beziehungen, worin der Austausch die Arbeitsprodukte und vermittelst derselben die Produzenten versetzt. Den letzteren erscheinen daher die gesellschaftlichen Beziehungen ihrer Privatarbeiten als das, was sie sind, d.h. nicht als unmittelbar gesellschaftliche Verhältnisse der Personen in ihren Arbeiten selbst, sondern vielmehr als sachliche Verhältnisse der Personen und gesellschaftliche Verhältnisse der Sachen.«[10]

Planung nicht gleich Planung: kooperative Ökonomie

Bei Marx findet sich keine systematische Auseinandersetzung damit, wie eine von Ausbeutung und Wachstumszwang befreite Gesellschaft genau aussehen könnte. Verstreute Passagen im *Kapital* können eher als Folie gelesen werden, mit denen Marx die Spezifik der kapitalistischen Produktionsweise verdeutlichen wollte: »Stellen wir uns endlich, zur Abwechslung, einen Verein freier Menschen vor, die mit gemeinschaftlichen Produktionsmitteln arbeiten und ihre vielen individuellen Arbeitskräfte selbstbewusst als eine gesellschaftliche Arbeitskraft verausgaben. [...] Das Gesamtprodukt des Vereins ist ein gesellschaftliches Produkt. Ein Teil dieses Produkts

10 Ebd., S. 87.

dient wieder als Produktionsmittel. Er bleibt gesellschaftlich. Aber ein anderer Teil wird als Lebensmittel von den Vereinsgliedern verzehrt. Er muss daher unter sie verteilt werden. Die Art dieser Verteilung wird wechseln mit der besondren Art des gesellschaftlichen Produktionsorganismus selbst und der entsprechenden geschichtlichen Entwicklungshöhe der Produzenten.«[11] Marx führt die Überlegung weiter. Ausdrücklich »nur zur Parallele mit der Warenproduktion« setzt er voraus, dass der Anteil jedes Produzenten an den Lebensmitteln bestimmt sei durch seine Arbeitszeit: »Die Arbeitszeit würde also eine doppelte Rolle spielen. Ihre gesellschaftlich planmäßige Verteilung regelt die richtige Proportion der verschiednen Arbeitsfunktionen zu den verschiednen Bedürfnissen. Andrerseits dient die Arbeitszeit zugleich als Maß des individuellen Anteils des Produzenten an der Gemeinarbeit und daher auch an dem individuell verzehrbaren Teil des Gemeinprodukts«. Er betont schließlich, worauf es ihm hier besonders ankommt: »Die gesellschaftlichen Beziehungen der Menschen zu ihren Arbeiten und ihren Arbeitsprodukten bleiben hier durchsichtig einfach in der Produktion sowohl als in der Distribution.«[12]

Weitere skizzenhafte Ausführungen finden sich auch in der »Kritik des Gothaer Programms« von 1875.[13] In diesen »Randglossen zum Programm der deutschen Arbeiterpartei« (so Marx' eigentlicher Titel dieser Schrift) spricht er von einer kommunistischen Gesellschaft, von einer Gesellschaft, in der das Privateigentum abgeschafft ist. Das meint nicht den persönlichen Besitz von geliebten Dingen, sondern das Eigentum an Produktionsmitteln in einer Produktionsweise, in der unabhängig voneinander betriebene und miteinander konkurrierende Privatarbeiten zur maß- und endlosen Kapitalvermehrung um ihrer selbst Willen und damit zur Produktivitätssteigerung gezwungen sind. In einer Ökonomie ohne Privateigentum tauschen die Menschen daher auch keine Waren aus, weil es keine Instanz mehr gibt, die ihre Gesellschaft-

11 Ebd., S. 93.
12 Ebd.
13 Karl Marx: Kritik des Gothaer Programms, in: MEW, Bd. 19, S. 13–32.

lichkeit darüber erst herstellt. »Die individuellen Arbeiten«, so Marx, existieren »nicht mehr auf einem Umweg, sondern unmittelbar als Bestandteile der Gesamtarbeit.«[14] Der Umweg war der Markt, auf dem die in das Produkt gesteckte Privatarbeit sich als nützlich (für andere) erst erweisen musste.

In einer so verstandenen kommunistischen Gesellschaft wird *vorher* überlegt, was sinnvoll, nützlich oder notwendig ist. Und abhängig davon dann geplant, koordiniert und entsprechende Arbeitszeit aufgewendet. Von einer zentralen Planungsinstanz ist nicht die Rede. Marx unterscheidet zwischen gesellschaftlicher Konsumtion – Schulen und Gesundheitseinrichtungen zur Sicherung der Grundbedürfnisse aller sowie Verwaltungskosten – und individueller Konsumtion. Die Verwaltungskosten könnten, anders als Planung landläufig gedacht wird, laut Marx umso geringer ausfallen, je entwickelter die Gesellschaft sei. Den Teil der sozialen Infrastruktur »zur gemeinschaftlichen Befriedigung von Bedürfnissen« allerdings versteht Marx als ein Feld mit Wachstumspotenzial. Die Notwendigkeit, die Befriedigung menschlicher Bedürfnisse individuell zu organisieren, sei dann umso geringer. Und zu dieser individuellen Konsumtion argumentiert Marx – entgegen der vermeintlichen Gleichmacherei im Sozialismus – differenziert: Er fordert, dass das Recht auf einen Anteil am erwirtschafteten Reichtum die individuellen Lebenslagen und persönlichen Unterschiede der Menschen berücksichtigt und sie nicht alle über einen Kamm schert. Er will den »bürgerlichen Rechtshorizont«[15] sprengen und Ungleiches ungleich behandeln, schließlich wären die Individuen »nicht verschiedne Individuen, wenn sie nicht ungleiche wären«. Ein Mensch sei nicht nur »von einer *bestimmten* Seite« – zum Beispiel nur als Arbeiter – zu betrachten.

Da eine solche Gesellschaft nicht aus dem Nichts, sondern nur aus der kapitalistischen Gesellschaft hervorgehen kann, geht Marx in den »Randglossen« von einer Übergangsperiode gesellschaftlicher Transformation aus, wobei diese noch

14 Ebd., S. 20.
15 Ebd., S. 21 (dort auch die folgenden Zitate).

mit den Muttermalen der alten Gesellschaft behaftet sei. Beispielsweise würden noch alle Arbeitenden so viel aus dem Topf des gesamtgesellschaftlich produzierten Reichtums erhalten, wie sie mittels ihrer individuellen Arbeit hinzugefügt haben, das heißt, es würden wie in der kapitalistischen Ökonomie Arbeitsquanten verglichen. Erst in einer »höheren Phase« der kommunistischen Gesellschaft, wenn der Gegensatz zwischen Kopf- und Handarbeit überwunden ist, wenn »die Arbeit nicht nur Mittel zum Leben, sondern selbst das erste Lebensbedürfnis« wird, wenn mit der »allseitigen Entwicklung der Individuen« die Produktionskräfte gewachsen sind, wenn also die Gesellschaft insgesamt anderen Zwecken als dem der Profitmaximierung folgt, erst dann öffnen sich auch die Spielräume für eine vom jeweiligen Beitrag unabhängige Verteilung, dann kann und soll der berühmte Grundsatz gelten: »Jeder nach seinen Fähigkeiten, jedem nach seinen Bedürfnissen!«

In einer solchen Ökonomie müsste die Verfügungsgewalt über Produktionsmittel bei der Gesellschaft als Ganzes liegen und nicht bei Einzelnen, die sie exklusiv zu ihrer individuellen Nutzenmaximierung auf Kosten anderer und auf Kosten der Natur ausüben. Es müsste gemeinsam der Bedarf der Produktion ermittelt werden, die Befriedigung des Bedarfs wiederum würde demokratisch ausgehandelt werden, die tatsächliche Produktion und schließlich die Verteilung der Güter und der Zugang zu den Dienstleistungen würden geplant und kooperativ ausgeführt. Die Produktion wäre nicht mehr einem maßlosen, den Eigenschaften der Produkte und verbrauchten Ressourcen gegenüber gleichgültigem Wachstum ausgesetzt, denn es fehlte sowohl die Konkurrenz als auch der Zweck der Profitmaximierung. Oder umgekehrt: Gerade weil die menschliche Arbeit ihre Sinnstiftung daraus zöge, zur eigenen und der Entfaltung aller beizutragen, erhielte sie einen ganz anderen Ansporn als die fremdbestimmten Tätigkeiten unter dem Kommando der Kapitalisten. Einen *qualitativen* Ansporn allerdings und keiner, der sich vorwiegend durch Quantität bestimmt. Es gäbe keine »blind« und anonym agierenden Privatproduzenten mehr, so dass der Markt ausgedient hätte.

Angewiesenheit auf die Praxis

Wie kann in solch einer Gesellschaftsform entschieden werden, was und wie viel für wen hergestellt und angeboten wird? Oder anders: Wie kann die Profitrate, das Steuerungsmoment des Markts, durch bewusste Entscheidungen im Rahmen demokratisch organisierter Institutionen ersetzt werden, und zwar ohne dass sich neue Herrschaftsverhältnisse herausbilden? Das ist alles andere als eine triviale Frage. Zum einen scheint nach jahrhundertelanger gesellschaftlich eingeübter herrschender Praxis der warenproduzierenden Gesellschaft »das ganz Andere« unvorstellbar, zum anderen haben wir im Gegensatz zu Marx und Engels mit den Sozialismen im 20. Jahrhundert eine historische Erfahrung im Rücken, die zeigt, wie unter dem Banner einer Ideologie der Gleichheit auch Machtkonzentration, Herrschaft und Repression entstehen können.

Marx schreibt im »Gothaer Programm«, die Menschen müssten als Voraussetzung einer befreiten Gesellschaft ihren »beschränkten Untertanenverstand« loswerden und den bürgerlichen Staat in ein der Gesellschaft »durchaus untergeordnetes Organ« verwandeln.[16] Dieser Prozess der Aneignung politischer Macht zum Zwecke ihrer perspektivischen Überwindung wirft Fragen auf, bei denen selbst Marx – sonst selten um eine Antwort verlegen – die Fragezeichen stehen lässt: »Welche Umwandlung wird das Staatswesen in einer kommunistischen Gesellschaft erleiden? In andern Worten, welche gesellschaftlichen Funktionen bleiben dort übrig, die jetzigen Staatsfunktionen analog sind?«[17]

Auch Engels blieb in seiner programmatischen Schrift »Herrn Eugen Dühring's Umwälzung der Wissenschaft« vage, wie ein Übergang von Staatseigentum zu gesellschaftlichem Eigentum eigentlich aussehen könnte. So hält er lediglich fest:

16 Ebd., S. 27.
17 Ebd., S. 28.

»An die Stelle der Regierung über Personen tritt die Verwaltung von Sachen und die Leitung von Produktionsprozessen. Die freie Gesellschaft kann keinen ›Staat‹ zwischen sich und ihren Mitgliedern brauchen oder dulden«.[18]

Der Entwurf einer ganz anderen Gesellschaft entscheidet sich nicht am Reißbrett – darin waren sich Marx und Engels einig: »Der Kommunismus ist für uns nicht ein Zustand, der hergestellt werden soll, ein Ideal, wonach sich die Wirklichkeit zu richten haben wird. Wir nennen Kommunismus die wirkliche Bewegung, welche den jetzigen Zustand aufhebt. Die Bedingungen dieser Bewegung ergeben sich aus der jetzt bestehenden Voraussetzung.«[19] Demnach entscheidet sich das Wie einer gesellschaftlichen Alternative in der Praxis, und diese liefert die Umstände, unter denen die Menschen sich verhalten. Beim detaillierten Ausmalen radikal anderer Gesellschaftsentwürfe besteht hingegen die Gefahr, in einen haltlosen Utopismus zu verfallen, der abgehoben von der Realität einem undemokratischen Avantgardismus Vorschub leistet oder aber herrschende Verhältnisse unreflektiert in utopische Entwürfe fortschreibt.

Dass überhaupt eine Alternative zur kapitalistischen Produktionsweise denkbar ist und machbar erscheint, liegt an der Entwicklung der Produktivkräfte. Das meint nicht nur Technik, Technologie und Naturbeherrschung, sondern auch Wissen, Bildung und Erkenntnisse der produzierenden Menschen. Laut Marx sind »in der jetzigen kapitalistischen Gesellschaft endlich die materiellen etc. Bedingungen geschaffen [...], welche die Arbeiter befähigen und zwingen, jenen geschichtlichen Fluch zu brechen«.[20] Das heißt, die Entwicklung der Produktivkräfte versetzt sie *potenziell* in die Lage, den Produktionsprozess unter ihre Kontrolle zu bringen, anstatt Produktion und

18 Friedrich Engels: Herrn Eugen Dühring's Umwälzung der Wissenschaft, Neue Studienausgabe, hrsg von Rolf Hecker und Ingo Stützle, Berlin 2020, S. 242. Zu Engels' fehlendem Problembewusstsein für die Möglichkeit neu entstehender Herrschaftsformen, vgl. die Einleitung der Herausgeber zu Engels' »Anti-Dühring«; siehe ebd. S. XXXIV.

19 Karl Marx/Friedrich Engels: Die deutsche Ideologie, in: MEW, Bd. 3, S. 35.

20 Marx: Kritik des Gothaer Programms, MEW, Bd. 19, S 17.

Verteilung dem Kommando des Kapitals und den Dynamiken des Marktes zu überlassen. Die im Kapitalismus an sie gestellten Anforderungen ermöglichen es den arbeitenden Menschen, sich im Heute schon die Fähigkeiten für das Morgen anzueignen. Das aber setzt voraus, dass die Produktivkräfte selbst zum Gegenstand demokratischer Aushandlung werden, ebenso wie Wachstum und Bedürfnisse – keine gesellschaftliche Kleinigkeit. Denn das hieße, dass man über den Einsatz und die Verteilung von Ressourcen, über das gesellschaftliche Verhältnis zur Natur und über die Legitimität bestimmter Bedürfnisse gleichberechtigt und gemeinsam streiten müsste, sofern ihre Befriedigung zerstörerische Auswirkungen hat. Eine Auseinandersetzung, die sich der Kapitalismus nicht leisten kann und will.

Zugespitzt lautet die Frage nicht: Markt oder Plan?, sondern: Wie kommen wir von einer geplanten, kompetitiven und tauschwertorientierten Produktionsweise zu einer geplanten, kooperativen und gebrauchswertorientierten? Angesichts der dramatisch sich zuspitzenden Klimakrise entscheidet die praktische Antwort auf diese Frage darüber, ob aus der potenziellen Fähigkeit der Menschen auch ihre tatsächliche Handlungs- und Überlebensfähigkeit wird.

Oliver Schlaudt

Lenin, Castro, Bezos?

Die Idee des »Cybersozialismus« im Licht historischer Planungsdebatten

»Method and system for anticipatory package shipping« lautet der Name eines Patents, das Amazon Technologies Inc. im Jahr 2012 unter der Nummer US8615473B2 bei den US-amerikanischen Behörden angemeldet hat. Wie der italienische Informatiker Domenico Talia anschaulich erklärt, handelt es sich dabei um eine Computertechnologie, die »vorauseilend« Waren in bestimmte Gebiete auf den Weg bringt, um erst dann aufgrund vorliegender Kundendaten zu ermitteln, wer im Zielgebiet Interesse an dem Produkt haben wird.[1] Der prospektive Kunde weiß womöglich nicht einmal von der Existenz des Produkts, aber dank Big Data weiß Amazon schon besser als er selbst, welche Konsumentscheidung die richtige für ihn ist.

Das Unternehmen Amazon, das 2019 mit einem Marktwert von über 300 Milliarden US-Dollar den Rang der wertvollsten Marke der Welt erklomm, scheint sich damit nolens volens – vor allem aber kaum bemerkt und ungestraft – auch an die Spitze der antikapitalistischen Avantgarde gestellt zu haben. Berührt, ja zerschmettert der patentierte Algorithmus des »anticipatory shipping« nicht das heiligste Tabu unserer Gesellschaft – den Markt? In der Tat wird dieser als vermittelnde Instanz zwischen Händler und Konsument überflüssig.

Just dies, den Wirtschaftsprozess ohne Markt koordinieren zu müssen, war indes die größte technische Herausforderung für eine sozialistische Ökonomie. Denn ohne Privateigentum und Geld kann man auf diesen Mechanismus nicht zurückgreifen. Mit der neuen Computertechnologie, die es erlaubt, enorme Datenmengen zu sammeln und zu verarbeiten – Big Data – scheint dies nun möglich zu werden. Sollte also einge-

1 Domenico Talia: Big Data and the Computable Society. Algorithms and People in the Digital World, London 2019, S. 17ff.

treten sein, was Marx auf der letzten Seite von »Lohn, Preis, Profit« festhielt, dass nämlich »das gegenwärtige System bei all dem Elend, das es über [die Arbeiterklasse] verhängt, zugleich schwanger geht mit den materiellen Bedingungen und den gesellschaftlichen Formen, die für eine ökonomische Umgestaltung der Gesellschaft notwendig sind«?[2] Einige Autoren sehen in der Tat in der modernen Informationstechnologie die passende Infrastruktur für eine aktualisierte Planwirtschaft, einen »Cybersozialismus« oder »digitalen Sozialismus«.[3]

Andere Autoren bemühen ebenfalls das historische Modell sozialistischer Gesellschaften, um die möglichen Folgen von Big Data, Künstliche Intelligenz, Kybernetik und Verhaltensökonomie zu beschreiben, meinen dies aber als Warnung. So zeichnen die Autoren des Manifests »Digitale Demokratie statt Datendiktatur«, das in *Scientific American* und *Spektrum* erschien, das düstere Bild einer drohenden »zentralisierten Top-down-Kontrolle«, welche die Privatsphäre zerstören und »individuelle Selbstentfaltung« durch »externe Vorgabe« von Zielen ersetzen wird.[4] Das chinesische Modell des »Citizen Score«-Punktekontos lässt diese Dystopie bereits Wirklichkeit werden.

Die Debatte über die Potenziale und Gefahren der neuen Technologien ist ein Gebot der Zeit. Die begrifflichen Koor-

2 Karl Marx: Lohn, Preis, Profit (1865), in: ders./Friedrich Engels: Werke [MEW], Berlin 1956ff., Bd. 16, S. 101–152, hier S. 152.

3 Vgl. z.B. Kevin Kelly: The New Socialism: Global Collectivist Society Is Coming Online, Wired, 2009, unter: www.wired.com/200905nep-newsocialism; Erick Limas: Cybersocialism: A Reassessment of the Socialist Calculation Debate, 2018, unter: https://ssrn.com/abstract=3117890; sowie klassisch Allin Cottrell/Paul Cockshot: Calculation, Complexity and Planning: The Socialist Calculation Debate Once Again, in: Review of Political Economy 5(1), 1993, S. 73–112; dies.: Computers and Economic Democracy, in: Revista de Economía Institucional 10(19), 2008, S. 161–205, unter: https://ssrn.com/abstract=1316880; für einige kritische Stellungnahmen vgl. Seth Ackerman: The Red and the Black, in: Jacobin, 20.12.2012, unter: https://jacobinmag.com/2012/12/the-red-and-the-black; Nick Dyer-Witheford: Red Plenty Platforms, in: Culture Machine 14 (2013), S. 5–30, unter: https://culturemachine.net/platform-politics/.

4 Dirk Helbing/Bruno S. Frey/Gerd Gigerenzer/Ernst Hafen/Michael Hagner/Yvonne Hofstetter/Jeroen von den Hoven/Roberto V. Zicari/Andrej Zwitter: Digitale Demokratie statt Datendiktatur (»Das Digital-Manifest«), 17.12.2015, unter: www.spektrum.de/news/wie-algorithmen-und-big-data-unsere-zukunft-bestimmen/1375933; die liberalen Autoren argumentieren übrigens durchaus in Übereinstimmung mit den neoliberalen Hardlinern; vgl. Abigail N. Devereaux: The Nudge Wars: A Modern Socialist Calculation Debate, in: Review of Austrian Economics 32, 2019, S. 139–158.

dinatensysteme, in denen diese beschrieben werden und in denen sich die verschiedenen Lager verorten, sind aber weniger neu. Sie haben ihre feste Form in den sozialistischen Planungsdebatten *(socialist calculation debates)* des 20. Jahrhunderts gewonnen und führen in der aktuellen Diskussion oft unbemerkt ein Nachleben. Der US-amerikanische (aus Weißrussland stammende) Publizist Evgeny Morozov hat daher jüngst in seinem lehrreichen Essay »Digital Socialism?« eine »neue Planungsdebatte« gefordert.[5] Statt vorschnell Möglichkeiten und Gefahren der neuen Technologie zu beschwören, zielt er offenbar darauf ab, durch eine Revision der älteren Planungsdebatten erst zu bestimmen, welche Maßstäbe wir in unseren Urteilen anlegen sollen.

Die erste Planungsdebatte 1918 bis 1945[6]

Mit den sozialistischen Revolutionen in Russland, Österreich und Bayern 1917 und 1919 wurde die Organisation einer Planwirtschaft zu einer konkreten historischen Möglichkeit und Aufgabe. Der österreichische Nationalökonom, Philosoph und Volksbildner Otto Neurath arbeitete für die Münchner Räterepublik Pläne einer geldlosen ›Naturalwirtschaft‹ aus.[7] Auch andere Wissenschaftler wie zum Beispiel der junge Karl Polanyi nahmen sich dieses Themas an. Im bürgerlichen Lager wurde diese Herausforderung wahrgenommen und auch angenommen. Ludwig von Mises, prominenter Vertreter der Österreichischen Schule der Nationalökonomie, antwortete Anfang der 1920er-Jahre in zwei Artikeln. Einen davon nahm 1935 Friedrich August von Hayek in englischer Übersetzung in den Band »Collectivist Economic Planning« auf, zu dem er

5 Evgeny Morosov: Digital Socialism? The Calculation Debate in the Age of Big Data, in: New Left Review 116–117/2019, S. 33-67.

6 Vgl. ausführlicher Oliver Schlaudt: Die Geburt der ökonomischen Orthodoxie aus dem Geist der Heterodoxie? Zur Interpretation der »Socialist Calculation Debate«, in: Mathis Lessau/Philipp Redl/Hans-Christian Riechers (Hrsg.): Wissenschaftliche Heterodoxien, Paderborn (i.E.).

7 Otto Neurath: Durch die Kriegswirtschaft zur Naturalwirtschaft, München 1919; ders.: Wirtschaftsplan und Naturalrechnung. Von der sozialistischen Lebensordnung und vom kommenden Menschen, Berlin 1925. Vgl. auch Thomas Uebel: Calculation in Kind and Substantive Rationality: Neurath, Weber, Kapp, in: History of Political Economy 50(2), 2018, S. 289–320.

eine Einführung und ein Nachwort zum aktuellen Stand der Debatte beifügte, in denen er Mises' Argumentation aufgriff und entschieden verbesserte.[8]

Das Argument von Mises und Hayek kreist um die Rolle der Preise in der Findung ökonomisch rationaler Entscheidungen. Den Kern des Problems kann man sich leicht an einem Beispiel klarmachen.[9] Man stelle sich vor, zur Produktion von gewissen »Keilen« stünden drei verschiedene Verfahren zur Verfügung, die sich im notwendigen Rohstoffaufwand unterscheiden: Verfahren A verlangt pro Stück fünf Einheiten Holz und fünf Einheiten Gummi, Verfahren B fünf Einheiten Holz und vier Einheiten Gummi, Verfahren C endlich vier Einheiten Holz und fünf Einheiten Gummi. Man sieht sofort, dass Verfahren A aufgrund eines höheren Rohstoffverbrauchs nach einem zentralen Gebot ökonomischer Rationalität, nämlich dem der Sparsamkeit, ausscheidet. Aber nach welchem Kriterium wählt man zwischen den Verfahren B und C? Der berühmte Robinson Crusoe als individueller, selbstversorgender Akteur hat selbstverständlich Kriterien zur Hand, nach denen er sich richten wird, wie zum Beispiel den Kraft- und Zeitaufwand zur Beschaffung der Rohstoffe. In einer komplexen Gesellschaft mit diversifizierter Produktion und Arbeitsteilung wird die Entscheidung jedoch komplizierter, da in gesamtgesellschaftlicher Perspektive auch immer alternative Verwendungen der Rohstoffe in anderen Produktionssparten berücksichtigt werden müssen. Robinson Crusoes Frage »Kann ich leichter Holz oder Gummi beschaffen?« weicht hier die Aufgabe, welcher von mehreren möglichen Verwendungen eine gegebene Menge einer knappen Ressource am sinnvollsten zugeführt wird. Dies entspricht in der Tat der modernen Definition von Ökonomie, wie sie im Fach allgemein anerkannt ist.[10]

8 Friedrich August Hayek (Hrsg.): Collectivist Economic Planning, London 1935.

9 David Ramsay Steele: From Marx to Mises. Post-Capitalist Society and the Challenge of Economic Calculation, La Salle (Ill.) 1992.

10 Siehe Paul A. Samuelson: Economics, New York 1967, S. 5: »Economics is the study of how men and society choose, with or without the use of money, to employ scarce productive resources which could have alternative uses, to produce various commodities over time and distribute them for consumption now and in the future amongst various people and groups of society.«

Interagieren die ökonomischen Agenten über den Markt, so drückt sich in den resultierenden Preisen nicht nur der Beschaffungsaufwand für die Rohstoffe aus, sondern über den Einfluss der Nachfrage zugleich auch die Gesamtheit der alternativen Verwendungsmöglichkeiten. Die Folge davon entspricht der wohlbekannten smithschen »unsichtbaren Hand«: Wenn jeder individuelle Produzent seine eigenen Kosten minimiert, sorgt er dadurch zugleich für eine gesamtgesellschaftlich optimale Güterallokation. Ludwig von Mises musste diese Überlegung nur mehr aufgreifen, um aus ihr ein Argument gegen die Möglichkeit der Planwirtschaft und für den Kapitalismus zu gewinnen: Eine ökonomisch rationale Entscheidung setzt Preise voraus, Preise setzen das Wirken des Marktmechanismus voraus, und der Markt setzt Privateigentum an Produktionsmitteln voraus, womit man beim Kapitalismus angelangt ist. In dieser Form ist das Argument freilich nicht schlüssig. Preise ermöglichen rationale Entscheidungen und sind für sie mithin hinreichend. Aber warum sollten sie auch notwendig sein? Hayek sah die Lücke und schloss sie: Ein allwissender Akteur mag auch ohne Preise rationale Entscheidungen treffen können, aber der faktische Marktakteur, der unter der Bedingung der »imperfections of the human mind« agiert, benötigt in der Tat den Preis zur Orientierung.[11]

Das Argument von Mises und Hayek stellte ein Novum in der weltanschaulichen Grundsatzdebatte um Sozialismus und Kapitalismus dar.[12] Im 19. Jahrhundert hatten Gegner des Sozialismus entweder malthusianisch die Gefahr beschworen, dass sozialistische Wohlfahrtspolitik zu einem unkontrollierten Bevölkerungswachstum führe, oder aber sie prophezeiten negative Auswirkungen für den gesellschaftlichen Wohlstand, da im Sozialismus keine ausreichenden Anreize für unternehmerische Tätigkeit bestünden. Das Argument von Mises und Hayek bewegt sich auf einem ganz anderen Level. Es bemüht nicht irgendwelche psychologischen Mutmaßungen, sondern

11 Hayek: Collectivist Economic Planning, S. 238.

12 H. D. Dickinson: Price Formation in a Socialist Community, in: The Economic Journal 43(170), 1933, S. 237–250, hier S. 237.

beruht – zumindest dem Anschein nach – auf einem logisch zwingenden Schluss.

Das Argument von Mises und Hayek erwies sich nicht nur politisch, sondern auch in theoretischer Hinsicht als *game changer*. Es beruht – mit Foucault gesprochen – auf der Entdeckung des Markts als »Ort der Wahrheit«,[13] womit ein neoliberaler Topos das Licht der Welt erblickt.[14] Hayek lieferte 1945 die kanonische Darstellung in dem Artikel »The use of knowledge in society«.[15] Ungleich den Klassikern haben die Ökonomen die Wirtschaft fortan nicht mehr zuallererst in Begriffen von Produktion und Arbeit beschrieben, sondern »der Markt« nahm die erste Stelle ein. Der Kapitalismus wird zur »Marktwirtschaft«.[16] Zugleich änderte sich aber auch die Art und Weise, wie der Markt verstanden wird. Hayek schrieb dem Markt nun explizit eine epistemische, informationsgenerierende Funktion zu. Das Geld wurde zum Universalmedium aller menschlichen Belange. Auf diesen Aspekt haben Neoliberalismusforscher wie Foucault und Philip Mirowski nachdrücklich hingewiesen.[17] Aber erst Morozov hat in seinem Aufsatz zum digitalen Sozialismus genauer erklärt, welche Art Information überhaupt auf dem Markt erzeugt wird und für

13 Michel Foucault: La naissance de la biopolitique. Cours au Collège de France, 1978–1979, Paris 2004, S. 32f.

14 Siehe dazu Philip Mirowski: Postface. Defining Neoliberalism, in: ders./Dieter Plehwe (Hrsg.): The Road from Mont Pèlerin. The Making of the Neoliberal Thought Collective, Cambridge (MA) 2009, S. 417–455.

15 Friedrich August Hayek: The Use of Knowledge in Society, in: American Economic Review 35(4), 1945, S. 519–530.

16 Walter Otto Ötsch: Mythos Markt. Marktradikale Propaganda und ökonomische Theorie, 2. durchges. Aufl., Marburg 2009.

17 Dazu kommt noch ein weiterer Aspekt: Der Markt hat nun auch nicht mehr – wie noch bei Marx – das Wunder der »Kommensuration« zu vollbringen, nämlich qualitativ Ungleiches vergleichbar zu machen und im Tausch quantitativ gleichzusetzen; vgl. Michael Heinrich: Die Wissenschaft vom Wert, 4., korr. Aufl., Münster 2006, S. 206. Die Neoklassiker verlagern dieses Wunder vielmehr in den Marktakteur hinein. Dieser wird nun wesentlich als jemand verstanden, der *wählt*. Noch bevor er auf dem Markt tätig wird, hat er schon *in foro interno* verglichen und gleichgesetzt. Die Tauschhandlung wird dabei eine bloß äußerliche Wiederholung eines Vorgangs, der im Innern des ökonomischen Akteurs schon angelegt ist. Sie wird dadurch naturalisiert und die gesamte marxsche Problematik des ersten Kapitels des »Kapital« wird schlicht unverständlich; vgl. John O'Neill: Socialist Calculation and Environmental Evaluation: Money Markets and Ecology, in: Science & Society 66(1), 2002, S. 140.

wen diese Information nützlich und »entzifferbar« ist: Preise liefern nicht wie Landkarten oder Messwerte eine objektive Beschreibung von Tatsachen, auf deren Grundlage rationale Entscheidungen getroffen werden können; sie sind vielmehr die relevante Information für denjenigen, der sein Handeln an der Möglichkeit des Profits ausrichtet.[18] Dieser Hinweis ist entscheidend, denn entsprechend stellt sich der Planwirtschaft gar nicht die Aufgabe, dieselben Informationen auf einem alternativen Weg zusammenzusuchen. Entsprechend dem verschobenen Ziel des Wirtschaftens benötigt eine Planwirtschaft auch eine andere Art von Informationen als Preise.

Die Verfechter der Planwirtschaft gaben sich freilich nicht kampflos geschlagen. Ein anfänglich in Großbritannien lokalisierter Kreis jüngerer Autoren, die sozialistische Neigungen mit einer neoklassischen, am mathematischen Stil orientierten Sozialisierung verbanden, ließ sich von der siegesgewissen Argumentation der Marktradikalen nicht beunruhigen. Oskar Lange, Abba Lerner und H.D. Dickinson gehörten zu dieser Gruppe. Der Grund dafür, dass sie sich nicht von Mises beeindrucken ließen, war, dass sie schlicht und ergreifend den Preismechanismus nicht mit dem Markt identifizierten. Tatsächlich hatte bereits 1897 der italienische Ökonom Vilfredo Pareto, der an der Ausarbeitung der neoklassischen Theorie maßgeblichen Anteil hatte, die Beobachtung gemacht, dass die »abstrakten« mathematischen Gleichungen der »reinen Ökonomie« keine Auskunft über den konkreten Mechanismus geben, der das angestrebte Gleichgewicht von Angebot und Nachfrage herstellt. Er lieferte einen mathematischen Beweis, dass die freie Konkurrenz einen solchen Mechanismus darstellt. Zugleich erkannte er aber an, dass eine »kollektivistische Gesellschaft« an dem Ziel, Angebot und Nachfrage miteinander in Deckung zu bringen, nicht scheitern muss. Sie muss sich nur eine Institution schaffen, die die Güter so verteilt, »als sei die freie Konkurrenz am Werk«. Die Preise, präzisierte Pareto, können als »reale Größen« verschwinden, müs-

18 Morozov: Digital Socialism?, S. 46ff.

sen aber durchaus als Rechnungs- oder Buchhaltungsgrößen beibehalten werden: »Ohne sie würde das Produktionsministerium blind vorgehen und wäre nicht in der Lage, die Produktion zu organisieren.«[19] Diese Einsicht ermöglichte eine verblüffende Konstellation. Die jungen, sozialistischen Ökonomen konnten sich den neoklassischen, eigentlich auf den Kapitalismus gemünzten Theorieapparat aneignen, um eine Theorie der Planwirtschaft zu entwickeln. Die Preise betrachteten sie, wie von Pareto verlangt, erst einmal als reine Rechnungsgrößen. Die zuständige Planungsbehörde würde sie – im Grunde nicht anders als der Markt selbst – in einer Art Trial-and-Error-Prozedur festlegen und beständig revidieren. Die Tatsache, dass Léon Walras Jahrzehnte zuvor in seinen für die Neoklassik grundlegenden Werken den Markt mit einem »Auktionator« verglichen hatte, der sich an den richtigen Preis herantastet (»tâtonnement«), verlieh diesem Vorschlag unmittelbar Plausibilität.[20] Für Konsumgüter (im Gegensatz zu Produktionsmitteln) würde man unter Umständen auch im Sozialismus echte Märkte zulassen können (wie dies in der »Neuen Ökonomischen Politik« Lenins und Trotzkis ab 1921 in der Sowjetunion ja auch der Fall war). Mit der Computertechnologie kam später die Idee auf, die Märkte am Rechner zu simulieren: »Let us put the simultaneous equations on an electronic computer and we shall obtain the solution in less than a second.«[21]

Diese neoklassischen Sozialisten sind am ehesten die Ahnherren der heutigen Cybersozialisten. Umso wichtiger ist es, eine dritte Gruppe in der historischen Debatte zu erwähnen, die einen anderen Weg einschlug, in den meisten historischen Darstellungen aber unter den Tisch fällt. Diese Fraktion von Ökonomen ging nämlich zum frontalen Gegenangriff über und unterzog die von Mises und Hayek gepriesene Sprache

19 Vilfredo Pareto: Manuel d'Économie politique, Paris 1909, Kap. VI, § 52f., hier S. 363.

20 Léon Walras: Éléments d'économie politique pure ou théorie de la richesse sociale, Lausanne 1874.

21 Oskar Lange: The Computer and the Market, in: C. H. Feinstein (Hrsg.): Socialism, capitalism and economic growth. Essays presented to Maurice Dobb, Cambridge 1967, S. 158–161.

des Geldes – zumindest die Rechnung in Marktpreisen – einer rigorosen Kritik. Vor allem Karl William Kapp ist hier zu nennen, der eine Analyse der Unzulänglichkeiten der monetären Metrik lieferte, die noch heute durch ihre Klarheit und Relevanz besticht:[22] Die Sprache der Marktpreise vermag nur den Nutzen solventer Konsumenten auszudrücken, woraus dreierlei folgt: 1. sie ist inegalitär, da Geld ungleich verteilt ist; 2. sie blendet die Manipulation von Bedürfnissen aus, da sie jeden im Kauf bestätigten Konsumentenwunsch als solchen akzeptiert, ohne sich für die Dynamik der Bedürfnisbildung zu interessieren; 3. sie blendet vor allem die sozialen und ökologischen Folgekosten des Wirtschaftens aus, da sie sich auf die Privatperspektive des Konsumenten beschränkt.[23] Ökonomen wie Karl Polanyi und Maurice Dobb betonten dementsprechend, dass die Bestimmung der Preise durch eine zentrale Planungsbehörde im Sozialismus ausdrücklich auf einem Werturteil über die Wichtigkeit und Legitimität der jeweiligen Bedürfnisse basieren müsse, das im Gegensatz zu der neoklassischen Vorstellung der »souveräne Konsument« begreifen muss.[24]

Die kubanische Planungsdebatte in den 1960er-Jahren

Durch die »Neue Ökonomische Politik« (NEP) fanden marktwirtschaftliche Elemente in die sowjetische Wirtschaftsorganisation Eingang. Die sozialistische Interpretation der neoklassischen Theorie ermöglichte zudem die Präsenz des westlich-ökonomischen Theoriemainstreams an den Universitäten des Ostblocks.[25]

22 Karl William Kapp: Planwirtschaft und Außenhandel, Genf 1936.

23 Hierin kündigt sich bereits eine fundamentale Kritik am Kapitalismus, wonach sein Geschäftsmodell darin besteht, systematisch Gewinne zu privatisieren und soziale und ökologische Kosten zu externalisieren; vgl. Karl William Kapp: Soziale Kosten der Marktwirtschaft, Frankfurt a.M. 1988.

24 Karl Polanyi: Sozialistische Rechnungslegung, in: Archiv für Sozialwissenschaft und Sozialpolitik 49(2), 1922, S. 377–420; ders.: Die funktionelle Gesellschaft und das Problem der sozialistischen Rechnungslegung, in: Archiv für Sozialwissenschaft und Sozialpolitik 52(1), 1924, S. 218–228; Maurice Dobb: Economic Theory and the Problems of a Socialist Economy, in: The Economic Journal 43(172), 1933, S. 588–598.

25 Johanna Bockman: Markets in the Name of Socialism. The Left-Wing Origins of Neoliberalism, Standford 2011.

Die für uns interessante marktpreiskritische Position geriet dadurch aus dem Blickfeld. In der kubanischen Planungsdebatte nach der Revolution von 1959 wurde ihr allerdings von Che Guevara prominent Geltung verschafft. Auch westliche Intellektuelle wie der französische Ökonom Charles Bettelheim und sein Brüsseler Kollege Ernest Mandel griffen in diese Debatte ein.[26] Praktischer Kern der Auseinandersetzung, die nach allgemeinem Verständnis in einer Übergangsphase stattfand, war die Frage nach der Organisation der Unternehmen. Der Ansatz der »wirtschaftlichen Rechnungsführung« *(cálculo económico)* sah finanzielle Autonomie der Unternehmen vor, insbesondere Absatz der Waren auf dem Markt und Finanzierung über Kreditinstitute. Da solche Unternehmen Gewinn erwirtschaften können, wurde in diesem Ansatz eingeräumt, dass materielle Anreize Bedeutung besitzen. Materieller Lohn, nicht sozialistisches Bewusstsein oder »moralischer Anreiz« sei die Triebfeder produktiver Tätigkeit. Das Budget-Finanzierungssystem *(sistema presupuestario de financiamiento)* hingegen sprach der einzelnen Produktionseinheit keinen selbstständigen Rechtsstatus zu, sondern fasste alle Einheiten eines Sektors zu einem Unternehmen zusammen. Geld wirkt innerhalb eines solchen Verbands nicht mehr als Zahlungsmittel (und somit als indirektes Kontrollmittel), sondern nur als Rechengeld, das heißt als rein buchhalterische Größe.

Hinter diesen praktischen Aspekten stand die zentrale theoretische Frage nach der Wirksamkeit des von Marx beschriebenen Wertgesetzes in der Wirtschaft, wonach der Wert durch die abstrakte Arbeit bestimmt wird. Auch Ökonomen der sozialistischen Länder sahen darin eine Art universelles Gesetz, das in der Planwirtschaft nicht weniger Gültigkeit habe als im Kapitalismus. Während es sich im Kapitalismus sozusagen »unbewusst« durch den Marktmechanismus durchsetze, gelange es in der Planwirtschaft zu seiner bewussten Anwendung.[27]

26 Charles Bettelheim/Fidel Castro/Che Guevara/Ernest Mandel/Alberto Mora: Wertgesetz, Planung und Bewusstsein. Die Planungsdebatte in Cuba, Frankfurt a.M. 1969.

27 So die Position Alberto Moras, siehe ebd., S. 34f.

Der Wert bleibt damit der genuine Maßstab ökonomisch-rationaler Entscheidungen (d.h. Entscheidungen zwischen Produktionsmethode B und C im eingangs zitierten Beispiel). Begrifflich untermauern ließ sich diese Position durch die Unterscheidung von »Ökonomie« und »Kapitalismus«: Solange bestimmte Güter und Ressourcen *knapp* sind, existiert das genuine Feld ökonomischer Entscheidungen, gleich ob die Wirtschaft kapitalistisch organisiert ist oder nicht. Erst im Überfluss verliert die Kategorie des Werts ihre Bedeutung. Che Guevara, der in seiner Funktion als Industrieminister das Budget-Finanzierungssystem verteidigte, sah es indes genau umgekehrt: Das Wertgesetz sei ein *historisches* Gesetz, der Wert eine Kategorie der privatwirtschaftlichen Warenproduktion, deren Logik aber, so die Gefahr, mit dem Gebrauch des Geldes in die sozialistische Gesellschaft importiert würde.[28] Und damit war und ist die Frage nach dem Geld und den Marktpreisen wieder auf dem Tisch.

Zurück in die Zukunft: Der Cybersozialismus

Ist Amazon nun die Wiege eines neuen Sozialismus? Der kursorische Überblick über die Planungsdebatten zeigt, dass dies eine Täuschung ist, der man erliegt, wenn man einige zentrale Weichenstellungen der historischen Planungsdebatte ungeprüft übernimmt. Die erste und wichtigste Weichenstellung nahm Hayek vor, als er die Planungsdebatte auf eine Debatte über die informationstechnischen Qualitäten des Markts reduzierte. Hayek begriff den Markt vor allem als einen Informationsprozessor. Die von ihm produzierten Preise erlauben es jedem Akteur, ohne gottgleiche Allwissenheit »optimale« Entscheidungen zu treffen. Letzter Maßstab der Optimalität ist die Erfüllung der Nachfrage von in ihren Bedürfnissen »souveränen« Konsumenten.

Morozov verdanken wir die Präzisierung, dass der Markt nicht einfach »objektive Informationen« liefert, sondern eine

28 Vgl. ebd., S. 65ff.; in Übereinstimmung übrigens mit heutigen Marx-Interpretationen wie der von Michael Heinrich: Kritik der politischen Ökonomie. Eine Einführung, 3. Aufl., Stuttgart 2005, S. 45ff.

Umgebung kreiert, in welcher der »Profitinstinkt« handlungsleitend werden kann. Der Unternehmer stellt sich keine Fragen über Sinn und Umweltverträglichkeit, sondern schielt auf Gewinn. Die Marktpreise bieten ihm die relevanten Indikatoren, um seine Entscheidungen zu treffen.[29] Die neoliberalen und neoklassischen Ökonomen leugnen die Ausrichtung am Profit nicht, im Gegenteil. Die Annahme rational nutzenmaximierender Akteure (Produzenten *und* Konsumenten) mit fixen Bedürfnisstrukturen erlaubt es ihnen aber, streng mathematisch zu beweisen, was Adam Smith als »unsichtbare Hand« noch postulieren musste: Die strikt egoistische Handlungsausrichtung eines jeden führt zur optimalen Bedürfnisbefriedigung aller.

Wenn man diesen Rahmen akzeptiert, können die neuen digitalen Informationstechnologien als alternative Infrastrukturen durchaus infrage kommen. Hayek dürfte verblüfft sein – aber wohlgemerkt nicht, weil der Sozialismus doch funktioniert, sondern weil der Kapitalismus auch ganz anders funktionieren kann, als er es glaubte.

Ein Cybersozialismus hingegen, der den Namen Sozialismus verdient, darf nicht hinter das theoretische Niveau zurückfallen, das in den Planungsdebatten erreicht wurde. Konkret gesprochen sollte er in der Lage sein, auf die drei Punkte von Kapps Marktpreiskritik zu antworten:

1. In der Sprache der Marktpreise artikuliert sich nur die Kaufkraft der Konsumenten. Die sich daraus ergebende klassische Frage der Verteilungsgerechtigkeit muss ungeachtet neuer, digitaler Planungsinfrastrukturen beantwortet werden.
2. Die Cybersozialismusdebatte übernimmt bisweilen ungeprüft die der Sprache der Marktpreise innewohnende Fiktion des souveränen Konsumenten, insofern die neue technische Infrastruktur, die den Cybersozialismus möglich machen soll, nichts anderes zum Ziel hat, als *Konsumen-*

29 Was nicht bedeutet, dass seine Entscheidungen automatisch von Erfolg gekrönt sind. Hayek hatte in dieser Hinsicht ein darwinistisches Verständnis des Marktgeschehens; vgl. Schlaudt: Die Geburt der ökonomischen Orthodoxie.

tenwünsche im Voraus zu ermitteln. Zumindest ein Strang der sozialistischen Ökonomen – darunter auch Karl Polanyi und Che Guevara – betrachtete es hingegen als Aufgabe der Planung, über die Wichtigkeit und Legitimität von Bedürfnissen überhaupt erst zu beraten und zu entscheiden.

3. Marktpreise blenden die sozialen und ökologischen Folgekosten aus. Die sozialistische Planung hingegen kennt keine »Externalitäten« oder versteckten sozialen und ökologischen Kosten des Profits. Diese können nur auftreten, wenn Profit aus der Perspektive des privaten ökonomischen Akteurs definiert wird. Aus der Perspektive der gesamtgesellschaftlichen Planungen müssen soziale und ökologische Folgekosten mitberücksichtigt werden.[30]

Mit diesen drei Punkten (zu welchen übrigens Marx wertvolle Hinweise in seiner »Kritik des Gothaer Programms« gegeben hat)[31] fällt die Profitorientierung als Kompass der Entscheidungsfindung aus. Diese orientiert sich in der Tat rein opportunistisch an den Bedürfnissen der zahlungskräftigen Kundschaft und kann, wie Ernest Mandel klar formulierte, den Bau von Luxusapartments der Schaffung von Sozialwohnungen vorziehen, während ein bewusstes, politisches Urteil zum gegenteiligen Schluss kommen kann.[32] Wie aber digitale Infrastrukturen, Big Data und die Algorithmen der Künstlichen Intelligenz für die Lösung dieser Aufgabe relevant sein könnten, steht in den Sternen. Oder wie es ein Kritiker ausdrückte: »The revolution will not be automated.«[33]

30 Siehe dazu erneut Mandel in Bettelheim u.a.: Wertgesetz, S. 137f., Anm. 21.

31 Karl Marx: Kritik des Gothaer Programms [1875], in: MEW, Bd. 19, S. 13–32.

32 In: Bettelheim u.a.: Wertgesetz, S. 112 u. 135.

33 Joshua Mostafa: The Revolution will not be automated, in: Sydney Review of Books, 23.7.2019, unter: sydneyreviewofbooks.com/review/zuboff-bastani.

Tom Strohschneider

Der kurze Frühling der Kybernetik

Georg Klaus, die ökonomische Reformperiode in der DDR und die Planungsfrage

Wer die Spuren der Kybernetik in der DDR verfolgt, entdeckt ein farbenreiches Bild aus politischen Hoffnungen einer technikoptimistischen Periode und aus Widersprüchen zwischen Steuerung und Selbstregulation. Es ist ein Bild, das einiges über das Verhältnis von Wissenschaft und SED-Politik erzählt und über vieles mehr. Die Geschichte ist im Ganzen viel zu groß, als dass man ihr auf wenigen Buchseiten auch nur ansatzweise gerecht werden könnte. Zwei Aspekte können im Folgenden immerhin angerissen werden: die Rolle, die der Philosoph Georg Klaus für den kurzen Frühling der Kybernetik in der DDR spielte, und die Frage, wie politischer Aufstieg und Abbruch jener Grundlagenwissenschaft mit der Periode der Wirtschaftsreformen in der DDR der 1960er-Jahre verbunden waren.

»Eine neue Wissenschaft«

»Anfang der fünfziger Jahre hatten einige der Marxisten in der DDR noch dicke ideologische Bretter vor dem Kopf. Beispielsweise galt die Kybernetik als klassenfeindliche Erfindung der bösen Kapitalisten«, so hat es Caroline de Luis in den Erinnerungen an ihren früheren Ehemann, den dissidenten Philosophen Wolfgang Harich, einmal formuliert.[1] Für Anfang der 1960er-Jahre zeichnete der Kulturwissenschaftler Dietrich Mühlberg schon ein ganz anderes Bild: »Kybernetik war das Zauberwort, auch Walter Ulbricht und seine Berater dachten plötzlich in Regelkreisen, inputs und outputs und wollten die Gesellschaft als Großsystem vernetzter Teilsysteme regulieren.«[2]

Irgendetwas musste also passiert sein. 1952 war in der *Neuen Welt* ein Artikel unter der Überschrift »Die Kybernetik – eine

1 Caroline de Luis: Erinnerungen an W. H., in: Utopie kreativ 69, 1996, S. 9–14, hier S. 13.

2 Dietrich Mühlberg: Was heißt hier Arbeit?, in: Utopie kreativ, 80, 1997, S. 21.

neue ›Wissenschaft‹ der Obskuranten« erschienen, der kurz zuvor in der *Literaturnaia Gazeta* abgedruckt worden war und der nun in deutscher Übersetzung auch eine politisch gültige Lesart für die DDR darstellte.[3] Doch wie es mit den politischen Gültigkeiten nun einmal ist, sie halten oft nicht lange. Die Abwehr der Kybernetik in der UdSSR war auch keineswegs einhellig, Naturwissenschaftler »konnten ungehindert über kybernetische Fragestellungen arbeiten«, und »bei den Heerführern des antikybernetischen Feldzugs handelte es sich überwiegend um Geisteswissenschaftler«.[4] Dass aber unterschiedliche Phänomene in der Natur, der Technik und der Gesellschaft durch Abstraktion auf die informationelle Ebene mit gleichen Modellen beschrieben werden konnten, verschaffte der neuen Wissenschaft mit ihrem universalistischen Anspruch so oder so große Aufmerksamkeit in der Scientific Community jener Zeit – in Ost wie West. Norbert Wiener als Begründer der Kybernetik bezog damals gegen den McCarthyismus Stellung, was für die offizielle Moskauer Umorientierung hin zur Kybernetik ebenso förderlich gewesen sein dürfte, wie man diese mit einem wachsenden praktischen Interesse der Militärs in der UdSSR teilweise erklären kann. Vor allem aber sorgte die Entwicklung in den Fundamenten der Gesellschaften jener Zeit für eine Neubewertung der Kybernetik auch im Osten. Die Veröffentlichung von Ernst Kolmans[5] Vortrag »Was ist Kybernetik?« vor der Akademie für Sozialwissenschaften des ZK der KPdSU in der *Woprossy Filosofii* im Jahr 1954 drückte diese Öffnung aus.

Auch in der Sowjetunion stand zu jenem Zeitpunkt die Frage des Einsatzes neuer Maschinen immer drängender auf

3 Die Kybernetik – eine neue »Wissenschaft« der Obskuranten, in: Neue Welt 7, 1952, S. 1193–1195.

4 Vgl. Jerome Segal: Kybernetik in der DDR. Begegnung mit der marxistischen Ideologie, in: Dresdener Beiträge zur Geschichte der Technikwissenschaften 27, 2001, S. 47–75, hier S. 52.

5 Ernst (auch Arnost) Kolman, 1892 in Prag geborener Philosoph, wurde 1931 Leiter der Abteilung Marx am Moskauer Marx-Engels-Lenin-Institut, nachdem der bisherige Direktor David Rjasanow als Opfer stalinistischer Verfolgung verhaftet wurde. Kolman geriet später selbst in die Fänge der Repression, war bis zu Stalins Tod 1953 in Haft. 1976 suchte er in Schweden Asyl.

der Tagesordnung, zumal die Systemkonkurrenz auf wirtschaftlichem Gebiet damals als keineswegs schon entschieden betrachtet werden konnte. Wenn General Electric 1955 in einem Werbefilm unter dem Titel »This is automation« die dynamische Entwicklung von Produktivkräften mit einem Fortschrittsversprechen verband, konnte man dem in der Sowjetunion nicht nachstehen. 1956 betonte Nikita Chruschtschow die Rolle der Automatisierung in der Industrie der UdSSR; die Einrichtung eines »Automationsministeriums« steht beispielhaft dafür.[6]

Dass 1956 auch den Beginn einer Phase der Entstalinisierung markiert, wird man nur dann für Zufall halten können, wenn man von einer Abkoppelung der politischen gegenüber der ökonomischen Sphäre ausgeht. Wie sich verändernde Produktivkräfte auf die Produktionsverhältnisse auswirken und wie diese »reale Basis« auf das ausstrahlt, was man den juristischen und politischen Überbau nennen kann, zeigte sich damals in allen entwickelten Ländern. »Eine so radikale Umwälzung in der Struktur von Wirtschaft und Gesellschaft, dass es sinnvoll ist, von einer zweiten industriellen Revolution zu sprechen«, so formulierte es damals Friedrich Pollock.[7] Und diese Revolution hielt sich nicht an Systemgrenzen.

Damit sind zwei Veränderungen grob skizziert, die eine Neubewertung der Kybernetik in der DDR ermöglichen sollten: die »Revolution der Roboter«, mit der neue Fragen einhergingen, und der neue Kurs in Moskau, der den Spielraum für die Wissenschaft in der DDR erweiterte. Diese Chance nutzte Georg Klaus. Die Rolle, die der Philosoph bei der »Einführung« der Kybernetik in der DDR spielte, ist vielfach geschildert und gewürdigt worden, nicht zuletzt von seinen Mitarbeitern und Weggefährten, etwa von Rainer Thiel und Camilla Warnke.[8]

6 Vgl. Segal: Kybernetik, S. 56.

7 Friedrich Pollock: Die wirtschaftlichen und sozialen Folgen der Automatisierung, in: Revolution der Roboter. Untersuchungen über Probleme der Automatisierung. Eine Vortragsreihe der Arbeitsgemeinschaft Sozialdemokratischer Akademiker, München 1956, S. 65–105, hier S. 71.

8 Vgl. dazu etwa Camilla Warnke: Zur Geschichte des Zentralinstituts für Philosophie an der Akademie der Wissenschaften der DDR, in: Hans-Christoph Rauh: Philosophie aus einer abgeschlossenen Welt. Zur Geschichte der DDR-Philosophie

Aus proletarischen Verhältnissen stammend, früh in der KPD engagiert, von den Nazis verfolgt, wurde Klaus nach dem Zweiten Weltkrieg zunächst in Jena, später an der Humboldt-Universität in Berlin Professor. Sein umfangreiches philosophisches Wirken kann hier nicht ansatzweise gewürdigt werden. Er war eine der treibenden Kräfte beim »kybernetischen Frühling« in der DDR. 1957 hielt Klaus einen Vortrag, der unter dem Titel »Elektronengehirn gegen Menschengehirn? Über die philosophischen und gesellschaftlichen Probleme der Kybernetik« noch im selben Jahr als Buch erschien. Darin verwahrte er sich, »gegen eine mechanisch-materialistische Vulgarisierung der Kybernetik ebenso wie gegen eine pseudodialektisch- materialistische Ablehnung«, wie es sein enger Mitarbeiter Heinz Liebscher im Rückblick formuliert hat. Dass 1958 in der *Einheit,* dem theoretischen Organ der SED-Führung, ein Beitrag von Klaus »Zu einigen Problemen der Kybernetik« erscheinen konnte, markierte den nächsten Meilenstein – er breitete darin den Zusammenhang zwischen Rechenmaschinen, wissenschaftlich-technischer Revolution und Kybernetik aus.

Bei der »Wiederaneignung der Kybernetik durch die marxistische Philosophie« hat Georg Klaus mit seinen »auf einer kybernetischen Interpretation des Marxismus ebenso wie auf einer marxistischen Lesart der Kybernetik fußenden theoretischen Forschungen« auch in der Folge eine, wenn nicht *die* zentrale Rolle gespielt.[9] Aber auf das erfolgreiche Wirken einer Reihe von Wissenschaftlern allein lässt sich die Hinwendung zur Kybernetik in der DDR nicht zurückführen. Dieses Wirken musste auch »passen«.

Auf dem 22. Parteitag der KPdSU im Herbst 1961 hatte die Kybernetik explizit Erwähnung gefunden: »Der Übergang zu vollkommensten automatischen Steuerungsanlagen wird sich beschleunigen.« Das damals mit dem ehrgeizigen Ziel, »die

und ihrer Institutionen, Berlin 2017, S. 521–639; Rainer Thiel: Georg Klaus in den Jahren 1948–1963. Was würde der Bahnbrecher heute sagen?, 8.2.2013, unter: https://studylibde.com/doc/2149297/georg-klaus-in-den-jahren-1948-%E2%80%93-1963.-was.

9 Segal: Kybernetik, S. 58.

kommunistische Gesellschaft in der Sowjetunion bis 1980« aufzubauen, verbundene neue Parteiprogramm interpretierte neue »Technologien wie Raumfahrt, Kernkraft und Automatisierung als Ausdruck einer weltweiten Dynamisierung der wissenschaftlich-technischen Grundlagen der Gesellschaft«.[10] Damit war nicht nur eine Möglichkeit eröffnet worden, Kybernetik hatte nun den Rang einer programmatischen Notwendigkeit; es resultierte daraus auch ein Anspruch: Der Realsozialismus sollte auf dem Wellenkamm sich rasch verändernder Produktivkräfte dem Westen endgültig vorauseilen.

Um 1960 herum zeigte sich aber in der DDR, dass die Potenziale des planungswirtschaftlichen Lenkungsmechanismus erschöpft waren und damit weder eine weitere Aufwärtsentwicklung der realsozialistischen Ökonomie in Gang zu setzen noch der wirtschaftliche Rückstand gegenüber der Bundesrepublik zu verringern war. Das wurde nun in der »zweiten industriellen Revolution«, die systemübergreifend lief, wenn auch unter jeweils besonderen Bedingungen, umso kenntlicher. Abwanderung in den Westen, Versorgungsprobleme, Lieferschwierigkeiten in der Industrie erreichten eine Größenordnung, die von den Machthabern in Moskau und Berlin als so kritisch angesehen wurden, dass sie mit dem Mauerbau 1961 in der DDR eine »selbstgewählte Abschottung« verfolgten, die aber »mit Aufbruchstimmung, Reformdynamik und dem Willen zu einer Modernisierung der Gesellschaft« einherging.[11] Und die Kybernetik spielte hierbei eine wichtige Rolle.

Marx als erster Kybernetiker

Mitte April 1961 hatte Georg Klaus eine »wissenschaftliche Beratung« der maßgeblichen SED-Zeitschrift *Einheit* über »Kybernetik, Philosophie und Gesellschaft« organisiert. Sein enger Mitarbeiter Rainer Thiel spricht mit Blick auf diese Kon-

10 Vgl. Verena Witte: Wandel mit System? Eine Denkstilanalyse der Kybernetik in der DDR, ca. 1956 bis 1971, Diss. Universität Bielefeld, August 2011, S. 83.

11 Jakob Tanner: Komplexität, Kybernetik und Kalter Krieg. »Information« im Systemantagonismus von Markt und Plan, in: Michael Hagner/Erich Hörl (Hrsg.): Die Transformation des Humanen. Beiträge zur Kulturgeschichte der Kybernetik, Frankfurt a.M., 2008, S. 377–413, hier S. 406

ferenz von einem »Bruch« in der Kybernetik-Geschichte in der DDR.[12] Unmittelbar vor der Beratung hat Klaus sein Buch »Kybernetik in philosophischer Sicht« fertiggestellt, seine Vorbemerkung trägt das Datum 12. April 1961. Die erste Auflage war rasch vergriffen, Klaus sah darin einen »Beweis für das rasch wachsende Interesse an fachwissenschaftlichen und philosophischen Problemen der Kybernetik«. Dass es Klaus mit dieser Publikation gelang, philosophische und politische Zweifel gegenüber der neuen Wissenschaft auszuräumen, ist das eine. Er verstand es, darin zudem »die Verträglichkeit der Kybernetik mit dem dialektischen Materialismus nachzuweisen, mehr noch gereicht sie ihm zu dessen Bestätigung«.[13]

»Manche Ökonomen und Philosophen sind der Auffassung, dass die Anwendung der Kybernetik auf die politische Ökonomie, die Probleme der Planung«, so Klaus, »nichts anderes darstellt als den neuesten Versuch einer apologetischen Rechtfertigung des monopolistischen Kapitalismus.« Dies sei aber falsch, und zwar historisch wie systematisch. Historisch, weil »der erste Kybernetiker Karl Marx war« und die marxistische politische Ökonomie »seit ihrer Begründung ihrem Wesen nach kybernetisch« sei. Falsch sei die Kritik an der Kybernetik aber auch, weil sich zeigen ließe, »dass die Kybernetik ihrem Wesen nach dialektisch und materialistisch ist«.[14] Man gelange so zur einer neuen Maschinentheorie, in der Klaus »die kybernetischen Maschinen im Gegensatz zu den klassischen als dialektisch« bezeichnete. Dies nicht zuletzt deshalb, weil »bei kybernetischen Maschinen die Geschichte dieser Maschinen einen entscheidenden Faktor ihres Funktionierens darstellt«. Die klassische Maschine »funktioniert am besten zu Beginn ihrer Existenz, die kybernetische Maschine funktioniert am Anfang am schlechtesten und verbessert ihre Wirkungsweise in jedem weiteren Stadium ihrer Entwicklung.«[15]

12 Zit. n. Segal: Kybernetik, S. 56.

13 Ebd., S. 57f.

14 Georg Klaus: Kybernetik in philosophischer Sicht, 2. Auf., Berlin 1962, S. 493.

15 Ebd., S. 378f.

Für Klaus war »moderne Planwirtschaft – was ihre formale Seite betrifft – bewusst oder unbewusst angewandte Kybernetik. Je rascher man dem kybernetischen Charakter der sozialistischen Planwirtschaft die bewusste Einsicht in die Gesetzmäßigkeiten der Kybernetik entgegenbringt, desto schneller werden unsere ökonomischen Probleme einer Lösung zugeführt, die das wirtschaftliche Optimum ergibt.«[16]

Auszuräumen hatten Klaus und seine Mitstreiter noch eine andere Skepsis. »Die menschliche Gesellschaft und ihre Ökonomik sind von jeher kybernetische selbstregulierende Systeme, unabhängig davon, ob die Menschen das bisher wussten oder nicht«, erklärten Georg Klaus und Heinz Liebscher wenig später einem größeren Publikum. Selbstregulation – das klang nach westlicher Marktapologetik und nach ökonomischen Systemen, in denen die Austauschbeziehungen wie von »unsichtbarer Hand« gelenkt würden. Dagegen machten sie eine grundlegende Unterscheidung geltend: »Allerdings sind diese Systeme ebenso wie in Bezug auf das Eigentum an den Produktionsmitteln, die politischen Verhältnisse usw. auch in kybernetischer Hinsicht nicht zu allen Zeiten und unter allen Bedingungen von derselben Beschaffenheit. Die Stabilität des sozialistischen kybernetischen Systems ist, wie die Erfahrung seiner bisherigen Geschichte lehrt, größer als die Stabilität des kapitalistischen Systems.«[17]

Georg Klaus hatte auf diesen Punkt schon 1961 hingewiesen. In einem kapitalistischen Gesellschaftssystem »findet die Regelung vermöge der Marktbeziehungen statt. Disproportionalitäten werden in kapitalistischer Weise beseitigt (Konkurrenzkampf, Krisen usw.). In einer sozialistischen Planwirtschaft besteht im Prinzip die Möglichkeit, Disproportionalitäten zu vermeiden.« Dass diese auch in der DDR auftraten, begründete Klaus damit, sie seien »auf vorübergehende und im Prinzip behebbare ungünstige äußere Umstände zurückzuführen«. Dazu rechnete er etwa »von einem früheren kapi-

16 Ebd., S. 489.

17 Georg Klaus/Heinz Liebscher: Was ist, was soll Kybernetik?, Leipzig u.a. 1968, S. 104.

talistischen Staat übernommene Disproportionalitäten«. Oder aber diese rührten von einer »noch nicht ausreichenden Präzision der Planung« her, die ja nun kybernetisch überwunden werden sollte.[18]

Schon im Februar 1961 war unter maßgeblichem Einfluss von Klaus eine »Kommission für Kybernetik« bei der Akademie der Wissenschaften der DDR gebildet worden, deren Vorsitz er selbst übernahm; als deren wissenschaftliche Sekretäre wirkten zunächst Thiel, später Liebscher. Die Aufgabe der Kommission habe vor allem darin bestanden, »ein ausführliches wissenschaftliches Gutachten über die in der DDR auf dem Gebiet der Kybernetik bestehende Lage zu erarbeiten«. Dieses wurde im Herbst 1962 unter dem Titel »Denkschrift über die Bedeutung der Kybernetik für Wissenschaft, Technik und Wirtschaft in der Deutschen Demokratischen Republik« vorgelegt.[19] Die Kommission organisierte zudem binnen kurzer Zeit eine Reihe von Fachtagungen, in denen die mögliche Bedeutung der Kybernetik für bestimmte Wissenschaftszweige ausgelotet werden sollte. Zusammengefasst wurden die Ergebnisse dieser Tagungen auf einer ersten zentralen wissenschaftlichen Konferenz zum Gesamtkomplex der Kybernetik Mitte Oktober 1962 unter dem Titel »Kybernetik in Wissenschaft, Technik und Wirtschaft der DDR«.

»Dass sie zugleich die letzte ihrer Art sein sollte, ahnten wir damals freilich nicht«, erinnerte sich Liebscher später.[20] Doch zunächst setzte sich der kybernetische Frühling in der DDR fort. Zu jener Zeit wurde auch »der Begriff von der ›Produktivkraft Wissenschaft‹ zu einem Generalthema und es erschienen zahlreiche Veröffentlichungen. Dabei hatte es lange gebraucht, bis sich diese Erkenntnis durchgesetzt hatte. Sie war schon hundert Jahre zuvor von Marx formuliert, aber von den dogmatischen Positionen des Stalinismus verdrängt worden.«[21]

18 Klaus: Kybernetik in philosophischer Sicht, S. 497.

19 Vgl. Heinz Liebscher: Fremd- oder Selbstregulation? Systemisches Denken in der DDR zwischen Wissenschaft und Ideologie, Münster 1995 (Manuskriptversion), S. 17.

20 Ebd., S. 18

21 Gerd Dietrich: Kulturgeschichte der DDR, Bd. II, Göttingen 2018, S. 1205.

Gerd Dietrich schrieb in seiner Kulturgeschichte der DDR, das Neue habe in den Vorstellungen dieser Zeit darin bestanden, »dass sich die Zuversicht verbreitete, mithilfe der Wissenschaft die gesamte Gesellschaft lenken, regeln und entwickeln zu können«. Ein weiterer damals aufkommender Begriff war wissenschaftlich-technische Revolution (WTR), mit dem der quantitative Wandel des Produktivkraftsystems moderner Gesellschaften erfasst werden sollte. Nicht ohne, freilich, sie mit dem sogenannten umfassenden Aufbau des Sozialismus und der sozialistischen Revolution kurzzuschließen.[22]

Walter Ulbricht habe als der zu diesem Zeitpunkt noch starke Mann an der SED-Spitze »das Gefühl gehabt, dass etwas Neues kommen müsse, und so sein Interesse für die Kybernetik entdeckt«, wie Rainer Thiel einmal im Rückblick äußerte.[23] Es ging hier gewiss nicht nur um Intention, denn das Neue wirkte ja durchaus schon, man konnte es sehen, und das befeuerte zweifellos die Erwartungen. Mehrfach wurde daran erinnert, »dass die Kybernetik zu Beginn der sechziger Jahre teilhat an bemerkenswerten technischen Fortschritten« in der DDR, von der aufkommenden Bionik als der Konstruktion von Robotern nach dem Modell lebendiger Funktionsweisen bis in den Bereich der automatisierten Berechnung. Jena und Dresden wurden zu wichtigen Standorten der Konstruktion von Rechenanlagen. Auch dies ein Beitrag zur »Institutionalisierung der Kybernetik in der DDR«.[24]

Die wirtschaftspolitischen Reformen

Wichtigster »Grund für die Konjunktur der Kybernetik in der DDR der 1960er-Jahre war aber zweifellos das Neue Ökonomische System der Planung und Leitung der Volkswirtschaft (NÖSPL), von Ulbricht 1963 auf den Weg gebracht, das eine auf ökonomisch selbst regulierten (statt auf gesteuerten) Systemen basierende Volkswirtschaft zu denken und zu model-

22 Ebd., S. 1207.

23 Zit. n. Wolfgang Neuhaus: Kybernetik – ein Hype von vorgestern, in: Telepolis, 18.12.2001.

24 Segal: Kybernetik, S. 59

lieren erlaubte«.[25] Außerdem ging es darum, »mit Hilfe der Kybernetik neue materiell-technische Grundlagen der Ökonomie als Vorstufe zur ›umfassenden Automation‹ zu legen. Als Folge davon hatte die Kybernetik in der DDR zeitweilig eine einflussreiche Position«. Ziel »war die zuverlässige Steuerung der Volkswirtschaft, was in einer Gesellschaft, die nicht auf dem Marktprinzip und der Kapitallogik beruht, einen ganz anderen Anspruch bedeutet hat«.[26]

Schon im März 1962 hatte eine der von Georg Klaus und seinen Mitarbeitern organisierten Fachtagungen unter der Überschrift »Kybernetische Aspekte und Methoden in der Ökonomie« unter Leitung von Fritz Behrens stattgefunden, einem der Architekten des Neuen Ökonomischen Systems in der DDR. In einem Bericht über diese Tagung formulierte Heinz Liebscher: »Von fundamentaler Bedeutung ist es, die Kybernetik für die *Wirtschaftswissenschaften* nutzbar zu machen und in den verschiedenen Zweigen der Volkswirtschaft einzusetzen. Das ist eine der wichtigsten Voraussetzungen für den umfassenden Aufbau des Sozialismus.« Die Beziehungen der Kybernetik zur Volkswirtschaft sah Liebscher »auf drei eng miteinander verbundenen Ebenen, die durch die Stichwörter Produktion, Planung und Leitung charakterisiert werden können. […] Die Perspektive besteht in einer weitgehenden Automatisierung der volkswirtschaftlichen Leitungstätigkeit […]. Entscheidungen bei der Lenkung der Wirtschaft werden von subjektiven Momenten in höchstem Maße frei sein […]. Diese Möglichkeiten, die von der Kybernetik für Produktion, Planung und Leitung der Volkswirtschaft eröffnet werden, sind völlig real. Sie müssen in den nächsten zehn bis zwanzig Jahren verwirklicht werden, wenn nicht ernsthafte Hemmnisse in der Entwicklung der Produktivkräfte unserer Gesellschaft eintreten sollen.«[27]

25 Warnke: Geschichte des Zentralinstituts für Philosophie, S. 22.

26 Neuhaus: Kybernetik.

27 Heinz Liebscher: Die Bedeutung der Kybernetik für Wissenschaft, Technik und Wirtschaft in der Deutschen Demokratischen Republik (Tagungsbericht). Spektrum 9(1), 1963, S. 31–38, hier S. 34f.

Dafür bedurfte es wirtschaftlicher Reformen. »War das alte Planungssystem, kybernetisch betrachtet, zu sehr auf ›Steuerung‹ ausgerichtet, während keine ausreichenden ›Rückkopplungsbeziehungen‹ eingebaut waren, die über veränderte Produktions-, Markt- und Absatzbedingungen in beiderlei Richtungen informierten, so sollte das neue zwar nicht ganz auf ›Steuerungselemente‹ verzichten (was zum Beispiel hinsichtlich der Preise auch als gar nicht wünschenswert angesehen wurde), jedoch in überwiegendem Maße – wiederum kybernetisch gesehen – auf ›Regelung‹ beruhen«, so beschrieb der Sozialwissenschaftler Peter Köster die Unterschiede zum bisherigen Modus. Die neue Methodik orientiere »entschiedener als zuvor auf ökonomische Rentabilitätskriterien (wie Kosten-Nutzen-Vergleich, Gewinnprinzip), die nur mit Hilfe der ›wirtschaftlichen Rechnungsführung‹ eingehalten werden können. Marxistisch heißt das nichts anderes, als die Voraussetzungen und Konsequenzen der Warenproduktion bzw. Ware-Geld-Beziehungen (Wertgesetz) voll zu berücksichtigen.«[28]

Die entscheidende politische Pointe war, dass ein solches »Projekt eines Umbaus des realexistierenden Sozialismus in Richtung gesellschaftlich-wirtschaftlicher Selbstorganisation« zwar einerseits durchaus den reformpolitischen Vorgaben der SED-Führung entsprach, insofern das neuartige Planungs- und Leistungssystem »im Endeffekt auf eine Abkehr vom zentralen und naturalwirtschaftlichen Planungssystem hinauslief«. Dass aber Elemente einer kybernetischen Selbstregulierung »direkt in die sozialistische Wirtschaft implementiert werden« sollten, musste früher oder später in Widerspruch zu den Machtansprüchen und der autoritären Zentralitätsperspektive eben dieser Führung geraten.[29]

28 Peter Köster: Zur Rolle kybernetisch-systemtheoretischer Methoden der Wirtschaftslenkung in der DDR, in: Zeitschrift für Soziologie 2/1976, S. 132–151, hier: S. 136 u. 150.

29 Tanner: Komplexität, S. 408

Die antikybernetische Wende

Dieser Punkt war recht schnell erreicht, da sich weniger Erfolge einstellten, als viele erhofft oder erwartet hatten. »Manche Vorstellungen waren einfach illusionär, weitere Pläne scheiterten an der mangelhaften Durchdringung und Modellierung der Prozesse, wieder andere an der unzureichenden Hardware.«[30] Freilich hatten sich auch Kybernetik-Vertreter wie Heinz Liebscher selbst immer gegen übertriebene Erwartungen gestellt. »Es ist nicht möglich, mit der Kybernetik gleichsam wie mit einem geheimnisvollen Zauberstab Probleme zu lösen, die bisher unlösbar waren.«[31]

Und so ging es bei der nun bald (wieder) einsetzenden politisch-ideologischen Kritik an der Kybernetik eigentlich »nicht in erster Linie um die Wissenschaft, sondern die Kritiker Ulbrichts suchten nach einem Hebel, um ihn von der Macht zu entfernen«.[32] Denn schon kurz nach dem offiziellen Lostreten der Wirtschaftsreformen in der DDR 1963 hatte sich die politische Großwetterlage zu ändern begonnen, wie etwa das »Kahlschlag-Plenum« von 1965 mit seinen regressiven Ausfällen gegen Öffnungen im Kulturbereich zeigte.[33] Auch die Modifizierung des NÖSPL zum Ökonomischen System des Sozialismus (ÖSS) 1967 deutete an, dass die angepeilte volkswirtschaftliche Effizienz- und Wachstumssteigerung über Dezentralisierung, Flexibilisierung und Ökonomisierung des Planungs- und Lenkungsmechanismus sowie durch indirekte monetäre betriebliche und individuelle Leistungsanreize mit dem Anspruch einer zentralen Strukturplanung in der Praxis kollidierte. Daraus ergaben sich zunehmend Konflikte zwischen den Planungsinstitu-

30 So Frank Dittmann auf dem Symposium »Berliner November 1999« in Berlin über »Kybernetische Visionen – (Re) Vision der Kybernetik«. Vgl. die Kurzfassungen der Referate unter: .

31 Heinz Liebscher: Kybernetik und Leitungstätigkeit, Berlin 1966, S. 6.

32 Neuhaus: Kybernetik.

33 Das 11. Plenum des Zentralkomitees der SED vom 16. bis 18. Dezember 1965 bedeutete einen Einschnitt in die Jugend- und Kulturpolitik der DDR. Künstler und Kontrollgremien wurden scharf mit Vorwürfen wie »Nihilismus« und »Skeptizismus« attackiert. Der Begriff »Kahlschlag« verweist unter anderem auf die Folgen für die Kulturszene der DDR: Es wurden zahlreiche Filme, Theaterstücke, Bücher und Musikgruppen verboten.

tionen und den immer eigenständiger agierenden Betriebsleitungen. Und schließlich war 1964 in Moskau mit Leonid Breschnew ein neuer Mann an die Spitze der KPdSU getreten.

In diesem Umfeld kündigte sich das Ende des kybernetischen Frühlings in der DDR an. Die SED-Spitze vollzog spätestens 1969 eine »antikybernetischen Wende«.[34] Auf dem 10. ZK-Plenum Ende April rügte Ideologiechef Kurt Hager, dass »Erkenntnisse des historischen Materialismus vom Wesen und der Rolle des Klassenkampfes als Triebkraft der Geschichte, von der sozialen Revolution, der Rolle der Arbeiterklasse usw. verschwinden, wenn zum Beispiel Genosse Liebscher (...) in einem Artikel feststellt, dass die menschliche Gesellschaft auf allen ihren Entwicklungsstufen von jeher ein selbstregulierendes System im Sinne der Kybernetik war«.[35]

Damit waren Ton und Richtung vorgegeben; es folgten Stellungnahmen, »Selbstkritik«, Ausgrenzung. Liebscher bemerkte rückblickend, ihm sei bald klar geworden, »weshalb die Parteiführung von ihren Positionen aus gegen die Kybernetik auftreten musste: Sie sah in den mit der Kybernetik untrennbar verbundenen Ideen der Selbstregulation und Selbstorganisation einen ziemlich unmittelbaren Angriff auf die ›führende Rolle der Partei‹, ja im Grunde genommen erblickte sie darin deren beabsichtigte Untergrabung.«[36]

Zwei Jahre später, Ulbricht war inzwischen von Erich Honecker abgelöst worden, wurden die ökonomischen Reformbemühungen offiziell kritisiert und mit der »Einheit von Wirtschafts- und Sozialpolitik« ein neues Leitbild installiert. Auf dem VIII. Parteitag der SED verkündete der neue SED-Chef 1971, es sei »nun endlich erwiesen, dass Kybernetik und Systemforschung Pseudowissenschaften sind«. Die enge Verbindung zwischen Wirtschaftsreformen und Kybernetik mussten sich in dem Moment als nachteilig für Letztere erweisen, in dem Erstere abgebrochen wurden.

34 Liebscher: Fremd- oder Selbstregulation?, S. 72.

35 Kurt Hager: Grundfragen des geistigen Lebens im Sozialismus, in: Neues Deutschland, 30.4.1969.

36 Liebscher: Fremd- oder Selbstregulation? , S. 67.

Einschlägige Veröffentlichungen von Georg Klaus und seinem Umfeld finden sich nach dem Sturz von Ulbricht weiter, aber meist nicht mehr an so prominenter Stelle. Klaus selbst hat 1973 in der Reihe »Zur Kritik der bürgerlichen Ideologie« noch einmal über Kybernetik publiziert, um zu zeigen, »welchem Missbrauch die Kybernetik und ihre Resultate im Rahmen einer der heute verbreiteten monopolkapitalistischen Ideologien ausgesetzt sind«. Er kam dort zu dem – resigniert klingenden und zur neuen Parteilinie passenden – Schluss, »dass die Kybernetik für sich nicht in der Lage ist, die Erscheinungen der Gesellschaft zu erklären, dass eine Ersetzung der Gesellschaftswissenschaft durch Kybernetik nicht möglich ist und dass der technokratische Staat, der sich methodisch im Wesentlichen auf eine Anwendung der Kybernetik auf die Gesellschaft stützt, im günstigsten Fall eine Utopie ist«.[37]

Für den Schweizer Wissenschaftshistoriker Jakob Tanner drückten sich in der »antikybernetischen Wende« in einem ganz grundsätzlichen Sinne die »vorsätzlichen Selbstbeschränkungen im Umgang mit Information« aus, »die schließlich zur politischen Implosion der DDR wesentlich beitrugen«. Diese sei an einem »Überschuss an Skepsis gegenüber den Flexibilitäts- und Innovationsgewinnen einer Machtdezentralisation zugrunde gegangen«.[38] Das wirft die Frage auf, welche Rolle die »antikybernetische Wende« für das Zurückbleiben der Produktivkräfte in der DDR letzten Endes selbst spielte.

Liebscher meint, dass danach »wichtige technische Entwicklungen gar nicht oder erst mit großer Verzögerung in Angriff genommen wurden. Das wohl gravierendste Beispiel dafür sei die Mikroelektronik«. Mit dem Umschwenken in Sachen Kybernetik habe die SED-Spitze »die intensivierte Aufnahme von Arbeiten zur Entwicklung der Mikroelektronik um mindestens zehn Jahre verzögert«. Dadurch hätten »von vornherein keine Aussichten mehr« darauf bestanden, Mikroelektronik als spezielle, »intelligenzintensive« Produktivkraft

37 Georg Klaus: Kybernetik – eine neue Universalphilosophie der Gesellschaft?, Berlin 1973, S. 11 u. 94.

38 Tanner: Komplexität, S. 413.

in der »rohstoffarmen« DDR wirksam werden zu lassen.[39] Man könnte hier von einer Rückkoppelung der besonderen Art sprechen, denn die Abwendung von der Kybernetik hatte sicher auch etwas mit dem Fehlen entsprechender Mikroelektronik zu tun, deren Entwicklung durch ebendiesen Abbruch noch verzögert wurde. »Der Stand der Technik war nicht so, als dass eine derartige dynamische Regulierung möglich gewesen wäre. Vielleicht werden ja die neuen Technologien in Zukunft zur Flexibilisierung einer anderen Ökonomie beitragen können.«[40]

Im Sommer 1974 starb Georg Klaus im Alter von nur 61 Jahren. Auf dem Friedhof Berlin-Baumschulenweg wurde die Urne beigesetzt. »Unter den Trauergästen waren auch Philosophen, mit denen er sich ärgstens gestritten hatte«, erinnert sich sein Mitstreiter Rainer Thiel. »Was Klaus uns vererbt hat – seine Vision einer menschenwürdigen Gesellschaft – haben wir noch nicht verwirklicht.«[41]

39 Liebscher: Fremd- oder Selbstregulation?, S. 72.

40 Neuhaus: Kybernetik.

41 Thiel: Georg Klaus, S. 13.

Georg Klaus

Kybernetik in der Welt des Menschen

Die Kybernetik bringt nicht nur neue kategoriale und methodologische Aspekte für viele Einzelwissenschaften, für Technik und Produktion mit sich und ist insofern für die Menschheit von größter Bedeutung, ihre Gesetzmäßigkeiten gelten auch für die Welt des Menschen selbst. Die Gesetzmäßigkeiten der Kybernetik sind in dieser Hinsicht bis jetzt kaum erforscht und ihre erfolgreiche Erforschung ist nur auf der Grundlage des dialektischen und historischen Materialismus möglich. Im Folgenden kann selbstverständlich nur eine Skizze dieses überaus komplexen Bereichs gegeben werden.

Die neue Maschinentheorie

Die Kybernetik als Maschinentheorie beschäftigt sich im Unterschied zu allen früheren Maschinentheorien nicht in erster Linie mit den Formen der Bearbeitung von Materialien durch Maschinen oder der Umwandlung verschiedener Energieformen ineinander durch Maschinen, sondern sie interessiert sich für die Steuerungsvorgänge, die das Funktionieren dieser beiden Maschinentypen verlangt. Sie hat – und das ist das Wesentliche – darüber hinaus einen neuen Maschinentypus in den Kreis umfassender und allgemeiner theoretischer Untersuchungen einbezogen. Das bedeutet zugleich, dass der bisherige Begriff der Maschine eine inhaltliche Erweiterung erfahren muss.

Es gibt zahlreiche Versuche, eine allgemeine Definition des Begriffs der Maschine zu geben. So lesen wir etwa in dem Nachschlagewerk »Brockhaus' ABC der Naturwissenschaft und Technik«: »Maschinen, mechanische Geräte jeglicher Art und Größe mit Antrieb durch menschliche oder tierische Kraft, Wärme, Wasser, Wind, Druckluft, Gas, elektrische Energie. M. dienen zur Gewinnung und Verarbeitung von Rohstoffen, zum

Antrieb anderer M., zum Heben von Lasten oder zur Ersparnis menschlicher oder tierischer Kraft ...«[1]

Es handelt sich hier zweifellos um eine der vielen Definition, die mancherlei Anlass zur Kritik geben. Eine wissenschaftlich exakte Definition finden wir im »Kapital« von Karl Marx.[2]

Hier wird die moderne Maschinerie als aus drei wesentlichen Grundelementen bestehend definiert, nämlich der Bewegungsmaschine, dem Transmissionsmechanismus und der Arbeitsmaschine. Aber in dieser Definition findet die elektronische Rechenmaschine keinen Platz. Die Kybernetik verlangt auch neue Differenzierungen im Begriff der Maschine.

Der klassische Maschinentyp, wie er etwa einem Descartes und einem Lamettrie als Vorbild dient, ist die Uhr. Sie ist der Typ einer Maschine, die auf der Grundlage eines genau zugemessenen Energievorrats eine genau vorgeschriebene Folge von Funktionsabläufen absolviert. Aber auch bestimmte moderne Rechenmaschinen fallen im Prinzip noch unter diesen Maschinentypus. Eine Rechenmaschine, die, sagen wir, mit einem vorgegebenen Ausgangsmaterial der Reihe nach 20 Rechenoperationen durchführt und dann nach Erhalt des Resultats stoppt, fällt im Prinzip durchaus noch unter die hier beschriebene Maschinenklasse. Störungen des Funktionsablaufes durch Einwirkung der Umwelt scheinen kein unüberbrückbares Hindernis zu sein. Man muss eben – so würde der klassische Mechaniker sagen – so viele zusätzliche Geräte in die Maschine einbauen, dass sie alle möglichen von außen kommenden Störungen, die ja im Rahmen des mechanisch materialistischen Weltbildes, dem dieser Maschinentypus in seinem Wesen entspricht, völlig beherrschbar und überblickbar sind, auffangen und programmmäßig beseitigen oder neutralisieren.

Anders verhält es sich, wenn derartige Störungen nicht mehr dem Gültigkeitsbereich der klassischen Mechanik angehören. Hier sind zwei Fälle möglich. Einmal kann es sein, dass die jeweilige historische Begrenztheit des betreffenden

1 Brockhaus' ABC der Naturwissenschaft und Technik, Leipzig 1956, S. 472.

2 Karl Marx: Das Kapital. Erster Band, in: ders./Friedrich Engels: Werke, Berlin 1956ff. [MEW], Bd. 23, S. 388ff.

Wissensgebietes, auf dem die Maschine aufbaut, nicht vorauszusehen gestattet, welche Störungen auftreten können, oder es noch nicht möglich ist, den ganzen Umfang der gesetzmäßigen Beziehungen, denen die Wechselwirkung zwischen Maschine und Umgebung unterworfen ist, zu übersehen. Zum anderen kann der Fall eintreten, dass der Wirklichkeitsbereich, dessen Gesetze der Konstruktion der Maschine zugrunde lagen, nicht alle tatsächlichen Wechselwirkungen zwischen dem Ablauf der Maschine und störenden Einflüssen enthält. Eine Maschine beispielsweise, die ausschließlich auf der Ebene der Mechanik konstruiert wurde, ist gewissermaßen gegenüber thermodynamischen oder quantenphysikalischen Einflüssen nicht abgesichert bzw. solche Einflüsse sind auf der ausschließlich mechanischen Ebene nicht voraussehbar.

Wir wollen uns diese verschiedenen Maschinentypen anhand von Schemata (siehe Abb. auf Seite 71) klarmachen: Der Fall 1 ist der ideale klassische Fall. Im Fall 2 handelt es sich darum, dass das vorgegebene Material (Eingabe) nach erfolgtem Programmablauf (Bearbeitung dieses Materials durch die Maschine) nicht das gewünschte Resultat R_2 zeitigt, sondern ein Resultat R_1, das, nach bestimmten Messwerten gemessen, weniger ergibt als R_2 (2a), oder ein Resultat R_1 erzielt, das mehr ergibt als das gewünschte Resultat R_2 (2b). Manchmal kann man diesen Fall auf Fall 1 zurückführen. Es wird dann eben die Art des Programmablaufs so verändert, dass R_1 und R_2 zusammenfallen. Diese Maßnahme führt jedoch nicht zum Erfolg, wenn die Eingabe nicht genau vorausberechenbar ist, sondern unterschiedliche Werte hat. Nehmen wir etwa an, es ginge darum, unser Warmwasseraquarium auf eine bestimmte Temperatur von 25°C (= R_2) zu bringen. Die Eingabe ist hier zunächst elektrischer Strom, der in einem Heizgerät in Wärme umgewandelt wird. Es kann nun sein, dass nicht die gewünschte Temperatur R_2 erreicht wird, sondern eine andere, zu hohe Temperatur R_1. Wenn man sämtliche überhaupt denkbaren Temperatureinflüsse genau kennt, also nicht nur die präzise messbare Menge elektrischer Energie, die in das Gerät gegeben wird, dann kann man das Heizgerät durch Be-

1.

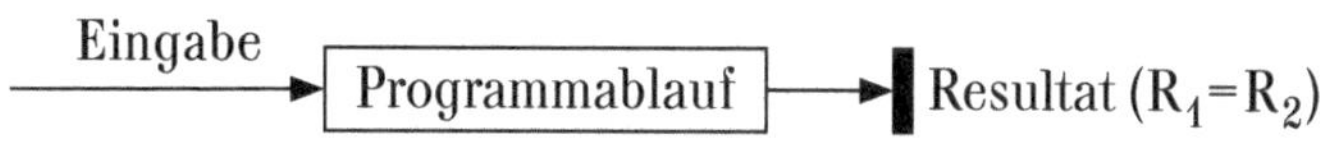
Eingabe
Programmablauf
Resultat (R_1=R_2)

2.

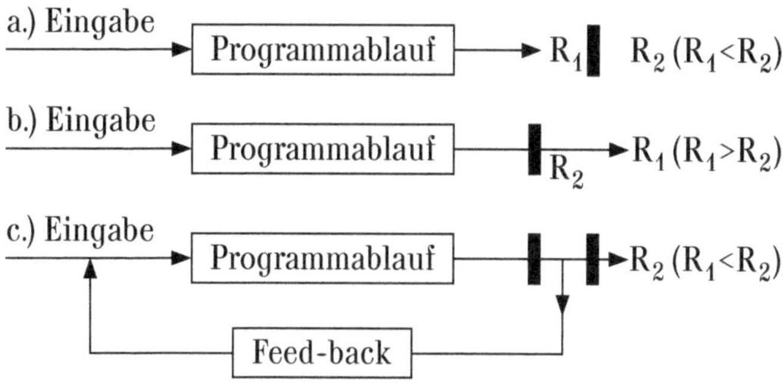
a.) Eingabe
Programmablauf
R_1
R_2 (R_1<R_2)
b.) Eingabe
Programmablauf
R_2
R_1 (R_1>R_2)
c.) Eingabe
Programmablauf
R_2 (R_1<R_2)
Feed-back

3.

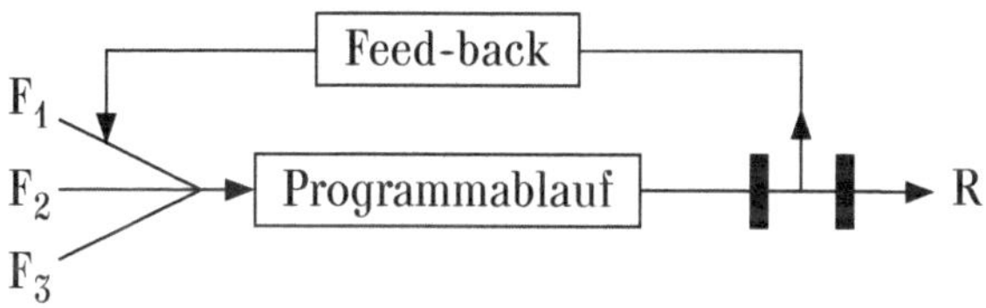
Feed-back
F_1
F_2
F_3
Programmablauf
R

4.

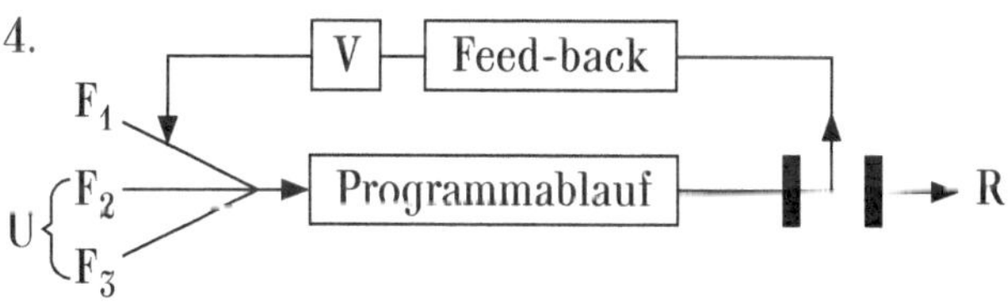
V
Feed-back
F_1
U
F_2
F_3
Programmablauf
R

5.

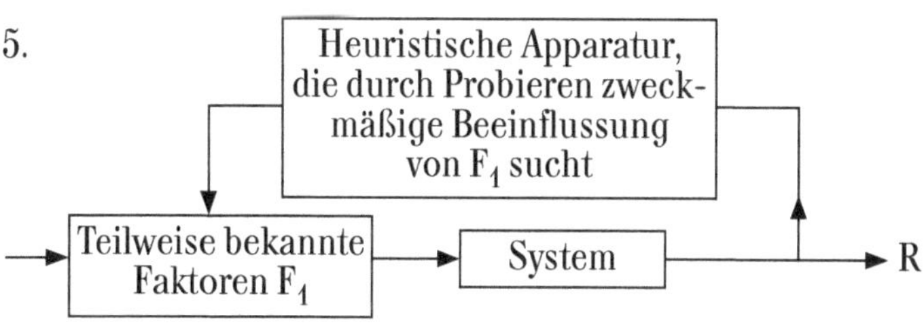
Heuristische Apparatur, die durch Probieren zweckmäßige Beeinflussung von F_1 sucht
Teilweise bekannte Faktoren F_1
System
R

messung der Widerstände usw. so konstruieren, dass $R_1 = R_2$ wird. Dieser Fall ist jedoch nicht der normale Fall. Die Temperatureinflüsse hängen zum Beispiel von der Witterung ab und lassen sich nicht nur auf die Menge elektrischer Energie, die hier in Frage kommt, reduzieren. Nun wissen wir aber sehr gut, dass die Meteorologie es nicht mit streng determinierten (bestimmten) Größen im Sinne der klassischen Mechanik zu tun hat. Die richtige Methode zur Lösung des hier gestellten Problems besteht also in 2c. Die erzielte tatsächliche Temperatur R wirkt zurück auf die Eingabe. Ist R_1 größer als R_2, so wird der Strom abgeschaltet. Ist R_1 kleiner als R_2, so wird der Strom wieder eingeschaltet.

Etwas anders liegen die Dinge, wenn die Eingabe sich aus mehreren Faktoren zusammensetzt, von denen nur einer, F_1, beherrschbar ist (Fall 3). Ist dieser Faktor der wesentliche, so können die zufälligen von F_2 und F_3 hervorgebrachten Störungen durch Regulierung von F1 mit dem Feedback aufgefangen werden, und es kann doch das gewünschte Resultat erzielt werden.

Aber selbst dann, wenn ganz unbekannte Faktoren, F_2, F_3 usw., einwirken und nur der Faktor F_1 in seinem gesetzmäßigen Zusammenhang mit dem Ablauf des Systems bekannt und beherrschbar ist (Fall 4), lässt sich häufig ein befriedigendes Funktionieren der Maschine erzielen. Wir übertragen hier einfach einen uns von der kategorialen Analyse der Kybernetik schon bekannten Sachverhalt auf die Ebene der Maschinen. Es kann nämlich oft die Wirkung des Feedback auf den Faktor F_1 so gestaltet werden, dass sie die Einflüsse von F_2 bzw. F_3 auffängt und sie auch dann auffangen kann, wenn sie sehr wesentlich sind, nämlich indem das Feedback durch den Verstärker V in seiner Wirkungsweise entsprechend erhöht wird.

Es gibt schließlich noch den Typ 5 des Ablaufs von Systemen, den Typ, bei dem nicht nur nicht vorausgesehen werden kann, wann und wie bestimmte Faktoren F_1, F_2 usw. auf ein System einwirken, sondern bei dem auch die gesetzmäßigen Zusammenhänge zwischen den Faktoren und dem System nur unvollständig bekannt sind. Die ersten vier Typen lassen prinzipiell eine Automatisierung zu. Der Typ 5 hingegen noch nicht. Seine Theorie ist die Theorie der heuristischen Maschinen, die sich erst am Anfang befindet, hier liegt das Feld der von neumannschen Theorie der Spiele. Eine solche Maschine wäre beispielsweise eine den Generalstab während des Verlaufs der Schlacht ersetzende Maschine. Die unvollständige Kenntnis der Faktoren ist hier dadurch gegeben, dass man in einer Schlacht nur die eigenen Kräfte einigermaßen kennt, die des Gegners normalerweise nur unvollständig. Ebenso sind die Gesetzmäßigkeiten des Kampfes, der Strategie nur Wahrscheinlichkeitsgesetze. Es ist bekannt, dass man sich heute sowohl im sozialistischen wie im kapitalistischen Lager ernsthaft mit dem Einsatz der Kybernetik für strategische Probleme befasst. Der hier in Frage kommende Typ von Maschinen wirft in zugespitzter Form auch das Problem des Verhältnisses von schöpferischer und schematischer Arbeit auf, das wir in anderem Zusammenhang noch ausführlicher behandeln wollen.

Man könnte den Unterschied zwischen kybernetischen und klassischen Maschinen auch dadurch hervorheben, dass man kybernetische Maschinen gewissermaßen als »dialektische« Maschinen bezeichnet. Das hier vorgelegte einfache Schema enthält nämlich bereits eine Fülle dialektischer Zusammenhänge (Prinzip der Wechselwirkung an Stelle der linearen Kausalität, Verhältnis von Gesetzmäßigkeit und Zufall, Umschlag von Quantität in Qualität, Verhältnis von Wesentlichem und Unwesentlichem, Verschiedenheit von Voraussagbarkeit und Gesetzmäßigkeit usw.).

Es sind im Wesentlichen vier Momente, die uns berechtigen, die kybernetischen Maschinen im Gegensatz zu den klassischen als dialektisch zu bezeichnen:

1. Die kybernetischen Maschinen sind geschlossene, die klassischen Maschinen offene Kontrollsysteme. Das klassische Kontrollsystem funktioniert so, dass eine genau definierte äußere Einwirkung auf die Maschine erfolgt und die Maschine ohne Rückwirkung auf die äußere Einwirkung reagiert; zwar ist auch im klassischen Bereich bekannt, dass es eine solche Maschine nur im Grenzfall gibt, aber dieser

Grenzfall wird als Idealfall angestrebt, und jede Abweichung von ihm wird als Störung empfunden.

Beim geschlossenen Kontrollsystem wird die Rückwirkung des Systems auf die Einwirkung nicht nur in Kauf genommen, sondern sie ist selbst ein wesentliches Element des Systems aus Einwirkung und Maschine. Das offene Kontrollsystem entspricht – philosophisch gesagt – gewissermaßen der linearen Kausalität, das geschlossene Kontrollsystem hingegen verkörpert die Wechselwirkung. Darin aber muss man ein dialektisches Moment sehen.

2. Bei den kybernetischen Maschinen wird die Rolle des Zufalls anerkannt, sie geht sogar wesentlich in die Konstruktion mit ein. Deshalb spielen Statistik und Wahrscheinlichkeitsrechnung eine hervorragende Rolle. Die Informationstheorie, die neben der mathematischen Logik zu den mathematischen Grunddisziplinen der modernen Kybernetik gehört, umschließt den Zufall als ein wesentliches Moment. Die klassische Maschinenwelt dagegen sieht im Zufall nur ein störendes Element.

   Der laplacesche Dämon hasst den Zufall. Natürlich ist der Zufall auch in der klassischen Welt zu Hause. Die Feuerwehrleiter an den Häusern, die Haftpflichtversicherung der Kraftfahrer usw., sie alle sind Konzessionen an den Zufall. Während die klassische Maschinenwelt aber im Zufall nur ein störendes Hindernis für das perfekte Funktionieren sieht, geht dieser nun organisch in die moderne Maschinenwelt ein. Mit anderen Worten, jetzt tritt wirklich die dialektisch-materialistische Erkenntnis in Erscheinung, dass Notwendigkeit und Zufall eine dialektische Einheit bilden.

3. Der zentrale Begriff in der klassischen Maschinenwelt ist der Begriff der Energie. Bei den kybernetischen Maschinen tritt der Begriff der Energie in den Hintergrund, vorrangig ist jetzt die Rolle der Information; Übertragung von Information, Analyse von Information, Speicherung von Information, das sind die neuen Kategorien. Lenin spricht davon, dass im Prinzip jede Form der Materie die Fähigkeit der Widerspiegelung habe. Ein ähnlicher Gedanke tritt

schon viel früher bei Leibniz auf. Die große Rolle, die dem Begriff der Information in jüngster Zeit zugemessen wird, stellt in gewisser Weise eine Anerkennung dieses Grundgedankens dar; denn was wir heute unter Information verstehen, geht weiter als das, was in der Umgangssprache und im Alltagsgebrauch darunter verstanden wird. Vom Begriff des Informationsinhaltes eines Textes bis zum Begriff des Informationsinhaltes eines physikalischen Systems ist ein weiter Weg der Abstraktion. Diesen Weg aber ist die moderne Kybernetik gegangen; sie realisiert damit im Bereich einer Einzelwissenschaft einen allgemeinen Grundgedanken des dialektischen Materialismus.

4. Ein weiteres wesentliches Moment, sie als dialektisch zu bezeichnen, ist schließlich die Tatsache, dass bei kybernetischen Maschinen die Geschichte dieser Maschinen einen entscheidenden Faktor ihres Funktionierens darstellt. In der klassischen Maschinenwelt ist es das Ideal, dass jede Maschine nach ihrer Betätigung in den alten Zustand zurückgebracht wird. Der Verschleiß, gewisse Änderungen in der Wirkungsweise der Maschine, die sich mit fortschreitendem Alter (das heißt mit dem Fortgang der Geschichte dieser Maschine) ergeben, werden als störendes Moment empfunden. Dic ideale klassische Maschine ist die absolut unveränderliche Maschine. Nicht so in der Kybernetik. Die ideale kybernetische Maschine bereichert sich mit den Ergebnissen ihrer vorangegangenen Geschichte, sie speichert Informationen und wirft sie dort, wo es angemessen ist, wieder in die Waagschale. Sie verbessert ihre Wirkungsweise im Laufe ihrer Geschichte und sammelt, und das ist im übertragenen Sinne gemeint, Erfahrungen. Die klassische Maschine funktioniert am besten zu Beginn ihrer Existenz, die kybernetische Maschine funktioniert am Anfang am schlechtesten und verbessert ihre Wirkungsweise in jedem weiteren Stadium ihrer Entwicklung.

Reprint aus: Georg Klaus: Kybernetik in philosophischer Sicht, Berlin 1963, III. Kap.: Kybernetik in der Welt des Menschen, S. 373–379.

Inga Jacobsen und Alexander Amberger

Ökologische Planwirtschaft bei Harich, Bahro, Havemann — und Malm

Auf die ökologischen Folgeschäden ungebremsten wirtschaftlichen Wachstums hinzuweisen ist kein neues Phänomen. Bereits im 18. Jahrhundert plädierte Hans Carl von Carlowitz in der »Sylvicultura oeconomica« für ein verantwortungsvolles Handeln in der Forstwirtschaft, um den Raubbau in den Wäldern einzudämmen. Im 19. Jahrhundert finden sich dann kapitalismuskritische ökologische Mahnungen sowohl bei Marx und Engels[1] als auch in modernisierungskritischen Utopien wie »Walden« von Henry David Thoreau (1854) oder William Morris' »Kunde von Nirgendwo« (1890).

Ab den 1960er-Jahren rückte die ökologische Frage erneut ins Zentrum internationaler Debatten. Während im Westen der Aspekt des Wachstums diskutiert wurde, behandelte man das Thema in der DDR als Nebenwiderspruch bzw. Problem des Imperialismus. Dort hatte Walter Ulbricht bereits in den 1950er-Jahren den Leitgedanken vom »Überholen, ohne einzuholen« geprägt, einen Wachstumskurs der SED, gegen den sich nun von links Widerstand regte. Die wichtigsten diesbezüglichen Kritiker und Vordenker eines ökologischen Marxismus waren Rudolf Bahro, Robert Havemann und Wolfgang Harich. Vieles von dem, was damals diskutiert wurde, erlebt in heutigen Klimadebatten eine Renaissance. Wachstumsprobleme werden zunehmend wieder mit kapitalistischer Produktionsweise kontextualisiert.

Im wachstumskritischen Diskurs ist neben Naomi Kleins Standardwerk »Kapitalismus vs. Klima« insbesondere Andreas Malm erwähnenswert, dessen Forderung nach einem »Öko-Leninismus« stark an Harichs Utopie erinnert. Malm fordert

1 Vgl. Kohei Saito: Natur gegen Kapital. Marx' Ökologie in seiner unvollendeten Kritik des Kapitalismus, Frankfurt a.M. 2016.

in seinem Buch »Fossil Capital« eine schnelle und radikale Energiewende, die nur durch grenzüberschreitende Planung und Koordination zu erreichen sei. Mit Bezug auf Anthony Giddens – wahrlich kein Marxist – sieht Malm keine Alternative zu einer planwirtschaftlich organisierten Energiepolitik.[2]

Energiewende durch Planwirtschaft

In seinem Buch zeichnet Malm die Geschichte des fossilen Industriezeitalters seit dem Aufstieg der Dampfkraft nach. Ähnlich wie Bahro verortet er den Beginn der industriellen Umweltzerstörung im ausgehenden 18. Jahrhundert, verbunden mit der Erfindung der Dampfmaschine und dem Aufstieg des Bürgertums. Über zwei Jahrhunderte industrieller Produktionsweise haben nicht nur das Kapital akkumulieren lassen, sondern auch die umweltschädlichen Emissionen, deren Auswirkungen noch die Enkelgenerationen spüren werden. Analog zu Bahro, Harich und Havemann verwehrt sich Malm gegen die im Begriff »Anthropozän« enthaltene Erzählung, dass »die Menschheit« an der Umweltzerstörung schuld sei. Schließlich habe es vor dem Kapitalismus auch schon Menschen gegeben, das Gleichgewicht zwischen Mensch und Natur sei damals aber kaum gestört worden – obwohl fossile Energieträger bereits genutzt wurden. Mit Erfindung der Dampfmaschine setzte der Siegeszug der weißen Männer aus den Industriestaaten ein, die bis heute die Hauptprofiteure und auch die Hauptschuldigen seien. So wuchs von 1820 bis 2010 die Weltbevölkerung um den Faktor 6,6 – die CO_2-Emissionen jedoch um das 654-Fache.[3]

In seiner Definition von Kapital folgt Malm weitgehend Marx und beschreibt die auf fossilen Brennstoffen basierende kapitalistische Produktionsweise als blinden Prozess der Selbstexpansion, personifiziert in austauschbaren Kapitalisten, die möglichst profitmaximierend agieren müssen.[4] Nach

2 Andreas Malm: Fossil Capital. The Rise of Steam Power and the Roots of Global Warming, London/New York 2016, S. 382.

3 Vgl. ebd., S. 268.

4 Vgl. ebd., S. 355.

Malm ist der Anstieg der Emissionen nicht in erster Linie eine Folge des Bevölkerungswachstums, das ja in emissionsarmen Ländern des globalen Südens höher sei als im Westen. Umweltverschmutzung in armen Ländern werde primär durch verlagerte Produktion aufgrund erhöhter Umwelt-, Sicherheits- und Lohnstandards in den Industrieländern verursacht. Die Verlagerung von Produktion haben aber weder »die Menschheit« noch die Arbeiter in den westlichen Ländern beschlossen, sondern das Kapital. Folgen sind Arbeitslosigkeit an den alten Standorten und eine größere Umweltverschmutzung an den neuen. Hinzu kommt, dass bei jeder Standortverlagerung eine große Menge fossiler Energie verbraucht wird, weil funktionierende Produktionsstätten abgerissen und neue gebaut werden.

Die Erzählung des fossilen Kapitals ist hegemonial. Ein anderer Lebenswandel scheint nicht möglich, das System alternativlos. Viele Menschen im Westen können sich ein Leben ohne Autos, Flugreisen und Konsumismus kaum mehr vorstellen, obwohl dieser Lebensstil auch dort für die Mehrheit der Bevölkerung erst seit gut 50 Jahren finanzierbar ist. Global gesehen bleibt er für den Großteil der Menschheit unerreichbar, wird aber gleichzeitig zum Vorbild stilisiert. Arme Menschen würde ein Verzicht auf diese Dinge objektiv folglich weniger hart treffen, subjektiv jedoch nähme man ihnen die Hoffnung, auch einmal so konsumieren zu können wie Menschen in reichen Ländern. Selbst wenn diese das dann nicht mehr könnten, bliebe es in der Gesamtperspektive ungerecht, da sie ja zuvor lange Jahre auf Kosten der übrigen Welt so leben konnten. Zur Klimagerechtigkeit gehört folglich auch eine andere Großerzählung als jene des Westens.

Doch nicht nur die Ideologie sei ein Grund, sondern auch die Energiepolitik und der Energiemarkt: Öl-Multis ziehen einen stabilen Ölpreis permanent fallenden Preisen bei hohen Investitionskosten im Bereich der Erneuerbaren vor. Auch der kostenlose Zugang zu Erneuerbaren setzt den Energiekonzernen zu, denn nun lässt sich nicht mehr mittels Fördermengenregulierung an der Preisschraube drehen. Aus Sicht neoliberaler Wirtschaftspolitik lohnt es mehr, die alten Energieträger so lange auszubeuten, bis die Investitionskosten zu hoch werden. Deshalb plädiert Malm dafür, den Konzernen die Entscheidungsgewalt über die Energiepolitik schnellstmöglich zu entreißen.

Malm geht nicht von einem automatischen Scheitern und Absterben des Kapitalismus aus, sondern schätzt ihn »als ein ungeheuer flexibles System mit tausend und einem Leben« ein.[5] Allerdings steht die Profitlogik dem Ausbau erneuerbarer Energien entgegen: »Diese Treibstoffe sind gratis. Es gibt keinen Energieträger, der verkauft werden könnte, keinen Prozess, in dessen Rahmen Profite in einer mit dem fossilen Kapitalismus auch nur entfernt vergleichbaren Größenordnung erzeugt werden könnten. Dies erklärt auch die Hartnäckigkeit, mit denen die Öl-, Gas- und Kohlekonzerne ihre Geschäftszweige verteidigen. Sie sind deshalb vielleicht auch die größte und gefährlichste Kraft hinter der jahrzehntelangen Untätigkeit. Ein ernstzunehmender Übergang erforderte, dass diese Konzerne liquidiert werden, um es einfach auszudrücken. Dies zeichnet sich nirgends ab. Solange das aber nicht der Fall ist, wird sich der Planet weiter erwärmen.«[6]

Die dringend notwendige radikale Energiewende sei nur durch Planung und Koordination über Ländergrenzen hinweg zu erreichen. Das Energienetz ist ohnehin europaweit geschaltet und geplant. Die Netzspannung muss immer konstant bei rund 50 Hertz liegen und den Tages- und Jahreszeiten entsprechend koordiniert und reguliert werden. Wenn in Griechenland ein Werk vom Netz geht, ist der Effekt in Norwegen messbar.

Hier kommt bei Malm der starke Staat ins Spiel, der in der Corona-Krise gezeigt hat, was er kann, wenn er will – auch wenn die Regierungen gegen Corona nur zu so drastischen Maßnahmen griffen, weil die Folgen sich kurzfristig bemerkbar machen, während Klimafolgen weniger konkret erfahrbar sind. Immerhin kann die Klimabewegung die Regierungen unter Druck setzen, indem sie ihnen ihre eigene Handlungs-

5 Christian Stache: »Die Panik in politische Aktion übersetzen«. Gespräch mit Andreas Malm, in: junge Welt, 21.4.2018, Wochenendbeilage, S. 1.

6 Ebd.

fähigkeit vorhält. Die für ein Erreichen der Klimaziele notwendige Senkung der Emissionen um acht Prozent jährlich sei, so Malm, mit freier Wirtschaft nicht zu schaffen, sondern nur mit einem Ausbau des Staatseigentums und mehr wirtschaftlicher Planung. Das garantiere nicht automatisch eine bessere Politik – wie die Praxis mancherorts zeigt, aber es biete theoretisch mehr Handlungsmöglichkeiten für eine schnelle Änderung der Energiepolitik.[7]

Vorläufer: Öko-Marxisten in der DDR

Nun ist das alles nicht neu. Dass sich viele dieser Gedanken aufseiten linker SED-Kritiker finden lassen, dürfte manche Leser aber doch überraschen. Entgegen der wachstums- und konsumfixierten Wirtschaftspolitik der ostdeutschen Staatspartei forderten sie eine ökologische Politik, die ein Gleichgewicht zwischen Mensch und Natur anstreben sollte. Dabei nutzten sie das Mittel der Utopie, um das Bestehende zu kritisieren und andere Entwicklungspfade aufzuzeigen.

Wolfgang Harich: Sozialistische Ökodiktatur

Zu Beginn der 1970er-Jahre hatte der Philosoph Wolfgang Harich – im Unterschied zum Gros der DDR-Bevölkerung – Zugang zu westlicher wachstumskritischer Literatur. Zu dieser Zeit arbeitete er im Akademie-Verlag an einer Feuerbach-Ausgabe und forschte über die Revolutionsdichtung Jean Pauls. Zugleich setzte er sich kritisch mit dem antiautoritären Teil der 68er auseinander und entdeckte die Debatten um den ersten Bericht des Club of Rome.[8] In Harichs 1975 erschienenem Hauptwerk »Kommunismus ohne Wachstum? Babeuf und der ›Club of Rome«[9] reagierte er auf die multiplen Krisenbefunde, die das Forscherteam um Meadows zusammengeführt hatte,

7 »To Halt Climate Change, We Need an Ecological Leninism«. An interview with Andreas Malm, in: https://jacobinmag.com/2020/06/andreas-malm-coronavirus-covid-climate-change.

8 Den Bericht mit dem Titel »Die Grenzen des Wachstums. Bericht des Club of Rome zur Lage der Menschheit« hatte ein Forscherteam um Dennis Meadows am Massachusetts Institute of Technology (MIT) erarbeitet.

9 Im soeben erschienenen Band 14 der »Nachgelassenen Schriften« Harichs findet sich u.a. ein erweiterter Reprint von »Kommunismus ohne Wachstum?«.

und kam zu dem Schluss, dass der Kapitalismus die drängenden Probleme aufgrund seines immanenten Wachstumszwangs nicht lösen werde. Doch Kommunismus allein löse die Krisen auch nicht. Harichs Revision des Marxismus bestand darin, dass er dessen utopische Verheißung zurücknahm: »Ich glaube jedoch nicht mehr, dass es jemals eine im Überfluss lebende, eine aus dem Vollen schöpfende kommunistische Gesellschaft geben wird, wie wir Marxisten sie bisher angestrebt haben. In diesem Punkt müssen wir uns korrigieren.«[10]

Um die Umweltkatastrophe zu verhindern, sei eine drastische Bedürfnisregulierung und -reduzierung vonnöten. Da im Kapitalismus einem solchen Vorhaben mächtige Interessengruppen in Politik und Wirtschaft entgegenstehen, sei er dazu nicht in der Lage: »Der Kapitalismus kann, da Kapitalakkumulation und Kapitalverwertung sein Lebensgesetz sind, unmöglich von der erweiterten zur einfachen Reproduktion übergehen.«[11] Dessen Überwindung sah Harich als unabdingbar an: »Der Sturz der Bourgeoisie, die Errichtung der Diktatur des Proletariats und die Verwirklichung des Kommunismus sind die Voraussetzungen dafür, die Forderungen des Club of Rome in der Gesellschaft durchzusetzen.«[12] Einen grünen Kapitalismus hielt Harich für unmöglich.

Forderungen nach Klimagerechtigkeit klangen damals bei ihm auch schon an, denn im Kapitalismus würden Rationalisierungen vor allem die Armen treffen, während die Reichen sich nach wie vor Luxus leisten könnten. Im Kommunismus wäre dies nicht der Fall. Eine Güterproduktion, die sich am Gebrauchs- und nicht am Tauschwert orientiert, wäre nur hier möglich. Die Kritik an der Individualmotorisierung findet sich ebenfalls schon 1975: »Der PKW in Privatbesitz ist nach meiner Überzeugung ein natur- und gesellschaftsfeindliches Konsumtionsmittel, ein antikommunistisches auf jeden Fall.«[13]

10 Wolfgang Harich: Kommunismus ohne Wachstum? Babeuf und der »Club of Rome«, Reinbek 1975, S. 32f.

11 Ebd., S. 111.

12 Ebd., S. 109.

13 Ebd., S. 155.

Dass solcherlei Beschränkungen des Lebenswandels und des Konsumverhaltens großer Teile der Bevölkerung westlichen Freiheitsverheißungen entgegenstehen, ist ihm bewusst, Harich will auch gar kein Liberaler sein. Vielmehr schwebt ihm eine globale Ökodiktatur vor: »Es gäbe den vom Weltwirtschaftsrat ausgearbeiteten Weltwirtschaftsplan mit seinen Kontingentierungsauflagen [...] für alle [...] Industrieprodukte, und für den Einzelnen gäbe es Rationierungskarten, Bezugsscheine, damit basta.«[14] Dieses institutionelle System »würde nach dem Grundsatz der Gleichheit jedem Individuum zuteilen, was es für ein menschenwürdiges Leben an Gebrauchswerten benötigt, nicht mehr, aber auch nicht weniger, in Indien wie in USA, überall.« Allerdings berücksichtigte Harich dabei regionale Traditionen und Bedürfnisse: »In Südasien würde der Reis nicht aufhören, das Grundnahrungsmittel zu sein, ebenso wenig wie die Russen und die Engländer aufhören würden, mit Vorliebe Tee statt Kaffee zu trinken. Die Bayern kriegen ihre Weißwürste, die Chinesen ihre Haifischflossen.«[15] Dem Rückbau des Kapitalismus im Westen solle kein Aufbau von Industrie im globalen Süden aus nachholenden Gerechtigkeitsgründen folgen, sondern das bestehende System sollte in reduzierter Weise bei vorsichtiger regionaler Verlagerung die Produktion und Verteilung der Waren global organisieren.

Schon 1975 forderte Harich also einen »Öko-Leninismus« ein, ohne ihn so zu benennen. Vorgeworfen wurde ihm damals, ein »Öko-Stalinist« zu sein. Das trifft aber nicht zu, denn ihm ging es – ähnlich wie heute Malm – um die Durchsetzung politischer Maßnahmen durch eine starke Zentralgewalt, nicht um stalinistischen Terror oder Personenkult.[16]

Nach dem Ende der DDR rückte Harich übrigens vom Konzept der Ökodiktatur ab. Denn nun könnten »antidemokratische Konzepte nur noch imperialistischem, womöglich

14 Ebd., S. 167.

15 Ebd., S. 170.

16 »Ökoleninismus [...] umschreibt Harichs Modell präziser, geht es ihm doch um eine steuernde und regulierende Zentralgewalt, die ohne willkürlichen Terror als Machtinstrument auskommen sollte – wobei das Absterben des Staates nun jedoch unmöglich bliebe.« (Alexander Amberger: Bahro – Harich – Havemann. Marxistische Systemkritik und politische Utopie in der DDR, Paderborn 2014, S. 83)

rechtsextremem Diktaturgelüst Vorschub leisten. Denkbar wäre das faschistoide Zerrbild einer Ökodiktatur, die mithilfe kurzlebiger technologischer Pseudolösungen einen allenfalls mittelfristig noch gedeihenden Naturschutzpark als hübsche Umgebung für die Herrenrasse herstellt, die, verschanzt hinter Mauer und Stacheldraht, eine aus Süd und Ost verzweifelt andrängende Menschenflut sich notfalls durch atomaren Genozid vom Leibe hält. Nein danke!«[17]

Rudolf Bahros Alternative zur Wachstumskatastrophe

Zwei Jahre nach Harichs Buch trat im August 1977 Rudolf Bahro mit seinem Bestseller »Die Alternative« an die Weltöffentlichkeit. Die darin enthaltene Wachstumskritik setzte historisch bereits bei der Französischen Revolution an. Das aufstrebende Bürgertum habe eine Gesellschaft mit falschem Bewusstsein, Subalternität und Entfremdung errichtet. Entstanden sei eine Megamaschine, die nur mittels einer allumfassenden Kulturrevolution überwunden werden könne. Hierfür »gilt es zu fragen, welche Realitäten erzeugt werden müssen, um den Teufelskreis der Verdinglichung zu durchbrechen, die Bedürfnisinhalte zu verändern«.[18]

Bahro orientierte sich dabei – anders als Harich – am Menschenbild des jungen Marx. Deshalb setzte seine Utopie nicht auf einen Zentralstaat und Umerziehung, sondern auf menschliche Emanzipation und postmaterielle Bedürfnisse: »Der Sprung ins Reich der Freiheit ist nur denkbar auf dem Untergrund eines Gleichgewichts zwischen Menschengattung und Umwelt, dessen Dynamik sich entschieden aufs Qualitative und Subjektive verlegt.«[19]

Das Zauberwort bei Marx und später bei Bahro lautete »verfügbare Zeit«, *disposable time*. »Der Reproduktionsprozess muss so organisiert werden, dass der Plan zur Befriedi-

17 Wolfgang Harich: Weltrevolution jetzt. Zur jüngsten Veröffentlichung des Club of Rome, in: Z. Zeitschrift Marxistische Erneuerung 8/1991, S. 63–72, hier S. 67.

18 Rudolf Bahro: Die Alternative. Zur Kritik des real existierenden Sozialismus, 3. Aufl., Köln/Frankfurt a.M. 1977, S. 302.

19 Ebd., S. 315.

gung der gesellschaftlichen Bedürfnisse von vornherein nicht die gesamte verfügbare Arbeitszeit beansprucht, weil es ohne Reserven an Arbeitskraft, ohne einen Puffer, unmöglich ist, eine Sphäre freier, psychisch produktiver Tätigkeit von dem Reich der Notwendigkeit abzukoppeln.«[20] Um mehr verfügbare Zeit zur emanzipatorischen Entfaltung des Einzelnen zu gewinnen, müsse die alte vertikale Arbeitsteilung überwunden werden, die Teilung der Klassengesellschaft in Herrschende und Subalterne. Das gesamte Denken, das als Überbau aus dieser ökonomischen Basis erwachse, müsse umgewälzt werden.

Anders als Harich vertraute Bahro nicht einer staatlichen Elite, sondern forderte im Gegenteil: »Das Gebäude der herrschaftsfreien Gesellschaft kann nur zustande kommen, wenn es nicht vom exklusiven Staatsgeist entworfen wird, sondern in der offenen Kommunikation mit den Massen entsteht.«[21] Durch Medien und Computervernetzung gewinne die Demokratie eine völlig neue Dimension. Schon 1977 schrieb Bahro: »Heute, wo das Problem der allgemeinen Volksversammlung von der quantitativ-technischen Seite durch die modernen Computer und Massenkommunikationsmittel gelöst ist, könnten prinzipiell alle Individuen regelmäßig an der Entscheidung über die Neuwertverteilung, an der Festlegung der Perspektiven der Gesellschaft, an den Willensakten der Prognose teilnehmen.«[22]

Schwerpunkt der Wirtschaft sollen nicht mehr Massenproduktion und Profit sein. Deshalb fordert er eine bedürfnisorientierte Planung unter Berücksichtigung ökologischer Gesichtspunkte. Statt Geld solle die Ökonomie auf Zeitkonten umgestellt werden. »Überhaupt wird der Planungsumfang sehr zurückgehen können, wenn eine nicht mehr primär auf Wachstum, sondern auf Qualität abzielende Wirtschaft einmal ein Gleichgewicht zwischen Produktion und Verbrauch hergestellt hat.«[23] Um das zu erreichen, schlug Bahro vor, Bestehen-

20 Ebd., S. 355.
21 Ebd., S. 356.
22 Ebd., S. 357.
23 Ebd., S. 510.

des zu pflegen oder zu restaurieren, statt Neues zu produzieren, Energie und Ressourcen wo immer möglich einzusparen, langlebige Güter herzustellen, Werbung gänzlich abzuschaffen und Recycling zu perfektionieren. Die Abschaffung des Militärs würde ebenfalls Ressourcen sparen, die bisher für Kriege, Waffen oder Treibstoff verschwendet werden. Auch die Individualmotorisierung stellte Bahro infrage und empfahl, die Bürokratie auf ein notwendiges Minimum zu reduzieren.

Robert Havemann: Technischer Degrowth-Kommunismus

Das dritte wichtige Buch aus der Feder eines ökologischen Marxisten in der DDR erschien 1980: »Morgen. Die Industriegesellschaft am Scheideweg« des Naturwissenschaftlers und Dissidenten Robert Havemann. Auch er ging davon aus, dass der Kapitalismus die globale Krise nicht abwenden könne, da er systemisch zum Wachstum verdammt sei. Konsum mit Modeerscheinungen, Werbung und kurzfristigen Trends führe zu einer enormen Ressourcenverschwendung. Anders als Harich sah Havemann im autoritären Sozialismus keine Alternative, weil beispielsweise die DDR-Planwirtschaft undynamisch und konfus sei, die »Preise entsprechen nicht den Werten«, die Kosten würden nicht gedeckt und die zu niedrigen Preise führten zu Verschwendung.[24]

Havemann schilderte seinen dritten Weg zwischen Kapitalismus und Realsozialismus in Form einer anarchokommunistischen Utopie, als Reise in ein fiktives Land Utopia. Wissenschaft und Technik dienen dort dem Glück des Menschen, das Patriarchat ist überwunden, rationale und computergesteuerte Planung sorgt für Ressourcen- und Arbeitskräfteschonung, Autos gibt es nur noch für lebensnotwendige Aufgaben, Mode ist überwunden, Produkte sind langlebig und zeitlos schön. Geld, Bürokratie, aber auch die Städte als deren Manifestationen sind Geschichte. Ohne sie werden Staat, Verwaltung und Polizei genauso obsolet wie der Arbeitszwang. Die Arbeit erledigen zum Großteil Maschinen. Die dadurch gewonnene *dispo-*

24 Robert Havemann: Morgen. Die Industriegesellschaft am Scheideweg. Kritik und reale Utopie, München 1980, S. 54.

sable time nutzen die Menschen für emanzipatorische Tätigkeiten: Künste, Bildung, langsames Reisen. Alle Energie wird durch kleine Fusions- und Wasserkraftwerke direkt vor Ort erzeugt. Ohne kapitalistische Überproduktion und durch die Abschaffung des Militärs werden enorme Ressourcen gespart.

In »Morgen« werden auch die multiplen Weltkrisen um 1980 analysiert und Überlegungen zur Transformation angestellt. Manches klingt erstaunlich aktuell: »Erst [...] jetzt [...] entwickelt sich eine strukturelle Krise des Kapitalismus, die jene von Marx für das Heranreifen der Revolution postulierten charakteristischen Züge trägt. Es sind im Wesentlichen drei Hauptelemente, die die Struktur dieser Krise bestimmen: 1. Der ökonomische Zwang zum fortgesetzten Wirtschaftswachstum, 2. die daraus resultierende und unvermeidlich zur Katastrophe führende Verschwendung aller natürlichen Rohstoffe und die damit einhergehende Umweltverschmutzung, 3. die mit der sich immer weiter entwickelnden totalen Automatisierung unter Anwendung der Mikroelektronik bewirkte fortwährende Freisetzung von Arbeitskräften, die unter dem Druck der wachsenden Massenarbeitslosigkeit daran gehindert werden, durch Steigerung ihrer Löhne und Herabsetzung ihrer Arbeitszeit an den Früchten des durch ihre Arbeit geschaffenen technischen Fortschritts teilzuhaben.«[25]

Analog zu Bahro und Harich sieht auch Havemann den Realsozialismus in der besseren Ausgangsposition für eine ökologische Transformation als den Kapitalismus. Denn das Privateigentum an Produktionsmitteln sei hier immerhin beseitigt worden. Nun müsse »nur noch« die Politbürokratie überwunden werden.

Malms Öko-Leninismus

Erstaunliche Parallelen tun sich auf zwischen dem gegenwärtig viel diskutierten Malm und den fast vergessenen SED-Kritikern der 1970er-Jahre. Wollten diese das Privateigentums an Produktionsmitteln noch gänzlich überwinden, so begnügt

25 Ebd., S. 187.

sich Malm mit dem Verbot überdurchschnittlich emissionsreicher Produkte und fordert etwa ein Verbot von Privatjets und SUVs. Während das noch eindeutig und einfach zu erklären ist, wird es bei existenziell notwendigen Emissionen komplizierter, etwa beim methanproduzierenden Reisanbau in Indien.[26] Malms Auffassung, regional tradierte Gewohnheiten der Grundversorgung nicht zu sanktionieren, hatte auch Wolfgang Harich 45 Jahre zuvor vertreten. Wichtig sei, dass dies nicht über Märkte, sondern von staatlicher Seite entschieden werde. Und auch hier klingen Harich und Malm erstaunlich ähnlich, wenn sie der Linken vor dem Hintergrund der ökologischen Krise ein Leben im Überfluss ohne Staat auszureden versuchen. Bei Harich klang das 1975 so: »In dem endlichen System Biosphäre, in dem der Kommunismus sich wird einrichten müssen, kann er die menschliche Gesellschaft nur in einen homöostatischen Dauerzustand [einen Gleichgewichtszustand; d. Verf.] überführen, der, so wenig er die Dynamik des Kapitalismus oder die des Sozialismus fortzusetzen erlaubt, auch keine schrankenlose Freiheit des Individuums zulassen wird. Jeder Gedanke an ein künftiges Absterben des Staates ist daher illusorisch.«[27] Malm geht nicht ganz so weit, dies mit einem Ende der Geschichte zu verbinden. Für die nächsten Jahrzehnte meint aber auch er: »Wir können uns den Staat in Zeiten des Notstands nicht einfach wegwünschen. Es ist schwer vorstellbar, wie ein Übergang von fossilen Brennstoffen zu erneuerbaren Energien ohne staatliches Handeln überhaupt aussehen könnte.«[28]

Malm sieht dabei selbst die Gefahr von mehr Bürokratie und Autoritarismus. Um diese im Zaum zu halten, sei Druck und Kontrolle von unten nötig. Analog zu den DDR-Denkern will Malm die Bürokratie für ökologisch sinnvolle Zwecke umfunktionieren. Sie soll fortan die Ursachen des Klimawan-

26 Denn »bis zu 25 % zur globalen Methanemission« gehen auf den Nassreisanbau zurück; vgl. www.proplanta.de/Reis/Reisanbau-und-der-Treibhauseffekt-Wissenswertes-Reis_Pflanze1168515712.html.

27 Harich: Kommunismus ohne Wachstum?, S. 161.

28 Andreas Malm: Für einen Öko-Leninismus, in: Jacobin 2/2020, S. 102–107, hier S. 104.

dels bekämpfen und ökologisch sinnvolle Aufgaben übernehmen. Ungelöst bleibt, wie sich solch ein großer bürokratischer Apparat auf Dauer demokratisch kontrollieren lassen kann. Malm gerät hier in dasselbe Wunschdenken wie Harich: Sein Institutionenbild übergeht Bürokratisierungs- und Oligarchisierungstendenzen solcher Behörden. Wer soll wie dauerhaft Druck auf diese ausüben?

In Anlehnung an die Politik der Bolschewiki nach der Revolution fordert Malm eine umgehende, vom Staat betriebene Transformation der Produktion und der Wirtschaftsorganisation insgesamt gegen die konkreten massiven Widerstände der alten dominierenden Klassen, führt dies aber nicht weiter aus. Er erklärt bloß, dass ohne eine Staatsgewalt, die den Energiekonzernen entgegensteht, sich nichts in der notwendigen Geschwindigkeit ändern werde. Deshalb spricht Malm von »Ökoleninismus«. »Lenin zufolge musste in diesem Moment die Krise des [Ersten Welt-]Krieges in eine Krise der Triebkräfte des Krieges umgewandelt werden. [...] Wenn wir diesen Gedanken in unsere Gegenwart übersetzen, dann sollte unser strategisches Ansinnen sein, die ökologische Krise in eine Krise für ihre Verursacher, also das fossile Kapital, zu wenden. Das ist der Grundgedanke des Ökoleninismus. [...] Ein weiteres Kennzeichen der Politik Lenins ist das Bewusstsein dafür, dass Verzögerungen äußerst gefährlich sein können. [...] Die Auffassung, schnell handeln zu müssen, um eine Katastrophe einzudämmen, war zentral für Lenins Politik und das gilt genauso für uns heute.«[29]

Kritik an Malm

Andreas Malm stammt aus Schweden, wo es einen staatlichen Energiekonzern gibt - Vattenfall. Dieser liefert im Ausland nicht die Beweise für eine umfassende Plausibilität von Malms Thesen. Vielmehr ist er Beispiel dafür, dass nicht allein die Abwesenheit von Privateigentum automatisch eine bessere Politik und Wirtschaftsweise bedeutet, zeigt aber auch, dass

29 Ebd.

staatliche Regulierung in diesem Sektor funktionieren kann, wenn der politische Wille dafür vorhanden ist. Zumal Stromkonzerne nicht einfach ins Ausland abwandern können, da der globale Unterbietungswettbewerb im Bereich Energieversorgung aufgrund örtlicher Gebundenheit nicht so funktioniert wie etwa bei Standortverlagerungen in der Auto- oder Textilproduktion.

Auch in Deutschland sind Staat und Energiekonzerne eng verflochten. Eine Dezentralisierung der Versorgung über lokale Anbieter erneuerbarer Energien scheint kein vorrangiges Ziel deutscher Energiepolitik zu sein. Stattdessen werden neue Energietrassen quer durch das Land gezogen, etwa um Windenergie aus den strukturschwachen Küstenregionen bis in den wirtschaftlich starken Süden der Republik zu leiten. Dies regeln staatliche Instrumente wie das NABEG (Netzausbaubeschleunigungsgesetz Übertragung) oder das 2019 verabschiedete Gesetz zur Beschleunigung des Energieleitungsausbaus. Auch der weitere Ausbau regenerativer Energien sowie eine Förderung der Vielfalt bei den Erzeugern wurden in den letzten Jahren behindert, spätestens mit dem Beschluss, dass ab 2017 die »Förderhöhe des erneuerbaren Stroms [...] nicht wie bisher staatlich festgelegt, sondern grundsätzlich durch wettbewerbliche Ausschreibungen am Markt« zu ermitteln sei.[30] Im September 2020 gab das Bundesministerium für Wirtschaft und Energie (BMWi) eine Novellierung des Erneuerbare-Energien-Gesetz für 2021 bekannt, in der es unter anderem heißt, dass »Anreize für Mieterstrom und die Rahmenbedingungen für Eigenstromerzeugung verbessert« werden sollen.[31] Dies geschieht aber primär unter dem Aspekt, die Akzeptanz zu erhöhen, und weniger, um einen Paradigmenwechsel zu bedingen.

Zentrale staatliche Planung gibt es in Deutschland also schon heute, staatsnahe Energiekonzerne ebenfalls. Fortschrittlich wäre es hingegen, neben einem zentral verwalteten

30 BMWi: Artikel »Erneuerbare Energien«, unter: www.bmwi.de/Redaktion/DE/Dossier/erneuerbare-energien.html.

31 BMWi: Pressemitteilung Erneuerbare Energien, 23.9.2020, unter: www.bmwi.de/Redaktion/DE/Pressemitteilungen/2020/09/20200923-altmaier-eeg-novelle-2021-klares-zukunftssignal-fuer-mehr-klimaschutz-und-mehr-erneuerbare.html.

und gesteuerten europäischen Energienetz, das die Grundversorgung für die Wirtschaft gewährleistet, neue Lösungen zu entwickeln, um den Strom möglichst dort zu gewinnen, wo er verbraucht wird. Kommunale Kraftwerke, intelligente Kleinanlagen, Gebäudekreisläufe oder Kraft-Wärme-Kopplung sind in diesem Zusammenhang nur einige Möglichkeiten. Aber auch technische Umsetzungen, Energie ohne großen Verlust umwandeln und speichern zu können, gewinnen an Bedeutung. Noch besser wären allerdings möglichst drastische Einsparungen – was nicht verbraucht wird, muss auch nicht hergestellt und nicht entsorgt werden –, aber das Gegenteil ist der Fall.

Es stellt sich also die Frage, warum Malm den Fokus auf das fossile Kapital legt. Warum die Kraft vorrangig darauf verwenden, die Energiekonzerne in Staatshand zu bekommen und nicht gleichzeitig auch eine an konkreten Bedürfnissen und Gebrauchswerten orientiere Planung und Distribution im Warensektor anzustreben? Eine Reduzierung von Werbung beispielsweise würde schon für spürbare Ressourceneinsparungen sorgen. Auch hier könnte ein ökologisch orientierter Staat den gesetzlichen Rahmen enger stecken.

Der Weg zum Ziel liegt wohl irgendwo dazwischen: mehr staatliche Regulierung über eine ökologische Steuer-, Subventions- und Regulierungspolitik. Das geht nur über eine Zurückdrängung der Lobby des fossilen Kapitals, die aktuell ein starker Machtfaktor ist. Hierzu bedarf es eines gesamtgesellschaftlichen Umdenkens, einer starken Klimabewegung und letztlich auch eines historischen Moments, in dem die Bewegung ihre Ziele mit Gespür für die Situation durchsetzen kann. Und wer daran zweifelt, dass so etwas heute noch möglich ist: Der Ausstieg aus der Atomenergie ging ja letztlich auch recht plötzlich und entsprach wahrlich nicht den Wünschen der Energiekonzerne, sondern folgte dem Druck, der auf der Straße schon lange vor der Fukushima-Katastrophe aufgebaut worden war. Bleibt am Ende nur zu hoffen, dass nächstes Mal keine solche notwendig sein wird.

Teil II
Planung im digitalen Kapitalismus

Armin Beverungen

Kybernetischer Kapitalismus?

Amazon, algorithmisches Management und Aneignung

Planung und Kybernetik im digitalen Kapitalismus

Angeblich kommt der Kapitalismus ohne Planung aus, weil die »unsichtbare Hand« des Markts zwischen unseren Eigeninteressen, zwischen Angebot und Nachfrage vermittelt, ohne dass dies vorab geplant oder präjudiziert werden müsste.[1] Aber gerade wenn wir an die Rolle von Großunternehmen denken, die auch im Zeitalter der sogenannten Globalisierung den Großteil der Warenflüsse intern planen, wird klar, dass ökonomische Planung niemals verschwunden war. Planung nimmt heute neue Formen an, wurde ausgeweitet und verlagert, wie es der neuseeländische Soziologie Campbell Jones in einem Text zur Wiederkehr der ökonomischen Planung beschrieben hat.[2] Denken wir dabei zum Beispiel an die logistische Revolution, aufgrund derer Zirkulationsprozesse heute komplett durchplanbar sind, oder an digitale Plattformen, durch die Kleinstarbeit tausendfach geplant und in Arbeitsprozessen integriert werden kann.[3] Im sogenannten digitalen Kapitalismus sind es insbesondere Großunternehmen wie Amazon, die heute unsere ökonomischen Zukünfte planen, indem sie versuchen, unsere Bedürfnisse zu antizipieren und zu beeinflussen und die Zirkulation von Waren darauf auszurichten.

Amazon ist der größte und beliebteste Online-Händler der Welt und damit aus Sicht der Architektin Clare Lyster der

1 Armin Beverungen/Philip Mirowksi/Edward Nik-Khah/Jens Schröter: Markets. In Search of Media, Minneapolis/Lüneburg 2019, S. 2–6.

2 Campbell Jones: Introduction: The »Return« of Economic Planning, in: South Atlantic Quarterly 119/1, 2020, S. 1–10, hier S. 6.

3 Deborah Cowen: The Deadly Life of Logistics, Minneapolis 2014, S. 23–52; Nick Srnicek: Platform Capitalism, London 2017.

Inbegriff zeitgemäßer logistischer Intelligenz.[4] Dieser Beitrag folgt dem Blick auf Amazon und die Logistik und sucht dort nach den Potenzialen der Aneignung planerischer Fähigkeiten. Dabei gilt dem Warenlager, bei Amazon bekannt als *fulfilment center*, ein besonderes Augenmerk als einem Ort, an dem wesentliche Aspekte der Logistik sowie das Zusammenspiel von algorithmischem Management und logistischen Medien sichtbar werden.

Amazon und andere Großunternehmen des digitalen Kapitalismus scheinen sich gerade an der planerischen Wissenschaft der Kybernetik zu orientieren, denn wenn wir dem australischen Medientheoretiker Ned Rossiter folgen, hat die Logistik eine kybernetische Vorgeschichte und kann als »eine Erweiterung des ›Organisationsparadigmas‹ der Kybernetik« bezeichnet werden.[5] Rossiter hebt hervor, wie logistische Medien – etwa Software und Infrastruktur – »die Bewegung von Menschen, Finanzen und Dingen koordinieren, erfassen und kontrollieren«.[6] In der heutigen Logistik werden kybernetische Steuerung und ihre Kontrollsysteme besonders in der algorithmischen Arbeitssteuerung sichtbar.[7] Einige Beobachter des heutigen Kapitalismus diagnostizieren sogar einen »kybernetischen Kapitalismus«, in dem sich Kybernetik und Neoliberalismus ergänzen.

Andere, insbesondere der kanadische Medienwissenschaftler Nick Dyer-Witheford und seine Ko-Autoren, verwenden den Begriff »kybernetischer Kapitalismus«, um zum einen auf eine längere Geschichte des Digitalen aufmerksam zu machen und um zum anderen die Bedeutung von Kontrolle, Information, Automatisierung und Netzwerken hervorzuheben – und damit die Machtformen und Technologien des gegenwärtigen Kapi-

4 Clare Lyster: Learning from Logistics: How Networks Change Our Cities, Basel 2016, S. 119.

5 Ned Rossiter: Software, Infrastructure, Labor: A Media Theory of Logistical Nightmares, New York 2016, S. 97, und zur kybernetischen Vorgeschichte der Logistik S. 10–14.

6 Ebd., S. 4f.

7 Vgl. z.B. Eva-Maria Raffetseder/Simon Schaupp/Philipp Staab: Kybernetik und Kontrolle: Algorithmische Arbeitssteuerung und betriebliche Herrschaft, in: PROKLA 47/2, 2017, S. 227–247.

talismus zu analysieren.[8] Dabei sehen Dyer-Witheford et al. nicht nur die Möglichkeiten des Widerstands und der Ablehnung, sondern auch von »kybernetischen Subversionen« und Rückeroberung.[9] Diese Denkrichtung charakterisiert auch die Überlegungen zum *reverse engineering*, wie sie zuletzt die Journalisten und Forscher Leigh Phillips und Michal Rozworski popularisiert haben. Indem sie fragen, ob man sich »die logistischen und planerischen Machtzentren – die Walmarts und Amazons dieser Welt – aneignen und sie für eine egalitäre, ökologisch rationale Zivilisation umwidmen« könnte, richten sie den Blick auf die Logistik als kybernetische Praxis des Planens kapitalistischer Zirkulation.[10]

Phillips und Rozworkski behaupten sogar: »Amazon bietet Produktions- und Vertriebstechniken an, die nur darauf warten, beschlagnahmt und umgewidmet zu werden.«[11] Im Folgenden will ich mich mit dieser doch sehr gewagten Annahme befassen. Wie wird also bei Amazon geplant und was könnte angeeignet werden? Ein Blick auf das algorithmische Management und die logistischen Medien bei Amazon sollen auf diese Frage eine differenzierte Antwort liefern.

Strichcodes und Steuerung

Tauchen wir ein in einen zentralen Schauplatz von Amazons planerischer Macht: in das Fulfilment-Zentrum. Wie werden Warenzirkulation und logistische Arbeit dort geplant und koordiniert? Auch wenn Fulfilment-Zentren keine klassischen Warenlager sind – sie sollen ja nicht einfach Waren lagern, sondern mit ihnen unsere Wünsche »erfüllen«, und zwar so schnell wie möglich –, fällt bei einem Besuch in einem Fulfil-

8 Nick Dyer-Witheford: Cyber-Proletariat: Global Labour in the Digital Vortex, Digital Barricades, London 2015; ders./Atle Mikkola Kjøsen/James Steinhoff: Inhuman Power: Artificial Intelligence and the Future of Capitalism, Digital Barricades, London 2019; vgl. auch Paul Buckermann/Anne Koppenburger/Simon Schaupp (Hrsg.): Kybernetik, Kapitalismus, Revolutionen: emanzipatorische Perspektiven im technologischen Wandel, Münster 2017.

9 Dyer-Witheford: Cyber-Proletariat, S. 11 u. 18.

10 Leigh Phillips/Michal Rozworski: The People's Republic of Walmart: How the World's Biggest Corporations Are Laying the Foundation for Socialism, London 2019, S. 239.

11 Ebd., S. 77.

ment-Zentrum schnell auf, dass Waren dort erstmal zum temporären Stillstand kommen. Das wohl wichtigste Element von Amazons Lagerungsprinzip ist die »chaotische Lagerung«.[12] Dabei werden gleiche Waren nicht gemeinsam, sondern an verschiedenen Orten gelagert, zum einen, um Platz zu sparen – Waren werden von *stower* (Verstauer) einfach in irgendwelche freien Regalfächer eingeräumt –, und zum anderen, damit *picker* (Kommissionierer) auf ihren Wegen durch das Warenlager die Waren immer irgendwo in der Nähe haben. Das Prinzip regelt die Lagerung sowohl in den älteren Warenlagern, zum Beispiel in Rheinberg, einem Warenlager der 5. Generation, in dem in einem Bereich auf drei Etagen kilometerweise Regale von *stower* bestückt und von *picker* geleert werden, als auch in neuen Warenlagern wie denen der 8. Generation, zum Beispiel in Winsen, wo auf drei Etagen die etwa 30 000 Regale von rund 2700 Robotern bewegt und zu den *stower* und *picker* an die Stationen gebracht werden.[13] Menschen können in dem Lagerungssystem ohne maschinische Hilfe oder Anweisung nichts mehr wiederfinden, aber das Warehouse Management System hat abgespeichert, wo sich alle Waren befinden. Alessandro Delfanti, Medienwissenschaftler aus Toronto, sieht hierin eine Form von »machinic disposession«, also eine Enteignung durch Maschinen, weil das Wissen über die Ordnung der Dinge den Arbeitern weggenommen und in ein gesondertes algorithmisches System integriert wird.[14]

Alle Waren in Amazons Lieferkette werden mit einem individuellen Strichcode ausgestattet. Alle Behälter für Waren – die *totes* (Amazons standardisierte Behälter), die Regalfächer, die Fächer bei Packstationen, die noch nicht adressierten Pakete – sind ebenfalls mit individuellen Strichcodes versehen. Und bei jedem Orts- bzw. Behälterwechsel eines zum digitalen

12 Vgl. Torsten Reichardt: Amazon – Leading the Way Through Chaos, SSI SCHÄFER Blog, 18.6.2011, unter web.archive.org/web/20160206215834/http://www.ssi-schaefer.de/blog/en/order-picking/chaotic-storage-amazon/.

13 Diese Angaben stammen von Führungen in den Warenlagern.

14 Alessandro Delfanti: Machinic Dispossession and Augmented Despotism: Digital Work in an Amazon Warehouse, in: New Media & Society, online first, 2019, S. 1–17, hier S. 7.

item transformierten Produkts müssen Produkt und Behälter gescannt werden. »Nicht der Warenfluss muss nahtlos sein, sondern der Fluss von Datenströmen, RFID-Codes und Ortungsgeräten«, bemerken der Informatiker Nikolaus Pöchhacker und die Medienwissenschaftlerin Eva-Maria Nyckel.[15]

Doch der Strichcode leistet noch mehr: Nicht nur Waren werden verfolgt und geortet, sondern auch der Arbeitsprozess der *receiver* (Empfänger, die Waren entgegennehmen), *stower, picker* und *packer*. Die durch die Strichcode-Scans generierten Daten reichen – neben den Designs der verschiedenen Stationen, der Korridore und der Scanner, die ebenfalls bestimmte Bewegungs- und Arbeitsabläufe sehr stark vorgeben – bereits zum Management der Arbeit aus. Es entsteht ein System, das in praktisch allen Berichten als total beschrieben wird.[16] Das liegt nicht zuletzt auch daran, dass die Bewertung logistischer Arbeit durch Amazon im höchsten Maße opak ist. So wird Leistung durch nur eine Leistungskennzahl bewertet, die an sich jedoch undurchsichtig ist und selbst von Gewerkschaften nicht rekonstruiert werden kann und somit nicht nachvollziehbar ist. So berichtet auch Delfanti davon, dass Arbeit prozentual an diesem Richtwert gemessen, die Berechnung der Leistung jedoch nicht offengelegt wird, was Delfanti als »despotisch« bezeichnet.[17] Hinzu kommt, dass auf Basis dieser Bewertungsmechanismen, die anscheinend automatisch operieren, auch Entscheidungen über Einstellungen und Entlassungen automatisch, wenn nicht gefasst, dann zumindest vorbereitet werden.[18]

15 Nikolaus Pöchhacker/Eva-Maria Nyckel: Logistics of Probability: Anticipatory Shipping and the Production of Markets, in: Marcus Burkhardt/Katja Grashöfer/Mary Shnayien/Bianca Westermann (Hrsg.): Explorations in Digital Cultures, Lüneburg 2020.

16 Vgl. Philipp Staab/Oliver Nachtwey: Market and Labour Control in Digital Capitalism, in: TripleC: Communication, Capitalism & Critique 14/2, 2016, unter: www.triple-c.at/index.php/tripleC/article/view/755; Moritz Altenried: Die Plattform als Fabrik, in: PROKLA 47/187, 2017, S. 175–192.

17 Delfanti: Machinic Dispossession and Augmented Despotism, S. 13.

18 Colin Lecher: How Amazon Automatically Tracks and Fires Warehouse Workers for »Productivity«, The Verve, 25.4.2019, unter: www.theverge.com/2019/4/25/18516004/amazon-warehouse-fulfillment-centers-productivity-firing-terminations.

So überrascht es nicht, dass Managern vor Ort wenig Handlungsmacht zugeschrieben wird. Die algorithmische Steuerung ist nicht nur mit Blick auf Arbeit opak, sondern die Zirkulation an sich wird undurchsichtig. Der kanadische Designer und Architekt Jesse LeCavalier bemerkt, dass die neueren Fulfilment-Zentren, in denen Roboter agieren, eine »Krise der Lesbarkeit« auslösen: Obwohl die Roboter zwar menschlich programmiert sind, können wir ihr Handeln nicht mehr verstehen, daher erscheint es unvorhersehbar, und es wird ihnen eine eigene, uns unbekannte Intelligenz zugeschrieben.[19]

Infrastruktur und Opazität

Im Fulfilment-Zentrum wird also deutlich, wie Amazon Warenzirkulation organisiert und logistische Arbeit algorithmisch steuert. Gleichzeitig bleiben wesentliche Aspekte von Organisation und Steuerung unklar. Wie sind die Fulfilment-Zentren in Amazons planerische Aktivitäten integriert und welche Logiken werden mit einem Blick auf Amazons Operationsketten deutlicher? In Deutschland ist Amazon mit seinem Online-Handel, einer Vielzahl von Fulfilment-Zentren sowie Standorten für die Auslieferung an Endkunden vertreten. Hinzu kommen Datenzentren bei Frankfurt und Entwicklungszentren unter anderem in München und Berlin. Amazon hat seine Unternehmungen in den letzten Jahren massiv erweitert; so hat das Unternehmen zum Beispiel seit 2018 sein Liefersystem an Endkunden von Grund auf aufgebaut und liefert mittlerweile an einigen Standorten bis zu 70 Prozent der Waren selbst aus.

Dabei bleibt die Infrastruktur für die Zirkulation von Waren bei Amazon weitestgehend unbemerkt. Der britische Soziologe David Hill beschreibt, wie bei Amazon alltägliche, »habituelle Medien«, die eigentlich im Zentrum unserer Aufmerksamkeit stehen sollten, sowie Amazons Plattform-Infrastruktur als »zentrales Nervensystem«, unserem Bewusstsein vorent-

19 Jesse LeCavalier: Human Exclusion Zones: Logistics and New Machine Landscapes, in: Architectural Design 89/1, 2019, S. 48–55, hier S. 54.

halten werden.[20] Selbst wenn sich Amazon bereits in unsere Umgebungen einschreibt – auch durch Fulfilment-Zentren an postindustriellen Standorten an Stadtgrenzen –, bleiben die logistische Infrastruktur und die Software-Architekturen, die die logistischen Ketten steuern, nahezu unsichtbar. Die Logistik bei Amazon, als Planung und Ausführung der Zirkulation von Waren, kann kaum als Ganzes gefasst werden. Die Optimierung der Zirkulation ist immer schon auf die berechneten Bedürfnisse potenzieller Kunden ausgelegt und die Warenlagerung und verteilung werden kontinuierlich an diese Vorhersagen angepasst. Daher sind, wie Pöchhacker und Nyckel schreiben, auf Basis einer »Logistik der Wahrscheinlichkeit« die algorithmischen logistischen Infrastrukturen immer schon mit den Techniken des antizipierenden Versands verstrickt.[21]

Zu dieser Verstrickung gehören auch Amazons Empfehlungssysteme, die auf Grundlage von »item-to-item collaborative filtering« sowie der sozialen Arbeit der Empfehlung versuchen, anhand von Daten über unsere Einkäufe und andere verfolgte Online-Aktivitäten unsere Wünsche und Bedürfnisse zu berechnen – das Ergebnis: »Das Chaos der individuellen Geschmäcker und Meinungen wird zu etwas Brauchbarem verdichtet.«[22] Gleichzeitig erzeugt das System bereits eine räumlich-mediale Ordnung über die Fulfilment-Zentren hinaus. Denn es sind Amazons Echos und Dash Buttons (die kleinen per Sprache bedienbaren smarten Lautsprecher sowie die einfachen Knöpfe zur Bestellung einzelner Produkte), die uns Empfehlungen liefern und/oder Bestellungen ermöglichen, die uns dadurch erlauben, zu Hause zu bleiben, während genau diese Geräte der Infrastruktur Einlass gewähren. »Dies sind die Artefakte, Geräte und Verfahren, an denen wir uns täglich reiben, und sie bieten einen flüchtigen Zugang zur größeren abstrakten Welt der Logistik.«[23]

20 David Hill: The Injuries of Platform Logistics, in: Media, Culture & Society 42/4, 2019, S. 521–536, hier S. 524f.

21 Pöchhacker/Nyckel: Logistics of Probability.

22 Phillips/Rozworski: People's Republic of Walmart, S. 83, zum Empfehlungssystem S. 83–87.

23 Clare Louise Lyster: Territories of Equivalence, in: FOOTPRINT 23, 2018, S. 25–36, hier S. 27; zum Amazon Echo Dot und der dahinterstehenden logistischen Komple-

Amazons Plattform versteckt die Arbeit, die hinter ihr steckt, »wenn der Konsum so unbedacht wird, wenn unsere Produkte nur einen Klick oder ein ›Hallo Alexa‹ oder einen Knopfdruck entfernt sind und wenn sie am nächsten oder sogar am selben Tag ankommen.«[24] Dabei stehen gerade die prekären Arbeitsverhältnisse sowie die strenge Kontrolle von Arbeitsprozessen bei Amazon schon lange im Fokus von gewerkschaftlichen Arbeitskämpfen.[25] Amazons Warenlager sind weiterhin sehr stark von Saisonarbeit geprägt, während Lieferanten bei Amazon Logistics in der Regel selbstständig oder ausgegliedert sind.

Kybernetischer Kapitalismus

Wenn wir den Begriff »kybernetisch« recht allgemein nutzen wollen, wie es zum Beispiel der englische Literaturwissenschaftler Seb Franklin vorschlägt, »um eine Reihe von Praktiken und Methoden zu beschreiben, die die Welt durch Prozesse der Erfassung, Digitalisierung, Modellierung und Vorhersage lesbar machen«,[26] dann könnten wir Amazon durchaus als kybernetisch bezeichnen. Aber nur weil es Feedback oder auch Rückkopplung gibt, haben wir es noch nicht mit Kybernetik zu tun.[27]

Auch scheint Kybernetik hier mit anderen Ansätzen für Management und Organisation, wie zum Beispiel der Bürokratie und dem Taylorismus, vermischt. Schon der italienische Soziologe Romano Alquati beobachtete dies während seiner Feldforschung bei Olivetti in den 1960er-Jahren, wie der Medienphilosoph Matteo Pasquinelli bemerkt: »Die Kyberne-

xität vgl. Kate Crawford/Vladan Joler: Anatomy of an AI System, 7.9.2018, unter: www.anatomyof.ai.

24 Hill: Injuries of Platform Logistics, S. 5.

25 Bruno Cattero/Marta D'Onofrio: Organizing and Collective Bargaining in the Digitized »Tertiary Factories« of Amazon: A Comparison Between Germany and Italy, in: Edoardo Ales u.a. (Hrsg.): Working in Digital and Smart Organizations, Cham 2018, S. 141–164; Sabrina Apicella/Helmut Hildebrandt: Divided We Stand: Reasons for and against Strike Participation in Amazon's German Distribution Centres, in: Work Organisation, Labour & Globalisation 13/1, 2019, S. 172–189.

26 Seb Franklin: Control: Digitality as Cultural Logic, Cambridge 2015, hier S. 43.

27 Das Prinzip des Feedbacks existierte schon lange vor der Kybernetik, vgl. David A. Mindell: Between Human and Machine: Feedback, Control, and Computing before Cybernetics, Baltimore 2002.

tik enthüllt die maschinische Natur der Bürokratie und umgekehrt die bürokratische Rolle der Maschinen, da sie als Rückkopplungsapparate arbeiten, um Arbeiter zu kontrollieren und ihr Know-how zu erfassen.«[28] Ähnlich erscheint Franklin die Kybernetik »als eine Erweiterung der tayloristischen Logik«, wenn algorithmische Prozesse die »Reorganisation des Lebens nach den Prinzipien der Berechnung« vornehmen.[29] Aber ergänzen sich hier Kybernetik und Taylorismus einfach?[30] Zum chilenischen Projekt Cybersyn der frühen 1970er-Jahre unter Salvador Allende hat die amerikanische Technikhistorikerin Eden Medina angemerkt, dass Arbeit dort zwar auch tayloristisch organisiert wurde, beispielsweise durch Zeitdiagramme, doch habe dies zumindest im Konflikt mit den Bemühungen gestanden, Arbeitern im Sinne der Kybernetik Stafford Beers mehr Mitsprache zu ermöglichen.[31] Auch Amazons algorithmisches Management hat viel mit Taylorismus zu tun und dafür wenig mit Beers Viable System Model, das durchaus vorsieht, Arbeiter an Managemententscheidungen teilhaben zu lassen.[32] An dieser Kybernetik, die Bürokratie und Taylorismus widerspricht, scheint Amazon wenig Interesse zu haben.

Kann Amazon bezogen auf die beschriebene spezifische Kontrolle der Arbeit als Paradebeispiel für kybernetischen Kapitalismus betrachtet werden? Können wir zum Beispiel von einer »Verwirklichung« der Kybernetik sprechen »auf der Grundlage der jetzt verfügbaren rückkopplungsbasierten technischen Geräte, um sie aktiv umzusetzen«?[33] Können wir die

28 Matteo Pasquinelli: Italian »Operaismo« and the Information Machine, in: Theory, Culture & Society 32/3, 2015, S. 49–68, hier S. 56.

29 Ebd., S. 15.

30 Vgl. hierzu Simon Schaupp: Taylorismus oder Kybernetik?, in: WSI-Mitteilungen 73/3, 2020, S. 201–208.

31 Eden Medina: Cybernetic Revolutionaries: Technology and Politics in Allende's Chile, Cambridge 2014, S. 132.

32 Stafford Beers kybernetisches Viable System Model betont die Optimierung von Überlebenschancen organisatorischer Systeme, die es erforderlich macht, dass in allen Teilsystemen der Organisation Entscheidungen autark gefasst werden können; vgl. Stafford Beer: Brain of the Firm, New York 1972; Armin Beverungen: Executive Dashboard, in: Timon Beyes/Robin Holt/Claus Pias (Hrsg.): Oxford Handbook of Technology, Media and Organization, Oxford 2020, S. 225–237.

33 Felix Maschewski/Anna-Verena Nosthoff: »Designing Freedom«: On (Post)Industrial Governmentality and Its Cybernetic Fundaments, in: Uli Meyer/Simon

bei Amazon angewandten Erfassungstechnologien als Selbsttechnologien und somit als »Ausdruck eines spezifisch kybernetischen Modus der Kapitalakkumulation und Kontrolle« verstehen, die die Avantgarde des kybernetischen Kapitalismus ausmacht?[34] Auch das scheint für Amazon nicht angemessen. Denn Strichcode und Scanner, die bei Amazon als wesentliche Sensormedien für Feedback aus dem Arbeitsprozess zum Einsatz kommen, sind in der Logistik schon lange im Einsatz, sind also nicht Avantgarde.[35] Daran ändert sich nichts, wenn die Scanner als am Handgelenk befestigte Terminals als *wearables* verstanden werden können[36] – mit Selbsttechnologie hat das wenig zu tun, gerade weil das Leistungsfeedback, wie oben beschrieben, absolut opak bleibt. Neuere logistische Medien wie RFID-Chips,[37] durch Objekt- und Gesichtserkennung augmentierte Videoüberwachung, wie sie in Amazon Go-Läden zu finden sind, oder Ultraschall-Armbänder zur Verfolgung von Handbewegungen sowie andere Technologien, für die Amazon Patente entwickelt hat[38] – sie alle kommen nicht zum Einsatz.

Ein möglicher Ausgangspunkt für eine differenzierte Betrachtung des möglichen kybernetischen Charakters von Amazons Logistik ist eine Unterscheidung des englischen Soziologen und Wissenschaftshistorikers Andrew Pickering. Er identifiziert zwei grobe Verständnisse von Macht und Kontrolle in der Kybernetik: In ihren »asymmetrischen« Momen-

Schaupp/David Seibt (Hrsg.): Digitalization in Industry, Cham 2019, S. 81–110, hier S. 81f.

34 Simon Schaupp: »Wir nennen es flexible Selbstkontrolle«. Self-Tracking als Selbsttechnologie des kybernetischen Kapitalismus, in: Stefanie Duttweiler u. a. (Hrsg.): Leben nach Zahlen, Bielefeld 2016, S. 63–86.

35 Zur Geschichte des Strichcodes vgl. Jesse LeCavalier: The Rule of Logistics: Walmart and the Architecture of Fulfillment, Minneapolis 2016, hier S. 63–75.

36 Phoebe Moore/Andrew Robinson: The Quantified Self: What Counts in the Neoliberal Workplace, in: New Media & Society 18/11, 2016, S. 2774–2792, hier S. 2779; Phoebe Moore/Lukasz Piwek: Regulating Wellbeing in the Brave New Quantified Workplace, in: Employee Relations 39/3, 2017, S. 308–316, hier S. 311.

37 Das insinuieren z.B. Clare Lyster: Disciplinary Hybrids: Retail Landscapes of the Post-Human City, in: Architectural Design 89/1, 2019, S. 100–105, hier S. 102, sowie Pöchhacker/Nyckel: Logistics of Probability, S. 5.

38 Alessandro Delfanti/Bronwyn Frey: Humanly Extended Automation or the Future of Work Seen through Amazon Patents, in: Science, Technology, & Human Values, online first, S. 1–28.

ten vertritt die Kybernetik ein eher klassisches Verständnis von Kontrolle, in der Macht hierarchisch und ungleich verteilt umgesetzt und ausgeübt werden kann; im Gegensatz dazu erkennt die Kybernetik in ihren »symmetrischen« Momenten, dass Kontrolle eine Frage der Aushandlung und Reziprozität ist, also nicht von oben herab operieren kann, sondern eher horizontal und verteilt organisiert werden muss. Er bemerkt dazu: »Selbst in ihren asymmetrischsten Anfängen hat die Kybernetik nie daran gedacht, dass der klassische Steuerungsmodus tatsächlich möglich wäre.«[39] Selbst die asymmetrische, also machtorientierte Kybernetik kann nicht einfach in eine Geschichte der kapitalistischen Kontrolle eingeschrieben werden, wenn wie bei Beer zum Beispiel das Prinzip »Überleben« der Organisation dem Prinzip »Profit« übergeordnet ist. Und der symmetrische Moment der Kybernetik, so Pickering, plädiert für eine »performative Form der Demokratie innerhalb sozialer Organisationen, zwischen sozialen Organisationen und sogar zwischen Menschen und Dingen«[40] – die wir bei Amazon nicht entdecken konnten, die aber aufzeigt, wie Kybernetik anders verstanden und umgesetzt werden könnte. Für Pickering drückt dieser Ruf nach performativer Demokratie die Erkenntnis aus, dass wir immer »in media res«, also mitten in den Dingen sind.[41]

Amazon aneignen?

Die Frage, ob wir uns Amazons logistische Fähigkeiten aneignen sollten, wirft also nicht nur die Frage auf, wie wir demokratisch planen wollen, sondern auch die, welche Kybernetik wir dazu brauchen. Wenn Phillips und Rozworski sagen, dass Amazons Techniken nur darauf warten, angeeignet und umgewidmet zu werden, wie lässt sich das umsetzen? Gibt es »eine Planungsgrundlage, die eine gerechtere Gesellschaft sicherlich

39 Andrew Pickering: The Cybernetic Brain: Sketches of Another Future, Chicago 2010, S. 383.

40 Ebd.

41 Ebd.

aufgreifen und sich zu eigen machen könnte«?[42] Ist Amazons Geschichte einfach »eine weitere Geschichte, wie man die Logistik richtig macht«?[43] Phillips und Rozworski artikulieren zwar eine Kritik gerade an den Datensammlungs- und verwertungspraktiken von Amazon, scheinen aber ansonsten recht angetan von den Möglichkeiten der Informationstechnologien, die Amazon nutzt. Zum Beispiel meinen sie, dass Amazons Empfehlungssystem »einige der Informationsprobleme löst, die historisch mit Planung assoziiert wurden«, oder stellen Amazon als eine »Ansammlung von Tausenden ineinander verschalteten Optimierungssystemen« für Warenzirkulation dar.[44] Der australische Kulturwissenschaftler Brett Neilson hat mit Bezug auf Amazon kritisch angemerkt, wie Logistik hier versuche, »Einfluss auf unsichere Zukünfte zu nehmen, indem sie algorithmische Technologien dazu aufruft, die Produktion der Zukunft auf Marktpositionen hinzubiegen«.[45] Bei der Vorhersage von Nachfrage und beim antizipierenden Versand geht es also nicht darum, unsere Bedürfnisse zu erkennen und zu »erfüllen«, sondern darum, unsere Wünsche zu beeinflussen und womöglich zu kontrollieren, um Amazons Marktposition zu stärken. Diese Planung überwache und reduziere das Leben auf das rein Quantitative, so Neilson, und die Herausforderung sei gerade, die algorithmischen Technologien von dieser Art Planung zu trennen.[46]

Wir müssen uns von Amazons Technologien der Vorhersage und Antizipation aber auch deshalb verabschieden, weil *fulfilment* individualisiert und von kollektiven Entscheidungsprozessen ablenkt und so eine andere Art von Konsum blockiert, der zum Beispiel für einen »Luxuskommunismus« zu entwerfen wäre, der anhand der Möglichkeiten von Automatisierung Arbeit reduziert oder sogar abschafft und uns trotz-

42 Phillips/Rozworski: The People's Republic of Walmart, S. 16.

43 Ebd., S. 78.

44 Ebd., S. 83 u. 92.

45 Brett Neilson: The Reverse of Engineering, in: South Atlantic Quarterly 119/1, 2020, S. 75–93, hier S. 78.

46 Ebd., S. 87.

dem die Vorzüge des Konsums genießen lässt.[47] So merkt Jesse LeCavalier an, dass die »Erfüllungsindustrien« – also Amazon und andere Unternehmen, die versprechen, unsere Wünsche zu erfüllen – die konsumierenden Subjekte durch Personalisierung isolieren und somit gerade die Konfrontation mit »abstrakten, aber geteilten Verantwortlichkeiten« wie der globalen Erwärmung oder Regierungskrisen verhindern.[48] Weil Konsum bei Amazon immer an individuell registrierten Bedürfnissen und hervorgerufenen Wünschen orientiert ist, schließen diese algorithmischen Technologien kollektive Entscheidungsprozesse und damit eine Demokratisierung aus.

Auch von der Arbeitsorganisation und dem algorithmischen Management bei Amazon bleibt für eine demokratisierte Planung wenig übrig. Zwar spekuliert etwa der Akzelerationismus auf Automatisierung und auch Amazons Warenlager spielen in dieser Vision eine Rolle.[49] Doch Amazon setzt mit seiner Entwicklung nicht auf eine komplette, sondern auf eine »menschlich erweiterte Automatisierung«, in der Arbeiter die Defizite von Maschinen ausbessern, dabei weiterhin maschinisch überwacht und kontrolliert werden und eben nicht an Entscheidungsprozessen teilhaben.[50]

Schließlich bleibt das Problem der Undurchsichtigkeit der algorithmischen Steuerung bestehen. Gerade die Opazität scheint der chaotischen Lagerung inhärent, kann also nicht so leicht abgeschafft werden. Und auch die Opazität der Bewertung von Arbeit ist zumindest gewollt. Wäre nicht in dieser Hinsicht – im Gegensatz zur tayloristischen Arbeitsorganisation – ein wenig mehr Kybernetik möglich, indem gerade die oben erwähnten symmetrischen Momente der Kybernetik aufgerufen werden, um mehr Mitbestimmung der Arbeiter zu ermöglichen, also zum Beispiel eine Transparenz und Verhandelbarkeit der Bewertungsmechanismen sowie eine

47 Vgl. z.B. Aaron Bastani: Fully Automated Luxury Communism, London 2019.

48 LeCavalier: New Interfaces, S. 108.

49 Vgl. z.B. Nick Srnicek/Alex Williams: Inventing the Future: Postcapitalism and a World Without Work, London 2015, insb. S. 109–114.

50 Delfanti/Frey: Humanly Extended Automation.

Öffnung der Lagerungsprinzipien zu bewirken? Diskussionen über Transparenz und Rechenschaft von algorithmischen Systemen belegen, inwiefern diese auch anders konzipiert und angewandt werden können, gerade weil nicht alle Opazitäten technisch notwendig, sondern sozial verhandelbar sind.[51]

Wenn also von den zentralen algorithmischen Techniken von Amazons Planung – Vorhersage von Nachfrage und chaotische Warenlagerung – für eine demokratische Planung nicht viel übrig bleibt, dann sollte das Ziel vielleicht »weniger Planung, weniger Steuerung, weniger Überwachung, weniger Kontrolle und weniger Intervention in unsere Arbeitsleben und darüber hinaus« sein.[52] Warum ist Amazon – und damit verbunden: Geschwindigkeit und Akzeleration – überhaupt für viele so faszinierend? Ist eine Zukunftsplanung nicht »pervers« (Neilson), die »sich an Technologien der Automatisierung und an Vorstellungen von Geschwindigkeit, Prophezeiung und Solutionismus orientiert«, weil sie einen Extraktivismus nicht nur von Daten, sondern auch von natürlichen Ressourcen befördert und somit nicht nachhaltig ist?[53]

Das französische aktivistische Autorenkollektiv Tiqqun sieht im kybernetischen Kapitalismus einen »Hass auf die Dauer«, der sich in Begriffen wie Echtzeit und just in time zeige.[54] Wenn wir uns mit der Dauer und mit der Zeit verbünden würden, wie Tiqqun es vorschlagen, auch um der Extraktion zu entkommen, was bleibt dann von Amazons Techniken der Erfüllung außer der Bequemlichkeit der schnellen Lieferung? Vielleicht sollten wir uns nicht an Amazon als Avantgarde des kybernetischen Kapitalismus orientieren, um anders zu planen, auch wenn wir uns vielleicht einige der logistischen Medien, die wir im Fulfilment-Zentrum und zu Hause entdeckt haben, zunutze machen könnten. So hat das Künstlerkollek-

51 Vgl. z.B. Hans Krause Hansen/Mikkel Flyverbom: The Politics of Transparency and the Calibration of Knowledge in the Digital Age, in: Organization 22/6, 2015, S. 872–889; Jenna Burrell: How the Machine »thinks«: Understanding Opacity in Machine Learning Algorithms», in: Big Data & Society 3/1, 2016, S. 1–12.

52 Jones: The »Return« of Economic Planning, S. 6.

53 Neilson: The Reverse of Engineering, S. 81.

54 Tiqqun: Kybernetik und Revolte, S. 43.

tiv knowbotiq zum Beispiel Amazon Dash Buttons umprogrammiert und in einer Kunstaktion namens »Amazonian Flesh« verbaut, in der wir uns in Gesprächen über Faulheit und Arbeitsverweigerung mit Bots solidarisieren können.[55] Irgendwo mittendrin sollten wir anfangen.

55 Vgl. http://knowbotiq.net/amazonian-flesh/.

Dominik Piétron

Öffentliche Plattformen und Datengenossenschaften

Zur Vergesellschaftung digitaler Infrastrukturen

Unsere Wirtschaft ist in zunehmendem Maße datengetrieben. Mit Daten lassen sich Arbeitsprozesse steuern, Lieferketten überwachen und ganze Absatzmärkte erschließen. So kommt es nicht von ungefähr, dass die wertvollsten Unternehmen der Welt sich auf ein Kerngeschäft konzentrieren: die Kontrolle von Datenströmen. Egal ob Smartphones, Social Media, E-Commerce-Plattformen, Rechenzentren oder 5G- und Glasfasernetze – eine Handvoll Technologiekonzerne (Google, Amazon, Facebook und Co.) haben die zentralen Infrastrukturen der digitalen Gesellschaft in ihren Besitz genommen.

Die zentralen Akteure dieser rasant wachsenden Datenökonomie sind digitale Plattformen, die sich weltweit als Vermittler zwischen Anbieter- und Käuferseite schieben und natürliche Monopole herausbilden. So beherrscht Amazon den Online-Einzelhandel, AirBnB und Booking den Markt für Übernachtungen, Uber dominiert das Taxigewerbe und der Lieferdienst TakeAway erobert die Essenslieferbranche. Doch auch auf Märkten für Bestattungen, Reinigungs- und Pflegedienste, Rechtsberatungen, Handwerkertätigkeiten, Musik etc. konnten sich digitale Plattformen mit finanzieller Unterstützung von Risikokapitalfirmen in kurzer Zeit etablieren und hohe Wachstumsraten verzeichnen.

Diese sogenannte Plattformökonomie löst eine Verschiebung der kapitalistischen Eigentumsbeziehungen aus, in deren Zentrum fortan weniger die Produktionsmittel als die Distributionsmittel stehen, das heißt digitale Märkte in Privatbesitz.[1]

1 Philipp Staab: Digitaler Kapitalismus: Markt und Herrschaft in der Ökonomie der Unknappheit, Berlin 2019; Sabine Pfeiffer: Digitale Transformation: Great, greater, tilt ...?, in: Klaus Dörre u.a. (Hrsg.): Große Transformation? Zur Zukunft moderner Gesellschaften, Wiesbaden 2019, S. 383–399.

Wie keine anderen Unternehmen verfügen Plattformen über riesige Mengen von Nutzerdaten, die sie mittels Machine-Learning-Technologie auswerten und so eine weitreichende Vorhersagemacht über das Verhalten ganzer Gesellschaften entwickeln. Die Folge sind tiefgreifende soziale, ökonomische und demokratische Verwerfungen, die staatliche Akteure mit speziell zugeschnittener Plattformregulierung einzudämmen versuchen. Darüber hinaus bauen Staaten und Kommunen jedoch auch zunehmend eigene öffentliche Plattformen auf, um die technologische Abhängigkeit von privaten Plattformmonopolen zu reduzieren.

Ausgehend von einer kritischen Analyse der erstarkenden Plattformökonomie legt der Text seinen Fokus auf den Aufbau alternativer digitaler Plattformen in kommunaler oder staatlicher Hand und fragt, inwiefern diese eine tatsächliche Alternative darstellen können. Dabei möchte ich auf die Risiken staatlicher Datenkontrolle eingehen und herausstellen, dass die entscheidende Bedingung für eine demokratische Plattformsteuerung die Vergesellschaftung der Daten selbst ist. Am Ende skizziere ich entlang dem Vorschlag der »Datengenossenschaften« ein Modell zur kollektiven Selbstverwaltung von Daten, das sowohl das Grundrecht auf informationelle Selbstbestimmung als auch eine plattformbasierte Wirtschaftsplanung sicherstellen kann.

Die Plattformlogik

In den letzten Jahren ist die Zentralisierung von Daten, Macht und Kapital in allen Sparten der Plattformökonomie deutlich vorangeschritten: Als Social-Media-Plattform hat Facebook einen Marktanteil von 95 Prozent;[2] als weltweit größte Produktplattform kontrolliert Amazon die Hälfte des deutschen Online-Handels;[3]

2 Bundeskartellamt: Bundeskartellamt untersagt Facebook die Zusammenführung von Nutzerdaten aus verschiedenen Quellen, Pressemitteilung, 7.2.2020, unter: www.bundeskartellamt.de/SharedDocs/Meldung/DE/Pressemitteilungen/2019/07_02_2019_Facebook.html.

3 IFH Köln: Amazonisierung des Konsums, 2018, unter: www.ifhkoeln.de/blog/details/amazon-market-insights-wie-stark-wird-ihre-branche-online-von-amazon-dominiert-und-beeinflusst/.

der deutsche Suchmaschinenmarkt befindet sich zu 93 Prozent in der Hand von Google;[4] im Bereich der Dienstleistungsplattformen laufen fast zwei Drittel aller digitalen Hotelbuchungen über die Plattform Booking;[5] TakeAway beherrscht 98 Prozent der Online-Essenslieferungen[6] und die Plattform Flixbus wickelt 94 Prozent aller Fernbusreisen in Deutschland ab.[7]

Diese Zahlen belegen, wie stark Plattformen dazu tendieren, als »natürliche Monopole«[8] ganze Märkte in ihren Besitz nehmen – doch wie ist dies möglich? Im Prinzip funktionieren Plattformen wie Märkte, die zwischen Anbietern und Verbrauchern Informationen austauschen. Mithilfe moderner Informationstechnologie können Plattformen diese Aufgabe effizienter erfüllen als klassische Märkte. Mit nutzeroptimierten Online-Shops und selbstlernenden Matching-Algorithmen werden die Transaktionskosten des Kaufakts gesenkt, sprich Konsumieren wird noch leichter. Das Kerngeschäft von Plattformen ist weitgehend entmaterialisiert und stößt kaum mehr an räumliche Grenzen. Dadurch können Plattformen im Unterschied zu traditionellen Unternehmen sehr schnell expandieren und Milliarden von Menschen weltweit vernetzen.

Die Auswirkungen dieser »Plattformisierung« bekommen zunächst soloselbstständige Dienstleister sowie kleine Unternehmen[9] zu spüren. Sie sehen sich gezwungen, ihre Leistung

4 Statcounter: Search Engine Market Share in Germany – June 2020, 2020, unter: https://gs.statcounter.com/search-engine-market-share/all/germany.

5 Hotelverband Deutschland: Hotelmarkt Deutschland weiter auf Wachstumskurs, Pressemitteilung, 11.4.2018, unter: www.iha-service.de/de/hotelmarkt-deutschland-weiter-auf-wachstumskurs.

6 Paol Hergert: Nach dem Aus von Deliveroo in Deutschland könnte es für Lieferservice-Kunden teuer werden, in: Business Insider, 13.8.2019, unter: www.businessinsider.de/tech/deliveroo-verlaesst-deutschland-was-bedeutet-das-fuer-uns-kunden-lieferando-2019-8/.

7 Tobias Pusch: Flixbus wächst und wächst und wächst, in: fvw, 22.1.2019, unter: www.fvw.de/mobilitaet/news/fernbus-marktanteile-flixbus-waechst-und-waechst-und-waechst-195718.

8 Reiner Clement/Dirk Schreiber: Internet-Ökonomie. Grundlagen und Fallbeispiele der vernetzten Wirtschaft, Wiesbaden 2016.

9 Sogenannte Gigworker auf Dienstleistungsplattformen wie auch kleine Online-Händler formieren ein zunehmend sichtbares digitales Prekariat, das sich durch folgende Merkmale auszeichnet: formale Selbstständigkeit und ein Mangel an sozialer Absicherung bei gleichzeitig hoher ökonomischer Abhängigkeit und permanenter algorithmischer Überwachung und Kontrolle durch die jeweilige Plattform.

ebenfalls auf Plattformen wie Amazon, Google oder Facebook anzubieten, um nicht Umsätze bzw. den Zugang zu den Konsumenten zu verlieren. Dadurch werten sie das Angebot auf der Plattform auf und ziehen weitere Verbraucher an, die wiederum weitere Anbieter anlocken.[10] Ist das Monopol erst erreicht, können Plattformunternehmen die Ausbeutungsrate stetig steigern und sich wachsende Teile des gesellschaftlichen Mehrwerts (*data rents*), aneignen.[11] So erhöhte Amazon beispielsweise in den Jahren 2014 bis 2019 die Abgaben für externe Händler von 19 auf 30 Prozent, und auch Google verlangt zunehmend eine feste Gebühr, damit Unternehmen weiterhin in der Suchmaschine angezeigt werden.[12] Zudem wird den Plattformkonzernen immer wieder vorgeworfen, ihre Doppelrolle als Marktplatz-Anbieter und Online-Händler auszunutzen. Amazon identifiziert besonders profitable Produkte, kopiert diese mit Eigenmarken und lenkt Verbraucher konsequent auf die eigenen Angebote.[13] Nur wenige der betroffenen Plattformarbeiterinnen und -arbeiter versuchen, sich gerichtlich zu wehren, und sind somit der Willkürherrschaft digitaler Plattformen ohne jegliche Mitspracherechte ausgeliefert.

Auch gesamtgesellschaftlich verschärfen Plattformen als unangefochtene Kuratoren moderner Öffentlichkeit das strukturelle gesellschaftliche Demokratiedefizit. Monopolistische Gatekeeper wie Facebook und Amazon stellen inzwischen essenzielle gesellschaftliche Infrastrukturen dar, die – ohne demokratische Kontrolle – den öffentlichen Diskurs sowie die Verteilung von Gütern und Dienstleistungen an den eigenen

10 Lina Khan: Amazon's Antitrust Paradox, in: Yale Law Journal 126, 2017, S. 567.

11 Kean Birch/Margaret Chiappetta/Anna Artyushina: The Problem of Innovation in Technoscientific Capitalism: Data Rentiership and the Policy Implications of Turning Personal Digital Data into a Private Asset, in: Policy Studies, 2020, S. 1–20.

12 Stacy Mitchel/Ron Knox/Zach Freed: Report: Amazon's Monopoly Tollbooth, hrsg. vom Institute for Local Self-Reliance, unter: https://ilsr.org/amazons_tollbooth/; Christian Kunz: Google bietet Upgrade-Label für My Business-Einträge an – 50 US-Dollar pro Monat, in: SEO Südwest, 23.6.2020, unter: www.seo-suedwest.de/5997-google-bietet-upgrade-label-fuer-my-business-eintraege-an-50-us-dollar-pro-monat.html.

13 Julie Creswell: How Amazon Steers Shoppers to Its Own Products, in: The New York Times, 23.6.2018, unter: www.nytimes.com/2018/06/23/business/amazon-the-brand-buster.html.

Interessen ausrichten können. Dabei verfügen Plattformunternehmen über ein ganzes Arsenal an algorithmischen Steuerungsmöglichkeiten. Sie können einerseits die grundlegende Architektur des digitalen »Informationsraums« bestimmen, indem die Nutzer aufeinandertreffen. Mithilfe von Standardeinstellungen, Bewertungssystemen und sogenannten User-Flows (eine Art digitaler Kundenführung) schreibt die Plattformsoftware vor, wer mit wem kommunizieren kann, welche Aufgaben Plattformarbeiter zu erfüllen haben oder nach welchen Kriterien Käufer ihre Bewertungen abgeben müssen. Andererseits bestimmen Plattformen mit ihren intransparenten Sortier- und Suchalgorithmen zentrale regulative Fragen, zum Beispiel welche Nutzergruppe welche Nachrichten zu Gesicht bekommt, welcher Dienstleister den Auftrag erhält oder welcher Anbieter ganz oben in der Suchliste erscheint. Die Folge ist eine besonders radikale Form der Marktsteuerung, die frühere Formen von zentralistischer Wirtschaftsplanung in den Schatten stellt.

Daten als Produktionsfaktor

Selbstverständlich sind viele dieser Dynamiken für sich genommen keine neuen Erscheinungen. Sie erinnern an bekannte kapitalistische Formen, wie große Kaufhäuser und Versandkataloge, Outsourcing und Flexibilisierung von Arbeit, oder an die Kulturindustrie mit ihren mächtigen privaten Medienanstalten. Und dennoch stellt das Plattformmodell eine neue Stufe der kapitalistischen Entwicklung dar,[14] deren Alleinstellungsmerkmal eine beispiellose Erfassung individueller Verhaltensdaten ist: Wer klickt auf welche Produkte? Wie lange werden einzelne Inhalte angeschaut? Wo halten sich die Nutzer auf? Welche Websites besuchen sie nebenbei?

Mithilfe moderner Machine-Learning-Algorithmen können in den riesigen Massen personenbezogener Daten übergrei-

14 Die Plattformisierung erfasst dabei zunehmend auch »klassische« Unternehmen jenseits des Digitalsektors. Unter dem Stichwort Internet der Dinge entwickeln immer mehr Firmen »smarte« Autos, Fernseher, Kühlschränke und Maschinen etc., die als Vertriebsplattformen für die Angebote externer Zulieferer konzipiert sind.

fende Muster erkannt werden, aus denen wiederum Prognosen für das zukünftige Verhalten von Individuen, Gruppen oder ganzen Gesellschaften abgeleitet werden. Diese als Big Data bezeichnete Vorhersagemacht hat sich – neben Kapital und Arbeit – zu einem dritten zentralen Produktionsfaktor im digitalen Kapitalismus entwickelt. Sie erlaubt es den Unternehmen, gezielt Produkte zu platzieren, neue Märkte zu erobern und frühzeitig gesellschaftliche Trends zu erkennen. Große Plattformkonzerne haben hier einen strategischen Vorteil, da sich neben den Daten von Milliarden von Nutzern und dem informatischen Know-how der weltbesten Softwareentwickler auch die materiellen Produktionsmittel zur Herstellung von Vorhersagemacht zum Großteil in ihrer Verfügungsgewalt befinden, vor allem Hochleistungscomputer und riesige Datenserver.

Google, Amazon, Microsoft, Apple, Facebook etc. nutzen ihre Vorhersagemacht insbesondere dazu, in immer neue Märkte und Geschäftsfelder zu expandieren. Sie haben in den letzten Jahren jeweils Hunderte von Unternehmen aufgekauft und intervenieren zusehends in konsumentenzentrierte Infrastrukturdienstleistungen wie Gesundheit, Bildung, Mobilität, Logistik, Telekommunikation und Nahversorgung mit alltäglichen Gebrauchsgütern, aber auch in den Industriesektor. Auf diese Weise sind gewaltige, marktübergreifende Konglomerate entstanden, sogenannte soziotechnische Ökosysteme,[15] die die Aufmerksamkeit der Nutzer vollständig an sich binden. Für ihre Nutzer werden die Plattformkonzerne so zur zentralen Schnittstelle zur Außenwelt, die tendenziell die gesamte restliche Wirtschaft als externe Anbieter vermarktet.

Die Abwehrreaktion des Staats

In Europa ruft der Siegeszug der fast ausschließlich US-amerikanischen Plattformkonzerne inzwischen Abwehrreaktionen staatlicher Akteure hervor. In den letzten Jahren sind

15 Ulrich Dolata: Volatile Monopole. Konzentration, Konkurrenz und Innovationsstrategien der Internetkonzerne, in: Berliner Journal für Soziologie, 24(4), S. 505–529.

verschiedene Maßnahmen zur Regulierung von Plattformen verabschiedet worden oder werden derzeit geplant. So lassen sich mit der Datenschutzgrundverordnung, dem Netzwerkdurchsetzungsgesetz, der geplanten Digitalsteuer oder dem Digital Service Act erste umfassende Versuche im Steuer-, Datenschutz-, Arbeits- und Wettbewerbsrecht erkennen, die größten Missstände in der Plattformökonomie einzudämmen. Doch die Schließung der zahlreichen Gesetzeslücken und selbst eine strukturelle Entflechtung von Plattformkonzernen[16] würde deren strategischen Vorteil in einer datengetriebenen Wirtschaft nicht verringern. Schon heute dringen die Technologiekonzerne Google, Microsoft und Amazon mit eigenen Industrieplattformen für vernetzte Produktionssysteme, Software für autonomes Fahren und Industrierobotik in die zentralen deutschen Exportbranchen wie Fahrzeug- und Maschinenbau vor. Um eine Plattformisierung dieser Schlüsselindustrien zu verhindern, setzt die Europäische Union vermehrt auf protektionistische Maßnahmen und versucht, die nationale Wirtschaft mit hohen Fördersummen und Schutz vor ausländischen Übernahmen zu stärken.[17] Doch auch dieses digitale Wettrüsten stellt ein kalkulierbares Risiko für die Silicon-Valley-Konzerne dar, die mit hohen Lobbybudgets auf allen Ebenen ihre Interessen geltend machen.

So greifen europäische Staaten neben ordnungspolitischer Regulierung und staatlichen Beihilfen häufiger zu einer dritten industriepolitischen Strategie: dem Aufbau staatlicher Plattformen. Beispielhaft ist hier das Prestigeprojekt der geplanten europäische Cloud-Plattform namens »Gaia-X«, die einen regulierten Online-Markt für Industriesoftware etabliert, über den externe Entwickler von Industrie-4.0-Applikationen ihre Pro-

16 Anders als vielfach angenommen würde eine strukturelle Entflechtung von Plattformkonzernen entlang einzelner Unternehmensteile, bspw. Amazon-Marketplace und Amazon-Eigenmarken, nicht die aus Verbrauchersicht positiven Netzwerkeffekte verringern.

17 Philipp Staab/Dominik Piétron: Industriepolitik im Zeitalter künstlicher Intelligenz: Zur Renaissance interventionistischer Staatlichkeit, in: Behemoth Special »The Politics of Techno-Futures«, 2020, S. 23–34; unter: https://freidok.uni-freiburg.de/data/165981.

dukte anbieten können.[18] Auch im Gesundheitssektor haben mehrere europäischen Staaten bereits staatliche Plattformen wie die in Deutschland geplante »elektronische Patientenakte« entwickelt, über die sich Ärzte, Patienten, Krankenkassen etc. miteinander vernetzen und Daten austauschen können. Im Bereich Bildung haben in Deutschland ebenfalls zahlreiche Bundesländer wie Bayern, Sachsen oder Berlin eigene Lernplattformen für den Schulunterricht aufgebaut, über die sich Lehrer und Schüler digital austauschen können und auf denen Unterrichtsmaterial bereitgestellt wird.

Ähnliche Entwicklungen sind auch auf kommunaler Ebene zu beobachten, wo Städte und Landkreise vermehrt auf eigene digitale Plattformen im Bereich der öffentlichen Daseinsvorsorge setzen. Als Auslöser kann hier ebenfalls die Ausbreitung privater Plattformkonzerne gelten, die öffentliche Dienstleistungen zunehmend in die eigenen Wertschöpfungsketten integriert haben. So konnte sich beispielsweise GoogleMaps als zentraler Zugangspunkt für den öffentlichen Nahverkehr etablieren und Immobilienplattformen wie ImmoScout24 vermarkten große Teile des öffentlichen Wohnungsbestands. Die dabei anfallenden Daten der Stadtgesellschaft können von den Privaten ungehindert angeeignet und ausgewertet werden, wodurch die technologische Abhängigkeit kommunaler Unternehmen steigt. Um dieser schleichenden Privatisierung zu entgehen, wurden insbesondere in den Bereichen Mobilität, Wohnen und Energie kommunale Plattformen eingerichtet. So existieren inzwischen zahlreiche kommunale Mobilitätsplattformen für den öffentlichen Nahverkehr und private Sharing-Dienste, wie Jelbi (Berlin), Switchh (Hamburg), Regiomove (Karlsruhe) oder LeipzigMove (Leipzig). Im Bereich Wohnen haben die landeseigenen Wohnungsbaugesellschaften in Berlin eine eigene Plattform entwickelt und öffentliche Stromversorger wie die

18 Domink Pietron: Gaia-X. Datenschutz fürs Kapital, in: Neues Deutschland, 13.6.2020, unter: www.neues-deutschland.de/artikel/1137825.gaia-x-datenschutz-fuers-kapital.html.

Stadtwerke Wuppertal betreiben eine eigene Vertriebsplattform für verschiedene Energieerzeuger.

Zusammengefasst lassen sich diese öffentlichen Plattformen auf staatlicher und kommunaler Ebene als eine weitreichende Form digitaler Infrastrukturpolitik begreifen. Ihr vorrangiges Ziel ist die Herstellung »neutraler« Plattformmärkte, in denen die formale Unabhängigkeit von Anbietern gewahrt bleibt und der Missbrauch durch private Plattformunternehmen verhindert wird. Doch die Eigentümerschaft ändert wenig am zentralistischen Charakter digitaler Plattformsteuerung. Statt Privatunternehmen sind es nun öffentliche Institutionen, die als Plattformbetreiber umfassende ökonomische Macht ausüben, indem sie Daten zentral erfassen und auswerten, Angebot und Nachfrage zusammenführen und das Verhalten der Marktteilnehmer durch das institutionelle Design der Software vorprogrammieren. In diesem Sinne können öffentliche Plattformen als eine algorithmische Regierungstechnik begriffen werden, die hochgradig ambivalent ist und einer kritischen Abwägung bedarf.

Öffentliche Plattformen als Alternative?

In einer Situation, in der große Teile der Marktwirtschaft in den Privatbesitz von Plattformenunternehmen übergangen sind, setzen öffentliche Plattformen der ungezügelten digitalen Monopolmacht eine »Ausweitung des Öffentlichen«[19] entgegen und schaffen auf diese Weise neue Freiräume vom Kapitalverwertungsdruck. Denn anders als ihre privaten Kontrahenten müssen sich öffentliche Plattformen prinzipiell nicht an den Gewinnerwartungen von Risikokapitalfirmen orientieren und dafür hohe Anteile des produzierten Mehrwerts abschöpfen. Stattdessen verfügen öffentliche Plattformbetreiber über eine vergleichbar gute Finanzierungsgrundlage und eigene öffentliche Güter, wie den ÖPNV, Stadtwerke oder Kran-

19 Mario Candeias: Szenarien grüner Transformation, in: ders./Michael Brie (Hrsg.): Transformation im Kapitalismus und darüber hinaus. Beiträge zur Ersten Transformationskonferenz des Instituts für Gesellschaftsanalyse der Rosa-Luxemburg-Stiftung, Berlin 2012, S. 135–150.

kenhäuser, die sie als »Hebel« einsetzen können, um eine kritische Masse an Nutzern und Netzwerkeffekte zu generieren. Zudem unterliegen sie als Teil der kommunalen Daseinsvorsorge oder der staatlichen Verwaltung dem verfassungsmäßigen Sozialstaatsprinzip sowie einer weitreichenden Kontrolle durch demokratische Aufsichtsgremien und zivilgesellschaftliche Akteure, gegenüber denen sie sich legitimieren müssen.

Diese relative Autonomie öffentlicher Plattformen von ökonomischen Zwängen bietet eine vielversprechende Infrastruktur für eine nichtmarktliche, bedürfnisorientierte und ökologische Transformation von Wirtschaftskreisläufen. Dabei kann die technische Infrastruktur von Plattformen wie Amazon mit mehr als 300 Millionen Produkten als Vorbild dienen. Sie beweist eindrucksvoll, dass die zentralistische Erfassung und Befriedigung der gesellschaftlichen Nachfrage nicht nur technisch möglich, sondern auch ökonomisch effizient ist.[20] Zudem zeigt sie auf, dass die Allokation von Gütern und Dienstleistungen nicht mehr allein über den Preis erfolgen muss, sondern sich direkt an den Bedürfnissen der Verbraucher orientieren kann, die auf Basis umfassender Datenanalysen aggregiert, mit den verfügbaren Ressourcen abgeglichen und entsprechend individueller Prioritäten befriedigt werden.[21]

Insbesondere öffentliche Mobilitäts-, Wohnungs-, Gesundheits- und Energieplattformen in der digitalen Daseinsvorsorge bieten schon heute eine dezentrale technische Grundlage, um essenzielle Versorgungsleistungen via App zugänglich zu machen, sodass sie von den Nutzern selbst personalisiert, das heißt ihrem Bedarf angepasst werden können. Die Auswertung der dabei erhobenen Nutzungsdaten mittels Machine-Learning-Technologie kann auch zukünftige Bedarfe prognostizieren, die Bedarfsplanung in der Kranken- und Pflegeversorgung optimieren oder die Mobilitätswende durch den

20 Simon Schaupp/Georg Jochum: Die Steuerungswende. Zur Möglichkeit einer nachhaltigen und demokratischen Wirtschaftsplanung im digitalen Zeitalter, in: Sabine Nuss/Florian Butollo (Hrsg.): Marx und die Roboter. Vernetzte Produktion, Künstliche Intelligenz und lebendige Arbeit, Berlin 2019, S. 327–344.

21 Viktor Mayer-Schönberger/Thomas Ramge: Das Digital. Markt, Wertschöpfung und Gerechtigkeit im Datenkapitalismus, Berlin 2017.

gezielten Ausbau von ÖPNV, Car- und Bikesharing in den städtischen Außenbezirken vorantreiben. Darüber hinaus ließe sich das algorithmische Steuerungspotenzial öffentlicher Plattformen in den Dienst der sozialökologischen Transformation stellen. So wie Amazon heute eigene Produkte bevorzugt, könnten umweltverträgliche Angebote präferiert werden; statt Nutzer zum Mehrkonsum zu stimulieren, könnten Anreize für umweltbewusstes Verhalten gesetzt werden; statt willkürlicher Diskriminierung von Plattformarbeitern könnten Verstöße gegen wohnungspolitische Maßnahmen, wie das Berliner Zweckentfremdungsverbot, geahndet werden.

Allerdings birgt die Ausweitung öffentlicher Plattformen – selbst wenn sie nur auf den Bereich der Daseinsvorsorge beschränkt wird – einige Fallstricke, die es zu bedenken gilt: So trägt die Strategie einen impliziten »technischen Solutionismus«[22] in sich, der davon ausgeht, dass gesellschaftliche Probleme vor allem durch digitale Technologien zu lösen seien. Doch eine computergestützte und demokratische Wirtschaftsplanung kann nicht allein durch technokratische Reformen entstehen, sondern setzt auch einen weitgehenden Ausgleich struktureller gesellschaftlicher Machtgefälle voraus. Zwar ließen sich über öffentliche Plattformen auch neue Formen digitaler Partizipation erproben, die mit transparenten Entscheidungsprozessen und Online-Abstimmungen ein hohes Maß an demokratischer Inklusion ermöglichen könnten, doch die Idee einer selbstregulierenden, kybernetischen Planwirtschaft trägt grundlegend antidemokratische Züge:

Ein auf Feedbackdaten basierter Verteilungsalgorithmus, der sich permanent neu an die Bedürfnisse der Menschen anpasst, ist keineswegs frei von Herrschaft. Er birgt vielmehr die Gefahr einer anonymen, intransparenten Form von Gesellschaftskontrolle, die nur schwer demokratisch zur Verantwortung gezogen werden kann. So droht eine Verengung des politischen Diskurses auf technizistische Fragen und eine Zentralisierung gesellschaftlicher Macht in der Hand einer kleinen

22 Evgeny Morozov: To Save Everything, Click Here: The Folly of Technological Solutionism, New York 2013.

Gruppe technisch versierter Experten, deren Kompetenzen und Handlungen nur schwer gesellschaftlich zu kontrollieren sind. Um Fehler zu minimieren und den Ressourcenverbrauch zu optimieren, würde dieses neue Herrschaftssystem dazu tendieren, immer mehr Daten zu aggregieren – eine Eigenlogik, die vielfach in Gegensatz zu individuellen Freiheitsrechten geraten kann. Ohne ein funktionierendes System demokratischer Kontrolle (*checks and balances*) kann eine umfassende digitale »Quantifizierung«[23] der Bevölkerung durch öffentliche Plattformen problemlos in ein willkürliches Überwachungsregime verwandelt werden, in dem soziale Grundrechte den Ermittlungsbefugnissen von Polizei und Geheimdiensten untergeordnet werden.

Im Schatten dieser Dystopie muss sich auch eine digitale Daseinsvorsorge schon heute dem Vorwurf stellen, dass die digitale »Programmierung der Gesellschaft«[24] mit automatisierten Verteilalgorithmen und sozialökologischer Transformationsstrategie ohne eine gleichzeitige Ausweitung demokratischer Partizipation leicht in eine technokratische Fremdsteuerung umkippen kann.

Die Vergesellschaftung von Daten

Trotz der geschilderten Risiken zeichnet sich ab, dass sich kybernetische Plattformsteuerung durch den technologischen Fortschritt weiter ausbreitet. Bleibt am Ende also nur die Wahl zwischen einer Fremdsteuerung durch den Staat oder durch monopolistische Privatkonzerne? Wie sähe eine Handlungsstrategie aus, die beide Ziele – den gesellschaftlichen Nutzen öffentlicher Plattformen und den Schutz vor staatlicher Totalüberwachung – zusammendenkt?

Auch hier empfiehlt es sich, beim Produktionsfaktor Daten und dessen sozialer Einbettung anzusetzen. Ich habe aufgezeigt, dass öffentliche Plattformen die gesellschaftlichen Daten

23 Steffen Mau: Das metrische Wir. Über die Quantifizierung des Sozialen, Berlin 2018.

24 Dirk van Laak: Alles im Fluss: die Lebensadern unserer Gesellschaft. Geschichte und Zukunft der Infrastruktur, Frankfurt a.M. 2018, S. 23.

aus der exklusiven Kontrolle privater Plattformunternehmen befreien und somit eine *notwendige* Bedingung für eine demokratische digitale Wirtschaftsplanung darstellen können. Die *hinreichende* Bedingung für dieses Ziel kann dagegen nur in Form einer umfassenden Vergesellschaftung digitaler Infrastrukturen erfüllt werden.[25] Nur wenn die Datenkontrolle kollektiviert und im Rahmen eines institutionalisierten Checks-and-balances-System auch unabhängig von ökonomischen Verwertungsinteressen und staatlicher Überwachung erfolgt, kann das Risiko technokratischer Fremdsteuerung verhindert werden. Dafür müsste die öffentliche Eigentümerschaft an Plattformen in einen lebendigen partizipativ-demokratischen Willensbildungsprozess eingebettet werden, der um die folgende zentrale Frage im digitalen Kapitalismus kreist: Welche gesellschaftlichen Daten sollen von wem gesammelt und für welche Zwecke genutzt werden?

Auf individueller Ebene entspricht diese Frage dem Grundrecht auf informationelle Selbstbestimmung, das mit der Datenschutzgrundverordnung zwar rechtlich verbürgt ist, in der Praxis jedoch flächendeckend durch die Datenschutzerklärungen privater Plattformen ausgehebelt wird. Zudem vernachlässigt das aktuelle Datenschutzrecht den kollektiven bzw. relationalen Charakter von personenbezogenen Daten, welche immer auch Rückschlüsse auf bestimmte Gruppen zulassen.[26] So fehlt derzeit jede institutionelle Grundlage für eine demokratische Entscheidung über die Verwendung von kollektiven Daten. Es herrscht ein Laisser-faire-Modell, in dem das aus personenbezogenen Massendaten gewonnene (Herrschafts-) Wissen über bestimmte soziale Gruppen – z.B. der Gesundheitszustand einer Stadtgesellschaft oder die Bewegungsdaten

25 Leigh Phillips/Michal Rozworski: The People's Republic of Walmart. How the World's Biggest Corporations Are Laying the Foundation for Socialism, London 2019, S. 197.

26 Immer wenn eine Person Daten über sich preisgibt, können daraus Rückschlüsse auf Menschen mit ähnlichen sozioökonomischen Merkmalen oder Vorlieben gezogen werden, ohne dass diese sich dagegen wehren können; vgl. Parminder Jeet Singh: Economic Rights in a Data-based Society: Collective Data Ownership, Workers' Rights, and the Role of the Public Sector, hrsg. von der Friedrich-Ebert-Stiftung und Public Services International, 9.5.2020, S. 7.

von Menschen mit Migrationshintergrund – in der ausschließlichen Kontrolle von Plattformbetreibern verbleibt, welche die Daten zuerst erfasst haben.

Vor diesem Hintergrund stellt das Freiheitsrecht auf informationelle Selbstbestimmung eine bedeutende Quelle von kollektiver Macht in der digitalen Gesellschaft dar. So hat sich in den letzten Jahren der Vorschlag herauskristallisiert, die Daten zu vergesellschaften und kollektiv über ihre Verwendung zu entscheiden, um sie einem unkontrollierten Zugriff von Staat und Privatwirtschaft zu entziehen. Im Zentrum steht dabei das Konzept der unabhängigen Datenverwalter, die als »Datengenossenschaften«[27] im Auftrag ihrer Mitglieder sämtliche Daten sicher speichern und nur für klar definierte Zwecke zur Verfügung stellen. Datengenossenschaften könnten die Kontrolle über die Erhebung, Auswertung und Nutzung von personenbezogenen Daten in ein inklusives Verfahren zur kollektiven Entscheidungsfindung einbetten. Auf diese Weise wird nach dem Prinzip der Gewaltenteilung eine funktionale Trennung zwischen Datenverwaltung und Datennutzung vorgenommen und ein verlässliches demokratisches Fundament für plattformbasierte Wirtschaftsplanung in Bereichen der alltäglichen Vorsorge wie Gesundheit, Bildung, Wohnen, Energie etc. geschaffen.

Konkret könnte dies wie folgt aussehen: Die Datengenossenschaft wird als eigene Rechtspersönlichkeit in Form eines Vereins oder einer Genossenschaft für bestimmte öffentliche Plattformen der digitalen Daseinsvorsorge gegründet. Die Nutzerinnen und Nutzer dieser Plattformen erteilen der Datengenossenschaft eine treuhänderische Vollmacht, ihre persönlichen Daten unter klar definierten Bedingungen für ausgewählte Zwecke zur Verfügung zu stellen. In regelmäßigen Sitzungen können alle Mitglieder demokratisch über die Leitlinien zur Datennutzung und einzelne Nutzungsanfragen

27 Europäische Kommission: Vorschlag für eine Verordnung des Europäischen Parlaments und des Rates über europäische Daten-Governance (Daten-Governance-Gesetz), 2020/0340 (COD), Brüssel 2020, S. 35ff.; Parminder Jeet Singh/Jai Vipra: Economic Rights Over Data: A Framework for Community Data Ownership, in: Development, 62(1–4), 2019, S. 53–57.

entscheiden. Wollen öffentliche Akteure, NGOs, Wissenschaft, Presse oder Unternehmen die Daten verwenden, stellen sie einen Antrag, über den die Datengenossenschaft auf Grundlage der beschlossenen Leitlinien entscheidet.

Gemeinwohlorientierte Plattformen in öffentlicher Hand könnten das Modell der Datengenossenschaften schon heute konkret werden lassen, indem sie die Vertretung von individuellen Datenrechten durch unabhängige Datenverwalter anerkennen und die technische Infrastruktur für Datengenossenschaften bereitstellen. Technisch gesehen, könnten personenbezogene Nutzerdaten in diesem Fall auf den Servern der öffentlichen Plattformbetreiber verbleiben und über eine Datenschnittstelle an ausgewählte Dritte zur Verfügung gestellt werden. Die Datenanalyse bzw. das Training von Algorithmen könnte dabei auch über ein »remote-access model«[28] durch die Datengenossenschaften selbst erfolgen, sodass die Rohdaten geschützt bleiben.

Aktuell sind Datengenossenschaften ein Nischenphänomen, das nur vereinzelt und ohne reale Verhandlungsmacht gegenüber Plattformbetreibern getestet wird, wenngleich auf europäischer Ebene erste rechtliche Schritte in diese Richtung gegangen werden. Als demokratischer Unterbau von öffentlichen Plattformen könnten sie jedoch ein vielversprechendes »Einstiegsprojekt«[29] zu einer transformativen Politik jenseits des Markts darstellen. Öffentliche Plattformen in Europa und weltweit werden auf diese Weise zum Ansatzpunkt für gesellschaftliche Kämpfe, die das Grundrecht auf informationelle Selbstbestimmung mit einem sozialen Infrastrukturausbau verbinden und so das Prinzip der demokratischen Selbstverwaltung in das digitale Zeitalter übersetzen.

28 European Commission: Towards a European strategy on business-to-government data sharing for the public interest. Final report prepared by the High-Level Expert Group on Business-to-Government Data Sharing, Brüssel 2020, S. 63.

29 Lutz Brangsch: Transformationsprozesse und ihre Politisierung in Einstiegsprojekten, in: Michael Brie (Hrsg.): Futuring: Perspektiven der Transformation im Kapitalismus über ihn hinaus, Münster 2014, S. 368–91.

Sun Wei

»Sozialismus im Anfangsstadium«

China zwischen Plan und Markt

Einleitung

Zentrale Planung und freier Markt betrachtete die Kommunistische Partei Chinas (KPCh) traditionell als dichotome, wenn nicht gar antagonistische Konzepte. Die Plan- oder Kommandowirtschaft ohne Markt, wie sie in der Sowjetunion etabliert war, wurde als das einzig mögliche sozialistische Wirtschaftsmodell angesehen, und das neu gegründete China folgte ihm ab 1949. Infolgedessen verschwand der für die Werte des Kapitalismus stehende Markt nach einer Reihe von Verstaatlichungsinitiativen in den 1950er- und 1960er-Jahren vollständig.

Dies änderte sich in dramatischer Weise, als Deng Xiaoping, der Nachfolger von Mao Tse-tung, Ende der 1970er-Jahre eine Ära der Öffnung und der Reformen einleitete. Er vertrat die Ansicht, es müsse möglich sein, die Produktionsverhältnisse den Produktionsmitteln anzupassen, und betonte, diese Interpretation stehe im Einklang mit der marxistischen Theorie. In der Tat wurde diese Überzeugung seitdem zur Grundlage für die Legitimität verschiedener Reformen, die Elemente einer Marktwirtschaft einführten. Dementsprechend ist es in China Konsens geworden, dass bei der Entwicklung der Produktivität sowohl Planung als auch Markt zum Tragen kommen. Anders ausgedrückt: Je nach Grad der Produktivität lassen sich verschiedene Arten von Planung und Märkten einführen, um bestimmte Produktionsverhältnisse herzustellen bzw. zu verändern. Diese Auffassung hat sich im Laufe der letzten Jahrzehnte durch ständige Experimente und Anpassungen an verschiedene Reformen entwickelt. Heute versteht die KPCh Planung und Markt als politische und wirtschaftliche Instrumente und nicht mehr als ideologische Gegensätze.[1]

1 Der Begriff Planung bezieht sich in diesem Artikel auf von den jeweiligen Regierungen eingeleitete Planungsmaßnahmen auf Makroebene.

Die Umsetzung der von der Sowjetunion inspirierten absoluten Plan- oder Kommandowirtschaft war in China kläglich gescheitert. Die völlige Leugnung von Marktmechanismen und das Top-down-Management hatten auf sämtlichen Ebenen[2] zu geringer Effizienz in fast allen Wirtschaftssektoren geführt. Andererseits war der KPCh klar, dass Boris Jelzins Privatisierungs-Schocktherapie, mit der er überstürzt kapitalistische Marktmechanismen einführte, auch zum chaotischen Zusammenbruch der russischen Wirtschaft geführte hatte.[3]

Sowohl westliche Wissenschaftler als auch die Öffentlichkeit sehen China gemeinhin als Marktwirtschaft an, die auf dem Weg hin zum „Washingtoner Konsens" zunehmend neoliberale Grundüberzeugungen übernimmt. Demgegenüber beharrt die Kommunistische Partei Chinas darauf, dass China eher ein sozialistisches Land sei. »Sozialismus chinesischer Prägung im Anfangsstadium« lautet die genaue Bezeichnung für die gegenwärtige Entwicklungsstufe, in der China versucht, sein Jahrhundertziel zu erreichen, ein entwickeltes und industrialisiertes Land zu werden und die Armut hinter sich zu lassen. Dafür seien Elemente der Projektierung, der Planwirtschaft sowie starke staatlich gelenkte Interventionen nach wie vor entscheidend. Im Folgenden sollen die entsprechenden Entwicklungen in drei historischen Perioden analysiert werden.

China nach der Staatsgründung

Nach der Gründung der Volksrepublik China 1949 wurde zunächst ein hochgradig zentralisiertes Verwaltungssystem nach dem Vorbild der Sowjetunion aufgebaut, das eine Reihe von nationalen Ausschüssen (Staatliche Planungskommission, Staatliche Wirtschaftskommission, Staatliche Allgemeine Verwaltung für Materiallieferung etc.) umfasste, mit gleichartigen Verwaltungsstrukturen auf Provinz-, Stadt- und Kreisebene. Mit Unterstützung der Sowjetunion konzentrierte sich Chi-

2 Liu Jianfei: Eine Untersuchung der Ursachen des Zusammenbruchs der sowjetischen nationalen Ökonomie und über die Ursachen des Zerfalls der Sowjetunion, in: Zeitschrift der Universität von Harbin, Bd. 31, Nr.1, Januar 2010.

3 Hou Baoquan: Anmerkung zu Jelzins Schocktherapie, unter: www.docin.com/p-882906362.html.

nas erster nationaler »Fünfjahresplan« (1953–1957) auf die Abschaffung des privatwirtschaftlichen Sektors und erreichte gleichzeitig ein jährliches Wachstum des Bruttoinlandsprodukts (BIP) von 9,2 Prozent.[4]

Als Hüterin und Verwalterin von Land in öffentlichem Besitz, Produzentin aller Materialien und Verteilerin aller Güter begann die KPCh-Führung über einen gewaltigen Entwicklungsschritt zu fantasieren, durch den China mit dem Westen gleichziehen wollte. Im November 1957 erklärte Mao in Moskau: »China hat in diesem Jahr 5,2 Millionen Tonnen Stahl produziert. In fünf Jahren wird es 10 bis 15 Millionen Tonnen Stahl geben und in weiteren fünf Jahren 35 bis 40 Millionen Tonnen. Wir können Großbritannien einholen und übertreffen.«[5]

Um diese ehrgeizigen Ziele zu erreichen, wurde die Kampagne des »Großen Sprungs nach vorn« eingeleitet mit – wie von Mao vorgeschlagen – der Stahlerzeugung als zentraler Säule der modernen industriellen Entwicklung. Zahlreiche Menschen in städtischen und ländlichen Gebieten wurden nun zu Arbeitskräften an den vielen eilig aufgebauten, unzulänglichen Hinterhofhochöfen. Diese mangelhaft ausgebildeten Arbeiter stellten Stahl von äußerst schlechter Qualität her, der zum großen Teil schlicht nutzlos war. Eine andere landesweite Bewegung mit dem Namen »Überproduktion landwirtschaftlicher Erzeugnisse« in allen ländlichen Gemeinden schloss sich an. Auf dem KPCh-Kongress im Mai 1958 verfügte die Partei, dass die Getreideproduktion 1958 gegenüber dem Vorjahr um 80 und im Jahr darauf um weitere 50 Prozent steigen sollte.[6] Dies waren unrealistische Ziele, gleichwohl begannen sich falsche Berichte über den Erfolg des »Großen Sprungs« in ganz China zu verbreiten. Diese beiden Bewegungen mit ihren unerreichbaren Zielen und ihrer geringen Effizienz zerstörten die chinesische Wirtschaft nachhaltig und verursachten eine ernst

4 Wu Xiaobo: Historische Überlegungen über Erfolg und Scheitern ökonomischer Reformen, Zhejiang 2013, S. 180.

5 www.sohu.com/a/248952844_557768.

6 https://baike.sogou.com/v269681.htm.

zu nehmende Nahrungsmittelknappheit, auf die dann in den Jahren 1959 bis 1961 eine landesweite Hungersnot folgte.[7] 1966 verwandelte sich die Volkswirtschaft in ein völliges Chaos und stürzte anschließend in eine weitere, noch schlimmere gesellschaftliche Katastrophe – die Kulturrevolution.

Die Einführung von Marktmechanismen nach 1978

Das Ende der Kulturrevolution 1976 führte auf nationaler Ebene zu Überlegungen darüber, wie die Produktionsverhältnisse an die geringe Produktivität angepasst werden konnten, um Letztere zu erhöhen. In der Zwischenzeit begann die KPCh, die laufenden Experimente zur Einführung von Marktmechanismen in sozialistischen Ländern, insbesondere in Jugoslawien, Ungarn und Rumänien, zu studieren und schickte hochrangige Delegationen in diese Länder. Fortan änderte sich die dichotome Sichtweise von Planung und Markt.[8]

In bestimmten Dörfern gab es eine Reihe von Pilotprojekten. Die Dorfbewohner wurden ermutigt, ihre eigenen landwirtschaftlichen Aktivitäten zu planen und zu verwalten, um die Last der Kommunen zu verringern. Dieser neue Ansatz führte in der Musterprovinz Anhui zu unerwartet guten Ernten. Der Gesamtertrag bei der Getreideproduktion des Bezirks Feixi in der Provinz Anhui beispielsweise stieg im Jahr 1979 um 13,6 Prozent gegenüber 1978.[9]

Später lobte Deng Xiaoping diesen von der Basis her entwickelten Ansatz und beschloss, die Landvergabe an einzelne Bauern zu ermöglichen und ein »Haushaltsverantwortungs-System«[10] aufzubauen und als ersten Schritt der Öffnung und

7 https://baike.sogou.com/v7541508.htm.

8 Xie Zhigang: Die Sowjetunion und die osteuropäischen Reformen als Bezugspunkte von Chinas ökonomischem Theoriezirkel, in: Zeitschrift für Akademische Forschung 10/2019, S. 109.

9 Forschungsstelle für Politik des Parteikomitees der Provinz Anhui: Feldstudie über die Produktionsquote in den Haushalten des Bezirks Fexi, in: Zeitschrift für die Probleme der Agrarwirtschaft 4/1981, S. 29.

10 Das System der Haushaltsverantwortung sollte es den einzelnen Bauern ermöglichen, Land aus dem Kollektivbesitz ihrer Kommune zu pachten, die Landwirtschaft danach selbst zu verwalten und Gewinne aus dem Verkauf landwirtschaftlicher Produkte zu erzielen.

Reform die ländlichen Märkte wiederzubeleben. 1979 äußerte er bei einem Treffen mit ausländischen Gästen: »Es ist sicherlich falsch zu sagen, dass die Marktwirtschaft nur in der kapitalistischen Gesellschaft und nur in der kapitalistischen Marktwirtschaft existiert. Warum kann der Sozialismus keine Marktwirtschaft entwickeln? Das kann nicht als Kapitalismus bezeichnet werden. Wir sind in erster Linie eine Planwirtschaft mit Marktwirtschaft, aber dies ist eine sozialistische Marktwirtschaft.«[11] Auf argwöhnische Nachfragen, ob diese auf eine Art Privateigentum ausgerichteten Initiativen nicht doch kapitalistisch seien, antwortete Deng, die Durchführung der laufenden Reform sei, wie »den Fluss durch Ertasten der Steine zu überqueren«,[12] und lehnte es ab, über die Experimente zu debattieren. 1987 verkündete der 13. Parteitag der KPCh offiziell, dass China sich im »Anfangsstadium des Sozialismus« befinde.[13]

Mit der Popularisierung der Haushaltsverantwortung wurde der Gleichheitsgrundsatz bei der Verteilung der landwirtschaftlichen Produktion aufgegeben. Die einzelnen Bauern wurden immer aktiver; sie planten und verwalteten ihre eigenen landwirtschaftlichen Unternehmungen, um ihren Lebensunterhalt zu verdienen. Der kontinuierliche Anstieg der Getreideproduktion führte zu einem Überangebot an Arbeitskräften in ländlichen Gebieten, die spontane Initiativen zur Gründung von Fabriken ergriffen, um alle Arten von Gütern in den Dörfern herzustellen und auszutauschen. 1986 erreichte der Gesamtwert der Produktion der Township and Village Enterprises (TVEs) zum ersten Mal mehr als 347 Milliarden Renminbi (CN¥) und übertraf damit den Wert der gesamten landwirtschaftlichen Produktion.[14]

Die jährlichen Ernteerfolge und die gedeihenden Gemeindebetriebe im ländlichen China führten zur Einleitung von Reformen in städtischen Gebieten. Die Dezentralisierungsre-

11 www.chinanews.com/cj/2014/11-30/6829000.shtml.

12 Wu Xiaobo: Historische Überlegungen, S. 195.

13 http://cpc.people.com.cn/GB/64162/134580/135652.

14 Chen Yaobang: Development of Township Enterprises and Agricultural Modernization, in: Journal of Qiushi, Bd. 19, 1999, S. 5–9.

form begann mit der Durchsetzung des »Vertrags- und Verantwortlichkeitssystems«, um staatseigenen Unternehmen mehr Autonomie bei der Entscheidung über ihre Produktion und den Verkauf ihrer Produkte einzuräumen. Ermutigt durch den Erfolg der oben erwähnten Vertragsreform für ländliche Haushalte, dezentralisierte die Zentralregierung die Planungsverantwortung und überließ sie, insbesondere hinsichtlich der Steuereinnahmen und -ausgaben, den lokalen Regierungen. Mit der Lockerung der Kontrolle über die Rohstoffpreise begann eine Vermarktung in begrenztem Rahmen, wodurch nun zwei Preissysteme nebeneinander existierten – ein von der Zentralregierung kontrolliertes und ein anderes, das auf Märkten formuliert wurde.

Darüber hinaus führte die KPCh die Logik der Vertragsverantwortung auch in den lokalen Provinzregierungen ein, um die Zentralregierung zu entlasten. Das hatte zweierlei Folgen. Einerseits schwächte das die Zentralregierung in Bezug auf die Akkumulation der Einnahmen und die Kontrolle der Lokalregierungen. Andererseits wurden die Lokalregierungen aufgrund der größeren Autonomie zu aktiven Konkurrenten auf den Märkten, was sich überschneidende Industrieinvestitionen und lokalen Protektionismus mit sich brachte. Gleichzeitig übernahmen Lokalregierungen insbesondere in Sonderzonen oder Pilotstädten zunehmend eine Vorreiterrolle, wenn es darum ging, neue Vorgehensweisen zu testen oder zu entwerfen, die dann landesweit umgesetzt wurden.

Sozialistische Marktwirtschaft chinesischer Prägung

Im Jahr 1993 wurde der »Aufbau einer Marktkoordination unter Makrokontrolle« als Ziel der chinesischen Reform bestätigt. Seitdem wird der Begriff Planung konsequent durch den Begriff Makrokontrolle ersetzt, um das Engagement der jeweiligen Regierungen bei der Beschleunigung der chinesischen Wirtschaft zu beschreiben. Trotz der Tatsache, dass bei Inflationen und Deflationen von staatlicher Seite genauso interveniert wird wie im Westen, hat der Planungstyp »Makrokontrolle« in China seine eigenen Merkmale. Zuallererst wurde das Nutzungs- oder Betriebsrecht aus dem Eigentum heraus abgeleitet. Das Prinzip staatlichen Eigentums im Rahmen der Planwirtschaft vor 1978 legte die Gesellschaft als Besitzerin der Produktionsmittel fest und die Regierung wurde von dieser mit der Produktion und Verteilung der Güter betraut. Zu Beginn der Einführung von Marktmechanismen in China wurde das sogenannte Nutzungsrecht in jenem Jahr zunächst in eine Landreform eingebettet, sodass das öffentliche Eigentum an Grund und Boden erhalten blieb.

Bis jetzt befinden sich jedoch alle Grundstücke in staatlichem Besitz, und jeder Bauer hat das Recht, das Stück Land zu nutzen, das ihm die Regierung zur Verfügung stellt. Unter dem Schirm des sozialistischen Staatseigentums ermöglicht das privatisierte »Nutzungsrecht« Einzelpersonen und Betrieben, als eine Art unabhängige Einheit auf dem Markt zu konkurrieren. Gleichzeitig behält die Regierung immer noch die Funktion einer letztendlichen Kontrollinstanz.

Außerdem hielt die KPCh, obwohl die Planwirtschaft in China abgelöst wurde, an der Tradition fest, nationale Entwicklungspläne auszuarbeiten. In den frühen 1950er-Jahren begann sie den ersten entsprechenden Fünfjahresplan zu erstellen. 2020 markierte das Ende des 13. Fünfjahresplans, und staatliche Behörden sind momentan damit beschäftigt, den 14. Fünfjahresplan zu entwerfen. Die Regierungen der unteren Ebenen folgen üblicherweise entsprechenden Weisungen, ihre eigenen lokalen Pläne zu entwickeln.

Die KPCh wurde immer proaktiver und erfahrener, was die Steuerung der Entwicklung einer Marktwirtschaft in China angeht; darüber hinaus ergriff ihr Zentralkomitee die Initiative, indem es eine Reihe von wichtigen Beschlüssen zur Klärung der regelmäßig auftretenden Ziele der Reform veröffentlichte. Die 1984 verabschiedeten »Beschlüsse über die Umstrukturierung der Wirtschaft« beispielsweise eröffneten die Möglichkeit, in städtischen Bereichen eine Warenökonomie aufzubauen; die »Beschlüsse zu Fragen des Aufbaus der sozialistischen Wirtschaft« riefen 1993 zu kontinuierlichen

Anstrengungen auf, die Reform voranzutreiben; 2015 verkündete das führende Gremium für finanzielle und ökonomische Angelegenheiten des KPCh-Zentralkomitees den Beginn einer neuen Reformrunde, die sich auf Anbieter von Produkten und Dienstleistungen konzentriert, die Überkapazitäten abbauen und die Qualität der Produkte und Dienstleistungen erhöhen sollen.

Darüber hinaus unterstützt die chinesische Regierung staatliche Unternehmen auf dem Markt. Auf dem 15. nationalen Parteitag bekräftigte die KPCh »öffentliches Eigentum« als »grundlegendes Wirtschaftsprinzip« und zielte dabei insbesondere auf die Staatsbetriebe.

Die Strategie der Förderung staatlicher Unternehmen konzentrierte sich auf Investitionen bei Unternehmen mit relativ großer Produktionskapazität in strategisch wichtigen Bereichen wie Elektrizität, Telekommunikation, Eisenbahn, Luftfahrt, Erdöl, Verteidigung etc. Das hat sich als äußerst wirksam erwiesen. Obwohl staatliche Unternehmen 2005 zahlenmäßig nur noch 11 Prozent aller Betriebe ausmachten, blieben deren Steuerzahlungen an die Zentralregierung mit 56,7 Prozent des gesamten nationalen Steuereinkommens auf einem hohen Niveau.[15] 2018 gehörten mehr als 80 Staatsbetriebe zu den 500 weltweit führenden Unternehmen. Noch wichtiger ist, dass die Zentralregierung seit 2003 einige staatliche Unternehmen aufgefordert hat, ihr Aktienrecht an den nationalen Sozialversicherungsfonds abzutreten, wobei ab 2017 ein Betrag von 10 Prozent jedes Unternehmens festgelegt wurde.[16]

Staatliche Betriebe spielen seit Anfang des 21. Jahrhunderts auch die führende Rolle bei der Umsetzung der Initiative der »Go out«-Politik, mit der die Zentralregierung Unternehmen ermuntert, im Ausland zu investieren.[17] Gleichzeitig ist der Anteil staatlicher Unternehmen in den Schlüsselindustrien

15 http://news.sohu.com/20060313/n242254695.shtml.

16 http://finance.sina.com.cn/roll/2017-11-20/doc-ifynwnty6006749.shtml.

17 Zǒuchūqū Zhànlüè: China's strategy encouraging its enterprises to invest overseas initially announced by former President Jiang Zemin at the 3rd Session of the 9th National People's Congress in the year of 2000.

kontinuierlich zurückgegangen, von etwa 80 Prozent im Jahr 1980 auf etwa 25 Prozent 2012.[18]

Die KPCh wendet diversifizierte Maßnahmen der Makrokontrolle in allen drei Phasen an: vor, während und nach der (eigentlichen) Produktion. Vor einer Investition beispielsweise muss der Investor nationale und lokale Entwicklungspläne prüfen, um zu beurteilen, in welchem Umfang die Investition von den jeweiligen Regierungen unterstützt wird. Finanzhilfen in Form von Subventionen können direkt an den Investor gehen, wenn die Investition in das Schema der nationalen oder lokalen Schwerpunktförderung fällt (z.B. Förderung der Kreislaufwirtschaft). Vorhandene oder geplante Infrastruktur, wie der Bau einer Autobahn oder einer Schnellzugstrecke in der Nachbarschaft, erhöht die Gewinnaussichten. Die Investition wird auf jeden Fall von Vorschriften zur Landnutzung, von Bankdarlehen, vom Preis der Rohstoffe (Erdöl, Wasser, Elektrizität etc.) und ökologischen Erwägungen (z.B. Abfallentsorgung) beeinflusst. Für Konsumgüter muss die Rentabilität von Investitionen die Preisvorgaben für Lebensmittel des alltäglichen Bedarfs berücksichtigen (wie z.B. im Jahr 2019 die bei Schweinefleisch).

Der Begriff Makrokontrolle meint in China jedoch nicht nur die Anwendung wirtschaftlicher Methoden, sondern umfasst auch politische und soziale Macht zur Erreichung des Gesamtziels der gesellschaftlichen Entwicklung noch in einer weiteren Hinsicht. Das lässt sich mit der jüngsten nationalen Kampagne zur Bekämpfung der Armut gut illustrieren. Präsident Xi Jinping hatte auf dem nationalen Volkskongress im Jahr 2015 angekündigt, bis Ende 2020 mehr als 70 Millionen Menschen von Armut zu befreien.[19] Daraufhin mobilisierten die Verwaltungen aller Ebenen sämtliche Ressourcen, um insbesondere Menschen in abgelegenen und ländlichen Gebie-

18 Cheng Chengping/Cheng Peng: Studie über die Beziehung zwischen dem Anteil der Wirtschaft im Staatsbesitz und den Schwankungen innerhalb von Chinas ökonomischem Wachstum, basierend auf den statistischen Daten von 1980 bis 2012, in: Philosophie und Sozialwissenschaften. Zeitschrift der Universität von Xiangtan, Bd. 38, Nr. 3, Mai 2014, S. 26.

19 http://m.cnr.cn/news/20151129/t20151129_520628571.html.

ten zu helfen. Viele Parteikader aus wirtschaftlich entwickelten Regionen, höhergestellte Beamte und Hochschulabsolventen begaben sich in arme Dörfer, um dort für mindestens ein Jahr bestimmte Führungsaufgaben zu übernehmen. Staatliche Unternehmen wurden ermutigt, Waren direkt von den Dorfbewohnern zu kaufen. Sogar Prominente warben freiwillig für den lokalen Tourismus oder regionale landwirtschaftliche Produkte. Die im März 2020 veröffentlichten Daten zeigen, dass die Zahl der von Armut betroffenen Bezirke von 832 im Jahr 2012 auf 52 gefallen ist.[20]

Das Gleichgewicht zwischen Planung und Markt stabilisieren oder Widersprüche ausgleichen

In der gegenwärtigen Phase ökonomischer Reformen und im Zuge des Aufbaus einer sozialistischen Marktwirtschaft hat die KPCh mittlerweile die parallele Förderung des öffentlichen Sektors und anderer Wirtschaftsbereiche mit entsprechenden Eigentumsformen mittels Planung bzw. Makrosteuerung einerseits und dem Markt andererseits als Standard etabliert.

Die klassische Wirtschaftswissenschaft definiert den rationalen ökonomischen Menschen, der die Optimierung seiner individuellen Interessen verfolgt, als Grundhypothese der menschlichen Gesellschaft. Zugleich soll die »unsichtbare Hand« des Markts über Gestaltungsfreiheit verfügen, ohne je wirklich einzugreifen. Diese beiden Orientierungen geraten natürlich in Konflikt mit den öffentlichen Interessen als zentralem Wert des Sozialismus. Um die Widersprüche zwischen diesen Interessen und den Interessen der Individuen auszubalancieren, hat die KPCh mittels immer neuer Reformen und politischer Instrumente aktiv entsprechende Anpassungen vorgenommen. Damit hofft sie, ein Gleichgewicht zwischen Planung und Markt aufrechtzuerhalten und ein stetiges Wirtschaftswachstum zu garantieren. Im Folgenden werden vier Arten von Widersprüchen und der Umgang der KPCh mit diesen skizziert.

20 http://tuopin.ce.cn/news/202004/15/t20200415_34690309.shtml.

Politische Planungsmacht vs. wirtschaftliche Marktinteressen

Durch die aktive Beteiligung am Markt verfügen die Regierungsbehörden der verschiedenen Ebenen über große politische Macht, was immer das Risiko birgt, dass einzelne Regierungsbeamte sie in wirtschaftliche Eigeninteressen ummünzen. Durchaus typische Beispiele sind die Landfreigabe und die Immobilienentwicklung. Land wurde seit dem Jahr 2000, als die Umwandlung des Wohnraums von einer Sozialleistung zu einer Ware auf dem Markt begann, für eine große Zahl von Kommunalverwaltungen zu einer äußerst wichtigen Quelle von Steuereinnahmen. Die Zentralregierung hat in mehreren Durchgängen landesweite Kontrollvorschriften erlassen, um den Anstieg der Wohnungspreise zu stoppen, etwa durch die Begrenzung des privaten Hauskaufs und den Bau von Häusern mit niedrigen Mieten.

Aus den Daten geht jedoch hervor, dass die Übertragungsgebühren für Land (netto) in 14 von 20 ausgewählten Städten im Jahr 2017 zunehmend mehr als 30 Prozent der Regierungseinnahmen ausmachten,[21] was ein hohes Korruptionsrisiko innerhalb der lokalen Regierungen mit sich bringt. Tatsächlich wurde eine ganze Reihe lokaler Beamter, insbesondere in führenden Positionen der Land- und Wohnungsverwaltung, verurteilt und entlassen.

Noch anfälliger für Korruption sind staatliche Unternehmen. Aufgrund ihrer Monopolstellung auf dem Markt zahlen profitable Staatsbetriebe ihren Führungskräften in der Regel hohe Gehälter, die weit über denen gewöhnlicher Menschen liegen. Einem Nachrichtenbericht zufolge wurden im Rahmen der von der neuen Generation der KPCh-Führung im Jahr 2012 eingeleiteten Antikorruptionskampagne bis Ende 2015 insgesamt 170 hochrangige Führungskräfte staatlicher Unternehmen entlassen.[22] Obwohl interne Kontrolle und Rechnungsprüfung das Ausmaß der Korruption verringern konnten, bleibt die Frage, wie der sozialistische Charakter der

21 www.ceweekly.cn/2018/0115/216037.shtml.
22 www.sohu.com/a/46654621_119955.

politischen Führung und der Wirtschaft in Bezug auf Eigentum, Entscheidungsfindung und Interessenausgleich weiter gefördert werden kann.

Langfristige vs. kurzfristige Interessen

Der Markt stimuliert sichtbare Gewinne, vorzugsweise innerhalb eines überschaubaren Zeitraums. Gleichzeitig erfordert die wirtschaftliche Entwicklung aber auch große Investitionen in den Ausbau von Infrastrukturen wie Straßen, Energieversorgung sowie in Bildung, öffentliche Gesundheit und wissenschaftliche Innovationen in grundlegenden Bereichen. Diese sind in der Regel für private Investoren nicht von Interesse, da ihr Aufbau und ihre Erhaltung Zeit und Geduld erfordert und womöglich – zumindest in absehbarer Zeit – keine Gewinne abwerfen.

Darüber hinaus scheint es eine Tendenz zu geben, die Verwaltung des öffentlichen Vermögens durch eine aktivere Beteiligung am Kapitalmarkt zu fördern, was zur Besorgnis führte, staatliche Unternehmen könnten in der Realwirtschaft an Bedeutung verlieren. Der erfolgreiche Kampf gegen das Coronavirus hat erst jüngst gelehrt, dass es die staatlichen Unternehmen sind, die genügend Material produziert haben, um die Förderung lebensrettender Maßnahmen in Krankenhäusern zu gewährleisten, die sich allesamt in öffentlicher Hand befinden.

Private kommerzielle vs. gemeinsame soziale Interessen

In den 1990er-Jahren breitete sich der Markt in fast jeden Winkel der chinesischen Gesellschaft aus und verlangte eine immer stärkere Kommodifizierung von Gütern und Dienstleistungen. Die profitorientierte Motivation auf dem Markt steht jedoch häufig im Widerspruch zu den öffentlichen sozialen Interessen, insbesondere im Bildungs- und Gesundheitsbereich. Private Investoren, die darauf bedacht waren, Gewinne zu erzielen, trieben zum Beispiel die Gebühren für Kindergärten vor der Pflichtschule absichtlich in eine Höhe, die sie für das einfache Volk tendenziell unbezahlbar machte. Als Reaktion auf die zunehmenden Beschwerden der Öffentlichkeit erließ der Staatsrat 2018 Verordnungen, um die Zulassung profitorientierter Kindergärten zu stoppen, und versprach, in die Entwicklung gemeinnütziger Kindergärten zu investieren und diese zu unterstützen. Diese Politik und die Maßnahmen der Regierung wurden von der Öffentlichkeit begrüßt, von privaten Investoren dagegen mit Enttäuschung aufgenommen. Mit den 2009 eingeleiteten Reformen im Gesundheitswesen wurde die medizinische Grundversorgung neu definiert: als wohlfahrtsstaatliche Form des öffentlichen Dienstes, der für alle zugänglich und erschwinglich sein sollte. Daraus folgt die wichtige Frage: Welches sind die Güter oder Dienstleistungen von gemeinsamem sozialen Interesse, die nicht als Waren auf dem Markt gehandelt werden sollten?

Ökologischer Schutz vs. wirtschaftliches Wachstum

Die KPCh konnte den öffentlichen Konsens über die Notwendigkeit, das Wirtschaftswachstum aufrechtzuerhalten, festigen, auch nachdem China 2010 zur zweitgrößten Wirtschaftsmacht der Welt aufgestiegen war. Unterdessen hat eine neue Generation der zentralen Führung, die 2012 an die Macht gekommen ist, angeregt, Umweltschutz in die nationale Gesamtstrategie der sozialistischen Entwicklung zu integrieren. Als Folge der Verlangsamung des BIP-Wachstums, das von 10,6 Prozent im Jahr 2010 auf 6,6 Prozent im Jahr 2018 zurückging,[23] wurden bemerkenswerte Verbesserungen bei der Umweltsanierung erzielt. Die Coronavirus-Epidemie hat die Weltwirtschaft und auch Chinas Wirtschaft schwer getroffen. Vor Kurzem kündigte der Zentralausschuss der KPCh neue Leitprinzipien zur Stimulierung des Wirtschaftsaufschwungs an, wobei die Inlandsnachfrage gestärkt werden und den Export als Wachstumsmotor ersetzen soll. Wird der steigende Konsum dazu führen, dass die Kontrolle über die industrielle Entwicklung im Interesse ökologischer Interessen gelockert wird?

23 http://data.chinabaogao.com/hgshj/2019/09544B062019.html.

Ausblick

China hat große Erfolge erzielt bei der Befreiung seiner riesigen Bevölkerung aus der Armut, bei der Aufrechterhaltung eines kontinuierlichen Wirtschaftswachstums und was den Zugewinn von politscher und wirtschaftlicher Macht in der Welt betrifft. Die KPCh ist erfahrener geworden beim Einsatz von Planungs- bzw. Makrokontrollinstrumenten, einerseits für den Aufbau des Markts zur Belebung der Wirtschaft, andererseits um dessen negative Auswirkungen zu verringern. Diese Reformen und die marktwirtschaftliche Öffnung sind Staatspräsident Deng Xiaoping zufolge Prozesse des Learning by Doing; es bedürfe konsequenter Bemühungen um Anpassungen nach gemachten Fehlern.

Darüber hinaus können die Regierungen aller Ebenen mit der Unterstützung von Big Data leichter und schneller an Informationen gelangen, um die Makrokontrolle zu unterstützen, so wie es gerade bei der Bekämpfung der Corona-Pandemie zu beobachten ist. Regierungsinstitutionen beobachten die Pandemie genau, indem sie Daten von Einzelpersonen sammeln, insbesondere über ihre Reisen und ihren Gesundheitszustand. Sobald eine Ansteckung erfolgt, werden alle Betroffenen sowie deren enge Kontakte aufgespürt und dazu aufgefordert, sich Tests zu unterziehen und sich in Quarantäne zu begeben, um das Auftreten weiterer Ansteckungen zu verhindern.

Zusätzlich zu offiziellen Statistiken der Regierung führen auch die von privaten Unternehmen betriebenen Datenplattformen zu einem Datenschatz, der zur ökonomischen Analyse beiträgt. Konzerne wie Alibaba, Tencent und Baidu sind dabei die größten Dateneigentümer, Dienste wie Alipay und WeChat sind so beliebt und verbreitet, dass sie selbst die Dienste von Banken ersetzen.[24] Einerseits ermöglichen diese Datensammlungen kommerzielle Analyseprodukte wie Alibabas Internet Shopping Price Index und Baidus Index über kleine und mittlere Unternehmen. Auf der anderen Seite haben Regierungen zusätzlich Zugriff auf die Originaldaten.

24 Wei Ying: Big Data and Macro-control Innovation, in: Journal of Macroeconomic Management, Bd. 7, 2017, S. 21–25.

Mit der Einführung neuer Technologien allein ist es aber nicht getan. Um seinem Jahrhundertziel näherzukommen, Mitte des 21. Jahrhunderts zu einem modernen sozialistischen Land zu werden, wird die KPCh zusammen mit der gesamten chinesischen Gesellschaft weiterhin nach transformativen Lösungen für die Widersprüche zwischen der Förderung des öffentlichen Interesses, diesem zentralen Wert des Sozialismus, und der aus dem kapitalistischen Markt eingeschleppten privaten Profitlogik suchen müssen.

Aus dem Englischen übersetzt von Oliver Hörl.
Die Titel chinesischer Quellen wurden von den Herausgebern ins Deutsche übersetzt.

Timo Daum

Real existierender Plattform-Sozialismus?

Voraussage-Ökonomie *with chinese characteristics*

Chinas Weg zur Netzwerkökonomie

»Made in China 2025« heißt der von Premierminister Li Keqiang und seinem Kabinett im Mai 2015 beschlossene strategische Plan Chinas, der im Kern die Schaffung einer netzwerkbasierten Ökonomie in China beinhaltet. Der amerikanischen Ökonomin Yu Hong zufolge ist China dabei, zur »Netzwerkökonomie« zu werden, sich von industrieller Massenproduktion hin zu einer digitalen Dienstleistungswirtschaft zu bewegen: »Der Staat«, schrieb sie in ihrer Untersuchung über die Neuausrichtung der chinesischen Volkswirtschaft, »erklärte Informationstechnologien zur zukünftigen Schlüsselindustrie.«[1] Das Zentrum für strategische und internationale Studien wiederum beschreibt das Vorhaben als eine direkt von der deutschen Industrie 4.0 inspirierte »Initiative zur umfassenden Aufwertung der chinesischen Industrie«.[2] Ein auf niedrigen Löhnen basierendes, exportorientiertes Akkumulationsmodell wird Schritt für Schritt abgelöst durch eines, in dem Informations- und Kommunikationstechnologien priorisiert werden.

»Informatisierte Industrialisierung« nennt Shao Binhong, Generalsekretärin der China Society of World Economics, das staatlich orchestrierte Programm, mittels dessen in Zukunftsbereichen wie Computer- und Netzwerktechnik, Künstlicher Intelligenz und Robotik die Technologieführerschaft angestrebt wird.[3]

1 Yu Hong: Networking China. The Digital Transformation of the Chinese Economy, Urbana 2017.

2 Scott Kennedy: Made in China 2025. Interview, Center for Strategic and International Studies, unter: 1.6.2015, www.csis.org/analysis/made-china-2025.

3 Shao Binhong: Political Economy of Globalisation and China's Options, Boston 2018, S. 86.

Im Zuge dessen wurden grundlegende Infrastrukturen errichtet und notwendige Rahmenbedingungen geschaffen, die Voraussetzung und Basis für das Entstehen einer – selbst wiederum ganz auf unternehmerischer Initiative beruhenden – digitalen Plattformökonomie darstellen. Mächtige Internetkonzerne sind entstanden, deren Anwendungen technologisch avanciert sind, deren Nutzerzahlen, Datenvolumen und Umsätze ihresgleichen suchen. Gleichzeitig wurde die Bevölkerung zu einer der digital affinsten der Welt – nirgends ist etwa das Smartphone so stark in den Alltag integriert wie in China. China ist heute für über die Hälfte des weltweiten E-Commerce verantwortlich, 854 Millionen Menschen nutzen dort regelmäßig das Internet, gegenüber 560 Millionen in Indien, 445 Millionen in der EU und 313 Millionen in den USA.[4] China hat dabei oftmals zwei Stufen auf einmal genommen und zum Beispiel die Festnetztelefonie übersprungen.

Auch das 2013 ins Leben gerufene Projekte für eine »Neue Seidenstraße« (Belt and Road Initiative, BRI), um Chinas Beziehungen zu mehr als 80 Nationen in den Bereichen Infrastruktur, Handel und finanzielle Integration zu intensivieren, enthält einen nicht unwesentlichen digitalen Anteil. Der Transportökonom Uwe Behrens betont, »die digitale Seidenstraße« sei sogar noch wichtiger.[5] Auch das Center for Strategic and International Studies hält fest: »Die digitalen Dimensionen sind weitreichend, einschließlich Glasfaserkabeln, 5G-Netzwerken, Satelliten und Geräten, die mit diesen Systemen verbunden sind.«[6] China-Experte Jon Sigurdson sprach daher schon 2005 von der absehbaren Entwicklung Chinas zur »technologischen Supermacht«.[7]

Die Wirtschaftswissenschaftler Philipp Staab und Florian Butollo konstatieren in Bezug auf China eine »investive Staatlichkeit«, die ihrer Ansicht nach das technologische Engage-

4 Statista: Countries with the highest number of internet users 2019, unter: www.statista.com/statistics/262966/number-of-internet-users-in-selected-countries/.

5 Uwe Behrens: Harmonie statt Missionieren. Die Neue »Seidenstraße«. Belt and Road Initiative, in: Helle Panke e.V. (Hrsg.): Pankower Vorträge, Heft 229, Berlin 2020, S. 60.

6 Center for Strategic & International Studies: China's Digital Silk Road, 5.2.2019, unter: www.youtube.com/watch?v=k5lnXmGnhfs.

7 Jon Sigurdson/Jiang Jiang: Technological Superpower China, Cheltenham 2005.

ment des Pentagon für das Silicon Valley bei Weitem übertrifft: »Sie ist Ausdruck eines Staatskapitalismus 3.0, der als kennzeichnend für große Schwellenländer identifiziert wurde, geht aber in der Intensität der strategischen Planung und seiner Verquickung mit autoritärer Überwachungspolitik noch darüber hinaus.«[8] Sie sehen darin einen entscheidenden Vorteil des chinesischen Modells gegenüber dem amerikanischen Original. Der Wirtschaftsexperte Ho-fung Hung teilt diese Ansicht und verweist auf die Finanzkrise 2008, als Chinas Reaktion ein beispielloses »Infrastruktur-Investment« gewesen sei.[9] Und der Wirtschaftsjournalist Stephan Scheuer sekundiert: «Die Planer in Peking entschieden sich zu einer Rettungsaktion mit Weitblick. Sie [...] legten ein gewaltiges Konjunkturpaket mit klar definierten Zielen auf. Die gewaltige Summe von einer halben Billion Euro [...] wurde gezielt in den Ausbau der Infrastruktur investiert.«[10]

Plattformkapitalismus in China

Ausdrücklich wird dabei das Ziel verfolgt, *national champions* aufzubauen, private Unternehmen, die sich in Bereichen wie dem Internet der Dinge, der Plattform- und Sharing-Ökonomie oder dem autonomen Fahren auch auf dem Weltmarkt behaupten können.[11] Digitalkonzerne nach kalifornischem Vorbild sind entstanden, die zu *national champions* in der Informations- und Kommunikations-Branche heranreiften, allen voran Baidu, Alibaba und Tencent (BAT). Sie sind die führenden Internet-Technologieunternehmen in China geworden – allesamt private, profitorientierte Unternehmen, deren Dienste aus dem Alltag der meisten Chinesinnen und Chinesen nicht mehr wegzudenken sind. Chinesische Unternehmen

8 Philipp Staab/Florian Butollo: Digitaler Kapitalismus. Wie China das Silicon Valley herausfordert. hrsg. von der Friedrich-Ebert-Stiftung, Abteilung Wirtschafts- und Sozialpolitik, Bonn 2018.

9 Ho-fung Hung: The China Boom. Why China Will Not Rule the World, in: Contemporary Asia in the World, New York 2015.

10 Stephan Scheuer: Der Masterplan. Chinas Weg zur Hightech-Weltherrschaft, Freiburg 2018, S. 25.

11 Xiaoming Zhu: Emerging Champions in the Digital Economy, Shanghai 2019, S. xv.

machen mittlerweile weltweit ein Drittel aller Start-ups mit einer Bewertung von mehr als einer Milliarde US-Dollar (die sogenannten Einhörner) aus.[12] Tencent ist an der Börse notiert und heute das wertvollste Unternehmen in Asien, sein Dienst WeChat, eine Art WhatsApp + Paypal, gehört zu den nutzerstärksten digitalen Diensten weltweit.

Die Paradigmen eines digitalen Extraktionismus, also der Verwertung von großen Datenmengen auf digitalen Plattformen, sind auch in China angekommen: Han Xinhua, Professorin an der Communication University of China und akademische Beraterin für Cyberspace-Sicherheitsstrategie beim Rechtsausschuss des China Communications Instituts, bilanzierte auf einem Workshop der Rosa-Luxemburg-Stiftung zum digitalen Kapitalismus in Peking 2019: »In einer digitalen Gesellschaft ist das Internet zur Infrastruktur, Big Data zum neuen Öl des digitalen Zeitalters geworden, und Algorithmen spielen zunehmend die Rolle sozialer Regeln, formen ständig die Interessen, Vorlieben und Perspektiven der Menschen und verteilen soziale Ressourcen wie Arbeit, Bildungschancen und soziale Wohlfahrt.«[13] Hier scheint die These des amerikanischen Juristen und Aktivisten Lawrence Lessig durch, dass technische Codes und Protokolle die Tendenz hätten, sich zu verselbstständigen und in den Rang von Quasi-Gesetzmäßigkeiten aufzusteigen (»code is law«).[14] Auch der in Shanghai und Hongkong tätige Berater und Analyst Edward Tse, der zu den weltweit bekanntesten Kennern der chinesischen Wirtschaftsentwicklung zählt, meint: Die Digitalkonzerne »schreiben die Regeln in China neu, verändern dabei das Land und schaffen einen Markt, der im Laufe der Zeit enorme Auswirkungen auf den Rest der Welt haben wird«.[15] Gute Gründe, eher von einem Kapitalismus mit chinesischen Charakteristika zu sprechen, so

12 Ebd., S. 1.

13 Han Xinhua: On the Reconstruction of Social Power Structure and Institutional Response in a Digital Society, Workshop der Rosa-Luxemburg-Stiftung, Peking, November 2019.

14 Lawrence Lessig: Code and other laws of cyberspace, New York 1999.

15 Edward Tse: China's Disruptors. How Alibaba, Xiaomi, Tencent and Other Companies Are Changing the Rules of Business, London 2016, S. xii.

auch der Titel des viel beachteten Buchs von Yasheng Huang, Gründer und Leiter der Asien-Abteilung an der MIT Sloan School of Management.[16]

Das Verhältnis der chinesischen Regierung zu den Digitalkonzernen ist dabei durchaus kompliziert, deren Machtzuwachs wird aufmerksam beobachtet und, wenn für nötig befunden, begrenzt, wie etwa Ende 2020, als die Regierung kurzfristig den Börsengang der Ant Financial Services Group, einer Tochtergesellschaft der chinesischen Alibaba Group stoppte. Zuletzt deutete sich gar eine Verstaatlichung der Firma an, nachdem deren Gründer Jack Ma, der nach seinem Rückzug als Chef von Alibaba zu einer Art China-Erklärer und charismatischem Emissär der chinesischen Politik geworden war, im Oktober 2020 die chinesische Politik im Finanzsektor scharf kritisiert hatte.[17]

Digitales China: Infrastruktur, Experiment und digital champions

China hat eine große Tradition im Experimentieren, man denke nur an die (katastrophale) Politik des »Großen Sprungs nach vorn« unter Mao Tse-tung und Deng Xiaopings pragmatische Liberalisierung. Allen voran sind die riesigen Sonderwirtschaftszonen zu nennen, die als Experimente im großen Maßstab angesehen werden können; hinzu kommen starke Tendenzen der Dezentralisierung, ergänzt durch ein rekursives Modell von Institutionen auf verschiedenen Hierarchiestufen, die in ständigem Wettbewerb miteinander stehen.[18]

»Die Vorgehensweise, die China bei der Reform seiner Wirtschaft nutzte, war die schrittweise experimentelle Einführung – oft mit pragmatischen Lösungen. Dadurch standen der Führung zu jedem Zeitpunkt der Transformation funktionsfähige Übergangsinstitutionen zur Verfügung«, schreibt

16 Yasheng Huang: Capitalism with Chinese Characteristics. Entrepreneurship and the State, Cambridge 2008.

17 China Likely to Nationalise Jack Ma's Alibaba And Ant Group: Reports, in: Outlookindia, 11.1.2021, unter: www.outlookindia.com/website/story/world-news-china-likely-to-nationalise-alibaba-and-ant-group-headed-by-jack-ma-reports/370226.

18 Zu diesem Komplex siehe den Beitrag von Sun Wei in diesem Band.

Yuhon Huang, Senior Fellow am Carnegie Asia Program.[19] Er bedient sich in seiner Beschreibung Bilder und Termini, die aus der agilen Softwareentwicklung bekannt sind: Auch dort werden funktionsfähige Prototypen in iterativen Prozessen unter Berücksichtigung von ständigem Feedback entwickelt.[20] Die Anthropologin Silvia Lindtner bezeichnet China derweil als »prototype nation«, also als ein Land, das sich das Erstellen erster Testversionen eines Geräts oder Funktionsprinzips, das als Ausgangspunkt für weitere Ableger dient, auf die Fahnen geschrieben hat. Dort gelte »Prototyping in großem Maßstab als vielversprechender Weg, um in fest verwurzelte Strukturen von Ungleichheit, Ausbeutung und Ungerechtigkeit einzugreifen«.[21]

Die Kultur des Ausprobierens ist angesichts der Volatilität und Flüchtigkeit essenziell in der digitalen Ökonomie; darin unterscheidet sich China nicht vom Silicon Valley. Ständige Verbesserungen, Kundenpflege, eine Kultur der Updates und des Feedbacks sind in der Plattformökonomie unerlässlich, um erfolgreich zu sein. Jack Ma betont, für den Erfolg von Alibaba sei »groß angelegtes Experimentieren« entscheidend gewesen, und zwar während des laufenden Betriebs: »Change something in real time see how it goes.«[22]

In den 1990er- und 2000er-Jahren konzentrierten sich viele chinesische Unternehmen noch auf das Nachbauen und Kopieren westlicher Geräte und Dienste, für das es einen eigenen Ausdruck gibt: *shanzhai*. Auch Organisationsstruktur und Managementpraktiken insbesondere US-amerikanischer multinationaler Unternehmen versuchten sie zu kopieren. Nachdem sie in vielen Bereichen eingeholt haben, betreten diese Unternehmen nun Neuland und müssen eigenständig die nächsten Schritte gehen. Dies begünstigt Experimente in

19 Yuhon Huang: Cracking the China Conundrum. Why Conventional Economic Wisdom Is Wrong, New York 2017, S. 4.

20 Vgl. Timo Daum: Agiler Kapitalismus. Das Leben als Projekt, Hamburg 2020.

21 Silvia Lindtner: Prototyped Nation. China and the Contested Promise of Innovation, Princeton 2020, S. 1.

22 Ming Zeng: Smart Business. What Alibaba's Success Reveals about the Future of Strategy, Boston 2018, S. 138.

der Geschäftsstrategie, zumal in China ein »komplexes, sich schnell änderndes und oft mehrdeutiges Geschäftsumfeld« vorherrscht, dessen Dynamik und Geschwindigkeit, aber auch regionale Unterschiede große Herausforderungen darstellen.[23] Rebecca Fannin, Autorin von »Tech Titans of China« ist überzeugt: »Im Silicon Valley blickte man jahrelang auf die chinesische Technologie herab und glaubte, dass sie nur kopieren würde. So langsam setzt sich das Bewusstsein durch, dass China in bestimmten Bereichen innovativ ist und die Führung übernimmt.«[24] In der Digitalwirtschaft hat sich denn auch schon das Verhältnis umgekehrt: Heute versuchen außerchinesische Unternehmen, Konzepte etwa von WeChat oder TikTok zu kopieren. Samm Sacks vom Center for Strategic and International Studies: »chinesische Trends beeinflussen direkt oder indirekt US-amerikanische und internationale Firmen«.[25]

Alibaba: Der digitale »Große Sprung nach vorn«

Die ganze Widersprüchlichkeit der derzeitigen Transformation Chinas in eine digitale Service-Ökonomie lässt sich an einer Person festmachen: Jack Ma. Der Gründer des Technologiekonzerns Alibaba und Chinas bekanntester Unternehmer repräsentiert wie niemand sonst den entfesselten digitalen Kapitalismus chinesischer Prägung. Der Milliardär, der auch Mitglied der Kommunistischen Partei Chinas (KPCh) ist, begründete eines der größten kapitalistischen Handelsunternehmen der Welt und propagiert die 72-Stunden-Woche für die Tech-Worker. In Bezug auf das Verhältnis von Plan und Markt gab er bereits 2016 auf einer Konferenz zu bedenken: »In den letzten 100 Jahren sind wir zu der Überzeugung gelangt, dass die Marktwirtschaft das beste System ist, aber meiner Mei-

23 Tse: China's Disruptors, S. 21.

24 Zit. n. Arjun Kharpal: China's tech ambition is »unstoppable« – with or without the trade war, analyst says, CNBC, 29.9.2019, unter: www.cnbc.com/2019/09/30/chinas-70th-anniversary-us-technology-leadership-under-threat.html.

25 Samm Sacks (Center for Strategic and International Studies): Disruptors, Innovators, and Thieves. Assessing Innovation in China's Digital Economy, Washington 2018.

nung nach wird sich in den nächsten drei Jahrzehnten eine bedeutende Veränderung ergeben und die Planwirtschaft wird immer bedeutender. Warum? Mit dem Zugriff auf alle Arten von Daten können wir möglicherweise die unsichtbare Hand des Marktes finden. Big Data wird den Markt intelligenter machen und es ermöglichen, die Marktkräfte so zu planen und vorherzusagen, dass wir endlich eine Planwirtschaft erreichen können.«[26]

Ende der 1990er-Jahre ging der Englischlehrer Jack Ma mit einer E-Commerce-Website online. Das Unternehmen, das er zunächst aus seiner Privatwohnung in Hangzhou aus betrieb, ist heute zu einer weltweiten Referenz geworden: Alibaba. Dabei verlief der Start alles andere als glatt. Zunächst galt Alibaba gar als subversiv, weil es im Schatten staatlicher Politik eine Handelsplattform für viele kleine und kleinste Unternehmen bereitstellte, gleichsam eine Graswurzelplattform, ein Markt für Geschäfte von kleinen Leuten für kleine Leute (»petty capitalism«). Lin Zhang, Professorin für Kommunikations- und Medienwissenschaften an der University of New Hampshire schreibt in ihrer Analyse von Alibaba, das Unternehmen habe zunächst an Chinas Tradition familienbasierter Kleinunternehmen angeknüpft und diese gleichzeitig im digitalen Zeitalter neu erfunden: »In den Anfangsjahren zwischen 1999 und 2007 setzte Alibaba Plattformmechanismen ein, um die Beteiligung zu erhöhen und die Arbeit seiner kleinkapitalistischen Ladenbesitzer zu fördern und zu monetarisieren.«[27] Heute ist ein Technologieunternehmen daraus geworden, das in Cloud Computing, Künstlicher Intelligenz und weiteren technologisch avancierten Bereichen aktiv ist.

Alibaba, eines der zehn wertvollsten Unternehmen der Welt, ist wie Amazon eine Plattform, ein riesiger Online-Marktplatz, auf dem viele Millionen Unternehmen und Kunden Geschäfte tätigen – ein digitales Ökosystem. Jack Ma gab

26 Jack Ma: Can big data help to resurrect the planned economy?, Global Times, 14.6.2017, unter: www.globaltimes.cn/content/1051715.shtml

27 Lin Zhang: When Platform Capitalism Meets Petty Capitalism in China: Alibaba and an Integrated Approach to Platformization, in: International Journal of Communication 14(2020), S. 114–134, hier S. 115.

als Ziel aus, Alibaba als *global player* zu etablieren: »Bis 2036 will Alibaba zwei Milliarden Kunden bedienen, 100 Millionen Arbeitsplätze schaffen und zehn Millionen Firmen in die Lage versetzen, profitable Unternehmungen zu starten, die Online- und Offline-Handel miteinander verbinden und zur fünftgrößten Volkswirtschaft der Welt werden.«[28] Mithilfe der electronic World Trade Platform (eWTP) soll das ursprüngliche Geschäftsmodell von Alibaba global skaliert werden.[29] Wie bei dem von Mao einst verkündetem »Großen Sprung nach vorn« wird eine großspurige Vision aufgerufen, die sich letztlich auf das Millionenheer an Kleinbauern stützt, aus denen heute Kleinunternehmer geworden sind.

Der ehemalige Stabschef und Strategieberater der Alibaba Group, Ming Zeng, erklärt das Erfolgsrezept des »neuen Einzelhandels« (»deep retail«): Im Alltagsgeschäft müssten sowohl flexible *customisation*, das heißt maßgeschneiderte Angebote, die das Paradigma der Massenproduktion überwinden, als auch Skalierbarkeit gewährleistet sein. Online-Angebote, die mit stark schwankenden Nutzerzahlen und damit Spitzen im Datentransfervolumen konfrontiert sind, müssen vermeiden, dass die Nutzererfahrung darunter leidet. Das wird dadurch gewährleistet, dass zu Spitzenzeiten automatisch zusätzliche Infrastrukturen bereitgestellt werden, wovon weder der Kunde noch der Betreiber (außer auf der Rechnung des Providers) etwas merkt. »Mit *smart business*«, sagt Zeng, «kann die gesamte Wertschöpfungskette neu konfiguriert werden, um sowohl Skalierbarkeit als auch Anpassung zu erreichen.«[30] Dies sei nur möglich durch die »tiefe Integration von Online- und Offline-Einzelhandel, verknüpft mit moderner Logistik«, ergänzt dessen ehemaliger Chef Jack Ma.[31]

Zeng hält zwei Faktoren für das erfolgreiche Management von Alibaba für entscheidend: *network coordination* und *data intelligence*. »Durch die Netzwerkkoordination werden

28 Jack Ma: Vorwort, in: Zeng: Smart Business, S. ix.

29 Scheuer: Der Masterplan, S. 48.

30 Zeng: Smart Business, S. 22.

31 Zit. n. Zhu: Emerging Champions in the Digital Economy, S. 109.

Geschäftsaktivitäten wie Vertrieb, Marketing und alle Aspekte der Produktion in dezentrale, flexible, skalierbare und global optimierte Prozesse umgewandelt.« *Data intelligence* definiert er als »automatische Koordination mit nahezu unbegrenztem Umfang und unbegrenzter Anzahl von Partnern über das Internet.« Automatisierte Prozesse spielen eine zentrale Rolle in Zengs *smart business* genannter Managementstrategie, die auf kybernetischen Prinzipien basiert: kleine Einheiten, die lose miteinander gekoppelt sind (Regelkreise), und eine konsequent umgesetzte datengespeiste Optimierungsschleife. »Datenintelligenz beruht auf Empfehlungs-Engines, automatisierter Entscheidungsfindung, die ständig auf Echtzeit-Daten basiert.«[32] Hier scheint Stafford Beers Vision eines kybernetischen Unternehmens auf, in dem sich das Management zurücklehnen und das Gesamtsystem sich selbst überlassen kann: »Wir überlassen nun das autonome Regelsystem seiner Aufgabe der Selbstregulierung und kommen zur bewussten Steuerung des Gesamtunternehmens.«[33] Alibaba ist dabei von einer Größenordnung, von der der Vater der Managementkybernetik nur zu träumen wagte.

Jenseits von Plan und Markt: planning

Marktwirtschaft oder Planwirtschaft waren lange Zeit die beiden einander entgegengesetzten Antworten auf das von Hayek formulierte Informationsproblem.[34] Für den Kapitalismus galt Erstere zugleich als natürliches Ideal, während der Sozialismus immer beanspruchte, vernünftige Planwirtschaft zu realisieren und damit den chaotischen Markt, die blinde Konkurrenz und unvorhersehbare Überproduktions- und andere Krisen zu überwinden. Jenseits der unübersichtlichen Frage, ob in China jetzt Sozialismus oder Kapitalismus herrscht, beantwortet der digitale Sektor dort die Frage mit einer dritten Antwort:

32 Zeng: Smart Business, S. 23.

33 Stafford Beer: Kybernetik und Management, Hamburg 1962, S. 265; zu Beer und dem Projekt Cybersyn siehe den Beitrag von Anna-Verena Nosthoff und Felix Maschewski in diesem Band.

34 Siehe den Beitrag von Oliver Schlaudt in diesem Band.

planning. Ming Zeng spricht vom »neuen Planen«, einem Prozess, der »autonome Koordination mit nahezu unbegrenztem Umfang und unbegrenzter Anzahl von Partnern über das Internet« ermöglicht, einem Prozess des Experimentierens, der auf der ständigen Einbeziehung der Kunden basiert. Ziel sei die auf Echtzeit-Daten basierende automatisierte Entscheidungsfindung.[35] Das neue Planen ist keinesfalls eine Rückkehr zum alten Plan, zur dirigistischen Planwirtschaft, sondern ein kybernetisches, datengetriebenes Echtzeit-Regime.

Im Vergleich zu Planwirtschaften in der Sowjetunion oder in Chile zu Zeiten von Cybersyn spielen diese Plattformunternehmen, was Datenmenge und planerische Detailtiefe angeht, in einer anderen Liga. Auch auf der Zeitachse liegen Welten zwischen dem Fünfjahresrhythmus der Sowjetunion, den Quartalszahlen in der traditionellen Wirtschaft und selbst den täglich übermittelten Betriebsdaten bei Cybersyn: Heute werden planrelevante Daten im Millisekundentakt aktualisiert und in Echtzeit in die Erstellung eines neuen Plans eingespeist. So entsteht ein Planungskontinuum, ein auf Dauer gestellter Experimentierraum, der einen konstanten Strom durch die real existierende ökonomische Aktivität generierten Daten neuerlich in das Plansystem einspeist zu dessen Selbststeuerung.

Die chinesischen Ökonomen Binbin Wang und Xiaoyan Li argumentieren, dass die heutigen Online-Plattformen – meist als Monopole agierend – zwar zentralen Planungsinstitutionen ähneln, viele Missstände früherer Planwirtschaften – übermäßige Machtkonzentration, Korruption und irrationale Entscheidungen – könnten jedoch durch Big Data vermieden werden. Die enormen und äußerst detaillierten Datenmengen ermöglichten es den Planern auch, Verbrauchern eine individuellere Auswahl zu bieten. Sie folgern daraus, es wäre »legitim und rational« für den Staat, eine »Supermonopol«-Plattform zu werden[36]

35 Zeng: Smart Business, S. 23 u. 137.

36 Binbin Wang/Xiaoyan Li: Big Data, Platform Economy and Market Competition: A Preliminary Construction of Plan-Oriented Market Economy System in the Information Era, in: World Review of Political Economy 8(2), Sommer 2017, S. 138–161.

Das betrifft nicht nur die Ökonomie, sondern auch das Soziale. So ergebe sich, meint Zhoe Yue von der Shandong Universität, durch Big Data getriggert die Möglichkeit »verbesserter Lösungen für die Hyperkomplexität sozialer Organisation in sich schnell ändernden Umgebungen und bessere Übereinstimmungen von Produktion und Verbrauch als Hayeks Lösung. [...] Im Zeitalter von Big Data werden sich die Bewertungsstandards des sozialen Koordinierungssystems von Beiträgen zu wirtschaftlicher Effizienz verschieben zugunsten seiner Fähigkeit, existenzielle soziale Probleme wahrzunehmen und zu lösen. Die Entwicklung einer Datenrückkopplungsinfrastruktur wird die Palette der Möglichkeiten gesellschaftlicher Koordination erheblich bereichern.«[37]

Überwachungssozialismus

Das Paradigma des digitalen Kapitalismus lässt sich auf die Formel »Daten gegen Convenience« bringen, also die Herausgabe persönliche Daten, das Tracken sämtlicher Äußerungen und Aktivitäten im Austausch gegen kostenlose Services. Der Gesellschaftsvertrag des modernen China ergänzt diese Formel noch um einen weiteren Aspekt: »Konformität gegen Prosperität«, also die Selbstbeschränkung auf akzeptiertes Verhalten gegen Teilhabe am (digitalen) Fortschritt. Als strategischen Vorteil des chinesischen Wegs nennt Han Xinhua unverblümt die Synchronisierung staatlicher und privater Ausbeutung von Big Data und spricht lapidar von »Synergieeffekten«.[38]

Auch Kai-Fu Lee, amerikanisch-taiwanesischer Informatiker und Autor des viel beachteten Buchs »AI Superpowers. China, Silicon Valley und die neue Weltordnung«, sieht den spezifisch chinesischen »techno-utilitarian approach« als Wettbewerbsvorteil, weil er »den Weg für einen schnelleren Einsatz bahnbrechender Technologien ebnen« werde.[39] Data-Mining werde

37 Yue Zhoe: The New Features of Socialism in the Age of Big Data and the Practice of China, Workshop der Rosa-Luxemburg-Stiftung, Peking, November 2019.

38 Xinhua: On the Reconstruction.

39 Kai-Fu Lee: AI Superpowers: China, Silicon Valley, and the New World Order, Boston 2018, S. 82.

hier nicht nur für die Profitzwecke privater Akteure betrieben, sondern auch für staatliche Informationsbeschaffung und planerischen Input. Aus der Logik eines Staats, der sich die Modernisierung des Landes und die Erziehung seiner Bevölkerung gleichermaßen auf die Fahnen geschrieben hat, erscheint die doppelte Verwendung von digitalen Daten sowohl zur gesamtgesellschaftlichen Planung als auch zur Bevölkerungssteuerung nur konsequent.

Die enge Zusammenarbeit mit den Herstellern digitaler Apps zum Zwecke der Überwachung kennen wir auch im Westen, in China wird sie jedoch nicht als *bug*, sondern als *feature* propagiert. Auch der im Westen herrschende »Überwachungskapitalismus« (Shoshanna Zuboff) kennt keine Brandmauer zwischen den ökonomisch begründeten Datensammlungen privater Konzerne und den Kontrollinteressen des Staates – wie die Enthüllungen von Edward Snowden im NSA-Skandal eindrücklich gezeigt haben. In China jedoch ist die Synergie zwischen Datensammlungen auf digitalen Plattformen und staatlicher Überwachung und Disziplinierung der Bürgerinnen und Bürger viel enger, geradezu systemisch. Die Generierung von Nutzerdaten, deren Mining mithilfe von KI-Methoden und die daraus abgeleitete Überwachungs- und Kontrollaktivitäten – diesen Dreischritt beherrscht man in China perfekt. Projekte wie das Social Scoring System, also die Vergabe eines individuellen Verhaltensindex, verdeutlichen dies, auch wenn sie ebenfalls an westliche Vorbilder wie zum Beispiel die Schufa angelehnt sind, ein Sachverhalt, auf den neben anderen der amerikanisch-chinesische Intellektuelle Kaiser Kuo hingewiesen hat.[40]

Fazit

Zusammenfassend lässt sich sagen, dass in China zwei auf den ersten Blick gegensätzliche Elemente zusammenkommen – eine staatlich gelenkte planerische Politik, die eine digital-industrielle Modernisierungsagenda vorantreibt auf der einen

40 Gordana Mijuk/Victor Merten/Kaiser Kuo: »Die USA und China sind beide extrem arrogante Länder«, in: Neue Zürcher Zeitung, 10.11.2018.

Seite und ein dynamischer privatkapitalistischer Digitalsektor auf der anderen. Beide speisen die immense digitale Datenmenge, die in diesem Riesenland erhoben wird, als Ressource für planerisches Vorgehen ein in ihre Feedback-Infrastrukturen und nutzen sie so als Grundlage für detaillierte Planung – von Echtzeit-Regulierung auf der Mikro- bis zum Jahrhundertprojekt Aufbau des Sozialismus mit chinesischen Charakteristika auf der Makro-Ebene.

Parallelen zu Phasen der Neuen Ökonomischen Politik in der Sowjetunion oder in der DDR sind deutlich erkennbar, in denen ebenfalls marktwirtschaftlich-kapitalistische Zustände zugelassen wurden, allerdings zeichnet den Realsozialismus chinesischer Prägung aus, dass er digital und datengetrieben ist. Das neue Planen ist ein mit Echtzeit-Daten gefüttertes, sich ständig korrigierendes Planungskontinuum, das gleichzeitig dem Ideal des auf Dauer gestellten Experimentierraums gerecht zu werden sucht. Ein drittes Steuerungsmodell entsteht, keine Wiederkehr des Plans, sondern *planning*.

Auch zeigt sich, dass Markt und Plan gar nicht die Gegensätze sind, als die sie in der Debatte seit Hayek und Co., verstärkt durch die Systemkonkurrenz zwischen Sozialismus und Kapitalismus, meist verhandelt werden: In Anlehnung an Philipp Staabs Beschreibung von plattformkapitalistischen Akteuren als »proprietäre Märkte«, als monopolistische Marktplätze, auf denen die Betreiber der Plattform selbst als Akteure auftreten, könnte man das Bild der Plattform auf Chinas digitale Ökonomie insgesamt übertragen: Wir haben es mit einem proprietären, staatlich kontrollierten Markt zu tun, auf dem staatlich gelenkte Akteure eine große Rolle spielen: Chinas real existierender Plattform-Sozialismus.

Teil III
Planung jenseits des digitalen Kapitalismus

Christopher Wimmer

Befreiung durch Technik?

»General intellect« und »kapitalistische Produktionsweise« bei Karl Marx

Technologische Veränderungen sind im Kapitalismus nichts Ungewöhnliches – von der Dampfmaschine über das Fließband bis hin zum Computer. Das Konkurrenzprinzip zwingt Unternehmen dazu, ständig besser zu sein als andere, zu erfinden, zu investieren und produktiver zu werden. Tun sie das nicht, gehen sie unter. Eine Folge davon ist, dass Menschen durch Maschinen ersetzt werden. Im 21. Jahrhundert hat sich diese Entwicklung verstärkt. Dabei spielt Wissen als Produktivkraft eine zunehmend wichtige Rolle. In den aktuellen Diskussionen um Digitalisierung kursiert die Behauptung, Wissen sei nicht nur Voraussetzung der Produktion, sondern inzwischen zu ihrem dominierenden Bestandteil geworden, basierend auf der ungeheuren Masse an vorhandenen, erhobenen und zirkulierenden Informationen.

Aber was passiert eigentlich genau, wenn beispielsweise Facebook Benutzerinformationen wie Geschlecht, Alter oder private Vorlieben zu Werbezwecken weiterverkauft und die Benutzer dann passgenaue und personalisierte Werbung erhalten? Wer arbeitet hier, wem gehören in diesem Prozess die Produktionsmittel und welche sind dies? Ist die digitale Ökonomie mit klassischen Begriffen noch angemessen zu verstehen oder sind diese obsolet geworden? Und schließlich: Könnte es sein, dass die Digitalisierung zur Überwindung des Kapitalismus beiträgt, indem sie die kapitalistische Produktionsweise nicht nur verändert, sondern über sich hinaustreibt?

Solche Vorstellungen und Hoffnungen gibt es auch in marxistischen Diskussionen, vor allem geprägt von der Theorieströmung des Postoperaismus, die sich dabei auf Marx' Überlegungen zum »general intellect« beruft. Gegen diese Sicht schlage ich vor, die Digitalisierung als Wandel *innerhalb* der kapitalistischen Produktionsweise zu verstehen, dem man mit genauer Anwendung der Kritik der politischen Ökonomie die Spur kommen kann.[1]

Der »general intellect« bei Marx

Was passiert, wenn Wissen zur Hauptproduktivkraft wird und dadurch der Anteil konkreter menschlicher Arbeit im Produktionsprozess abnimmt, mit dieser Frage hat sich Marx im Abschnitt über fixes Kapital und Produktivkraftentwicklung in den »Grundrissen der Kritik der politischen Ökonomie« aus den Jahren 1857/58 beschäftigt.[2] Auf einigen wenigen Seiten, die als »Maschinenfragment« populär geworden sind,[3] gilt Marx' Interesse der »Verwandlung des Produktionsprozesses aus dem einfachen Arbeitsprozess in einen wissenschaftlichen Prozess«,[4] den man am »Stand der Wissenschaft und dem Fortschritt der Technologie«[5] ablesen könne. Die Arbeitsmittel und Werkzeuge durchlaufen im kapitalistischen Produktionsprozess »verschiedene Metamorphosen [...] deren letzte die *Maschine* ist oder vielmehr ein automatisches System der Maschinerie«.[6] Für diesen Prozess ist Forschung und technologische Entwicklung nötig. Die Werkzeuge und Maschinen sind gespeicherte gesellschaftliche Erfahrung und dienen dazu, die Produktion zu erleichtern: Wer einmal einen Akkuschrauber benutzt hat, wird so schnell nicht wieder freiwillig zu einem manuellen Schraubenzieher wechseln wollen. So weit der positive Aspekt dieser Entwicklung.

Der negative liegt darin, dass die menschliche Arbeitskraft zunehmend »bestimmt und geregelt [wird] durch die Bewegung der Maschinerie, nicht umgekehrt«.[7] Charlie Chaplin als

1 Vgl. Florian Butollo/Sabine Nuss (Hrsg.): Marx und die Roboter. Vernetzte Produktion, Künstliche Intelligenz und lebendige Arbeit, Berlin 2019.

2 Karl Marx: Grundrisse der Kritik der politischen Ökonomie, in: ders./Friedrich Engels: Werke, Berlin 1956ff. [MEW], Bd. 42, S. 596–609.

3 Christian Lotz: Maschinenfragment, Hamburg 2014.

4 Marx: Grundrisse, MEW, Bd. 42, S. 596.

5 Ebd., S. 600.

6 Ebd., S. 592.

7 Ebd.

vom Fließband abhängiger Arbeiter im Film »Modern Times« ist hierfür das augenfälligste Beispiel. Das Wissen, das in den Maschinen verkörpert ist, hilft nicht den Beschäftigten, sondern erscheint »als Eigenschaft des Kapitals, und bestimmter des *Capital fixe*, soweit es als eigentliches Produktionsmittel in den Produktionsprozess eintritt«.[8]

Bis hierhin haben wir es mit einer Analyse der Verhältnisse zu tun, wie Marx sie Mitte des 19. Jahrhunderts beobachten konnte.[9] Im Zuge der Industrialisierung erlangte die große Maschinerie in der Produktion eine immer größere Bedeutung, die einzelnen Arbeiter spielten dagegen in der zerstückelten Produktion eine immer geringere Rolle.

Doch blieb Marx nicht bei der Beschreibung dieser Situation stehen, sondern dachte den Prozess weiter, woraus sich »eine prognostische soziale Fantasie« entzündete, »die diesem kleinen Abschnitt der ›Grundrisse‹ eine herausragende Bedeutung verleiht«.[10] Dies gelang Marx dadurch, dass er den zugrunde liegenden Systemwiderspruch des Kapitalismus auf den Punkt brachte: »Das Kapital ist selbst der prozessierende Widerspruch [dadurch], dass es die Arbeitszeit auf ein Minimum zu reduzieren strebt, während es andrerseits die Arbeitszeit als einziges Maß und Quelle des Reichtums setzt. [...] Nach der einen Seite hin ruft es also alle Mächte der Wissenschaft und der Natur [...] ins Leben, um die Schöpfung des Reichtums unabhängig (relativ) zu machen von der auf sie angewandten Arbeitszeit. Nach der andren Seite will es diese so geschaffnen riesigen Gesellschaftskräfte messen an der Arbeitszeit und sie einbannen in die Grenzen, die erheischt sind, um den schon geschaffnen Wert als Wert zu erhalten.«[11]

Marx fragte also nach dem Effekt, wenn der Anteil des Wissens und der Maschinerie immer weiter zunimmt. Er spielte diese Entwicklung wie ein Mathematiker durch, der eine asym-

8 Ebd., S. 594.

9 Vgl. Wolfgang Fritz Haug: High-Tech-Kapitalismus. Analysen zu Produktionsweise, Arbeit, Sexualität, Krieg und Hegemonie, Hamburg 2003, S. 47.

10 Ebd., S. 45.

11 Marx: Grundrisse, MEW, Bd. 42, S. 601f.

ptotische Kurve beschreibt. »In dem Maße aber, wie die große Industrie sich entwickelt, wird die Schöpfung des wirklichen Reichtums abhängig weniger von der Arbeitszeit und dem Quantum angewandter Arbeit, als von der Macht der Agentien, die während der Arbeitszeit in Bewegung gesetzt werden und die selbst wieder [...] abhängt vom allgemeinen Stand der Wissenschaft und dem Fortschritt der Technologie, oder der Anwendung dieser Wissenschaft auf die Produktion.«[12]

Der Endpunkt wäre die komplett automatisierte Welt mit einem verbliebenen Superroboter, der nur noch einen einzigen Menschen braucht, der alles überblickt und den An/Aus-Knopf bedient. Die Zentralität der menschlichen Arbeitskraft wäre damit aufgehoben. »Die Arbeit erscheint nicht mehr so sehr in den Produktionsprozess eingeschlossen, als sich der Mensch vielmehr als Wächter und Regulator zum Produktionsprozess selbst verhält. [...] Er tritt neben den Produktionsprozess, statt sein Hauptagent zu sein.«[13] Die Verwissenschaftlichung der Produktion führe in der Tendenz dazu, so Marx' Spekulation, dass mit einem Minimum an notwendiger Arbeitszeit ein Höchstmaß an gesellschaftlichem Reichtum geschaffen werden kann. Dann könnten die Arbeiter als »Wächter und Regulatoren« auf empirischer und vernünftiger Basis die Ökonomie planen. Die Automatisierung und die damit einhergehende Beherrschung der Natur ermögliche auch die »Schöpfung von viel disposable time«,[14] also Freizeit der Menschen jenseits der Mehrwertproduktion.

Die zunehmende Bedeutung des »general intellect« – wenn »das allgemeine gesellschaftliche Wissen, knowledge, *zur unmittelbaren Produktivkraft* geworden ist und daher die Bedingungen des gesellschaftlichen Lebensprozesses selbst unter die Kontrolle des general intellect gekommen und ihm gemäß umgeschaffen sind«[15] – läutet einen systemüberwin-

12 Ebd., S. 600.

13 Ebd., S. 601.

14 Ebd., S. 603.

15 Ebd., S. 602. Marx selbst gebraucht den Begriff »general intellect« nur ein einzlges Mal in seinem ganzen Werk.

denden Prozess ein. Mehr Wissen, Kreativität und Kommunikation würden letztlich auf folgendes Szenario hinauslaufen: »Sobald die Arbeit in unmittelbarer Form aufgehört hat, die große Quelle des Reichtums zu sein, hört und muß aufhören, die Arbeitszeit sein Maß zu sein und daher der Tauschwert [das Maß] des Gebrauchswerts. Die *Surplusarbeit der Masse* hat aufgehört, Bedingung für die Entwicklung des allgemeinen Reichtums zu sein. [...] Damit bricht die auf dem Tauschwert ruhende Produktion zusammen.«[16]

Ein technologischer Weg zum Kommunismus?

Die »Grundrisse« spielten im Marxismus lange keine große Rolle. Erstmalig wurden die Manuskripte zwischen 1939 und 1941 in Moskau veröffentlicht. Während des Zweiten Weltkriegs wurde ihnen wenig Beachtung geschenkt, auch der deutschen Neuauflage von 1953 erging es ähnlich. Anders verhielt es sich mit der ersten italienischen Übersetzung des »Maschinenfragments«, die 1964 in der Zeitschrift *Quaderni Rossi* erschien.[17] Der marxsche Text war in der dortigen dissidenten Theoriefraktion des Operaismus von entscheidender Bedeutung,[18] doch sollten es deren Erben sein, bekannt unter dem Verlegenheitsnamen Postoperaismus, die mit einer neuen Lesart den Text zu einem Schlüssel der Gegenwartsanalyse machen sollten.

Bedeutendster Vertreter dieser Theorieströmung ist der Politikwissenschaftler Antonio Negri. In seinen 2019 erstmals auf Deutsch publizierten Vorlesungen »Über das Kapital hinaus«[19] von 1979 setzt sich Negri intensiv mit dem »Grundrissen« auseinander. Speziell in der siebten Vorlesung zitiert er seitenlang Abschnitte des »Maschinenfragments«.[20] Negris

16 Ebd., S. 601.

17 In Deutschland wurden die »Grundrisse« nach 1968 durch Roman Rosdolskys Studie »Zur Entstehungsgeschichte des Marxschen ›Kapital‹« breiter diskutiert. Ein Jahr zuvor war die französische Übersetzung erschienen, 1973 folgte die englische Fassung.

18 Massimiliano Tomba/Riccardo Bellofiore: Lesarten des Maschinenfragments, in: Marcel van der Linden/Karl Heinz Roth (Hrsg.): Über Marx hinaus, Berlin/Hamburg 2011, S. 407–432.

19 Antonio Negri: Über das Kapital hinaus, Berlin 2019.

20 Ebd., S. 185–199.

Interesse am »general intellect« gilt dessen Potenzial für den Übergang zum Kommunismus. Die Verwissenschaftlichung der Produktion mache es möglich, dass durch den Einsatz von Maschinen Arbeit zunehmend ihren Charakter als mühselige Anstrengung verliert. Negri geht dabei von einem neuen Verständnis der Arbeiterklasse aus. Seine Beobachtung veränderter Arbeitsformen und der sozialen Kämpfe einerseits sowie seine Überlegungen zu den »Grundrissen« lassen Negri vom »gesellschaftlichen Arbeiter«[21] sprechen. Dieser *operaio sociale* sei durch die zunehmende Vergesellschaftung der Arbeit, also der Ausdehnung der Arbeitsteilung sowie der Durchdringung aller Lebensbereiche mit Konsumgütern und Dienstleistungen und der Verbreitung mobiler und individualisierter Beschäftigungsverhältnisse, hoch flexibel, kommunikativ und mit einer starken Sozialkompetenz ausgestattet.

Die Kommunikation der Arbeiter untereinander ermögliche verstärkte Kooperation und Zusammenarbeit, ihr wachsendes Wissen befruchte sich gegenseitig. Die »autonome Kooperation« verweise bereits auf den Kommunismus, so Paolo Virno. »Der general intellect fällt mit der Kooperation zusammen, mit dem Konzert der lebendigen Arbeit, mit der kommunikativen Kompetenz der Individuen.«[22] Negri und Virno übernehmen dabei direkt die marxsche These aus dem »Maschinenfragment«, wonach »das allgemeine gesellschaftliche Wissen [...] *zur unmittelbaren Produktivkraft* geworden ist«.[23]

Aktuell hat sich der britische Journalist Paul Mason in seinem Buch »Postkapitalismus«[24] dieser Lesart der »Grundrisse« angeschlossen. Für ihn ist das Szenario des »Maschinenfragments« bereits Realität. »Der Kapitalismus ist ein komplexes, anpassungsfähiges System, das jedoch an die Grenzen seiner Anpassungsfähigkeit gestoßen ist«,[25] so seine Ausgangsthese.

21 Vgl. Roberto Battagia: Massenarbeiter und gesellschaftlicher Arbeiter, in: Jobber Initiative Karlsruhe (Hrsg.): Lesebuch zur Nicht-Arbeit, Karlsruhe 1981, S. 27–45.

22 Paolo Virno: Grammatik der Multitude: Untersuchungen zu gegenwärtigen Lebensformen, Berlin 2005, S. 64.

23 Marx: Grundrisse, MEW, Bd. 42, S. 602.

24 Paul Mason: Postkapitalismus. Grundrisse einer kommenden Ökonomie, Berlin 2016.

25 Ebd., S. 14.

Die Welt der Netzwerke, der Kooperation und des digitalen Überflusses habe die Marktkräfte ihrer Fähigkeit beraubt, die wirtschaftliche Dynamik anzuregen. Stattdessen schaffe sie die Bedingungen für eine postkapitalistische Wirtschaft.[26] Im Kapitalismus des digitalen Zeitalters seien Informationen und Digitalgüter zur Massenware geworden. Die Produktionskosten jeder weiteren Einheit – jeder weiteren Kopie oder jeder weiteren mp3 – tendieren gegen null, wodurch kein Profit mehr möglich sei. Hierbei bezieht sich Mason ausdrücklich auf Jeremy Rifkins Vorstellungen von sinkenden Grenzkosten.[27] Masons Plädoyer für einen »revolutionären Reformismus« mündet in ein neues »Projekt Null«,[28] dessen Ziele eine Energieversorgung mit null Emissionen, die Erzeugung von Maschinen, Produkten und Dienstleistungen mit null Grenzkosten und die weitgehende Beseitigung der Arbeit sind. Zentral ist dabei auch die Forderung nach einem Grundeinkommen für alle, das die Trennung von Arbeit und Einkommen institutionalisieren solle.[29]

In eine ähnliche Richtung argumentieren Nick Srnicek und Alex Williams in ihrem Buch »Die Zukunft erfinden«.[30] Dort schlagen sie eine Post-Arbeitsgesellschaft vor, also eine Gesellschaft, in der Menschen ohne Arbeit gut leben können. Srnicek und Williams greifen die These der Vollautomatisierung auf, wonach der Anteil menschlicher Arbeitskraft verschwindend gering und die Waren daher wertlos würden. Die politische Linke sollte gemeinschaftlich für Automatisierung, für Verkürzung der Arbeitszeit, für ein bedingungsloses Grundeinkommen und gegen das neoliberale Arbeitsethos kämpfen.

Alle diese Autoren stützen sich bei ihren Überlegungen auf den Aspekt des »Maschinenfragments«, wonach der »general intellect« *an sich* zur eigentlichen Quelle der Wertschöpfung

26 Vgl. ebd., S. 234.

27 Jeremy Rifkin: Die Null-Grenzkosten-Gesellschaft, Frankfurt a. M. 2014.

28 Mason: Postkapitalismus, S. 337–371.

29 Kritisch: Florian Butollo/Yannick Kalff: Entsteht der Postkapitalismus im Kapitalismus?, in: PROKLA 187, 2017, S. 291–308.

30 Nick Srnicek/Alex Williams: Die Zukunft erfinden. Postkapitalismus und eine Welt ohne Arbeit, Berlin 2016.

geworden sei. Wissen sei ein besonderes Produkt gemeinschaftlicher Arbeit, das sich durch seine Nutzung nicht verbraucht. In den aktuellen Debatten um Digitalisierung wird behauptet, die kapitalistische Produktionsweise sei an ihr Ende gekommen: Die technologische Entwicklung eröffne die Möglichkeit für eine automatisierte, vernetzte und digitalisierte Ökonomie. In der postoperaistischen Theorietradition wird das »Maschinenfragment« als prophetischer Bezugspunkt für die Überwindung des Kapitalismus gesehen.[31] Aktuell sei, so Manuel Castells, damit zum »ersten Mal in der Geschichte [...] der menschliche Verstand eine unmittelbare Produktivkraft und nicht nur ein entscheidendes Element im Produktionssystem«.[32]

Folgt man dieser Marx-Lektüre, ist durch die steigende Bedeutung des Wissens und der immateriellen Arbeit der Rahmen des marxschen Wertgesetz gesprengt.[33] »Sobald das Wertgesetz – das die kapitalistische Entwicklung antreibt – zusammenbricht, erschöpft sich auch die Fähigkeit des Kapitals, die produktive (immaterielle, kognitive, affektive, sprachliche usw.) Kraft der Arbeit zu begrenzen«, behauptet Negri.[34] Diese allseitige Entfaltung der Individuen sei vom Kapital nicht mehr einzufangen und der gesellschaftliche Reichtum werde allgemein, die Arbeit zur »Aktivität [und] reine[n], kreative[n] Produktivkraft, Erfindungskraft«.[35]

Für Negri bildet Marx' Diskussion des »general intellect« den »Höhepunkt der marxschen Untersuchung«.[36] Er glaubt, dass »die Prophezeiung von Marx bereits in Erfüllung gegangen ist: Nicht mehr die Arbeit schafft Wohlstand, sondern Wissenschaft und Technik – der ›general intellect‹ –, deren Ort

31 Christian Lotz: Kommunismus des Kapitals?, Einleitung zu: ders.: Maschinenfragment, Hamburg 2014.

32 Manuel Castells: Der Aufstieg der Netzwerkgesellschaft, Opladen 2001, S. 34.

33 Vgl. Negri: Kapital, S. 196.

34 Antonio Negri: The Porcelain Workshop. For a New Grammar of Politics, Los Angeles 2008, S. 21f.

35 Antonio Negri: Massenautonomie gegen historischen Kompromiß, München 1977, S. 136.

36 Negri: Kapital, S. 36.

nicht die Fabrik, sondern die Gesellschaft ist. Der Kapitalismus ist bereits tot, von seiner eigenen Entwicklung überholt, ökonomisch nutzlos geworden. Er überlebt als schierer Wille zur Macht, als bloßer ›politischer‹ Zwang, abgekoppelt vom Ziel der Mehrwertproduktion.«[37]

Bei alledem wird jedoch völlig verkannt, dass die Einbindung von Wissen und Kommunikation nicht nur neue Freiheitsgrade mit sich bringen kann, sondern auch neue Ausbeutungsformen entstehen können. Wissen muss mehr als bearbeitbarer Rohstoff begriffen werden denn als fertiger Produktionsfaktor. Den Fokus auf Formen der gemeinschaftlichen Wissensproduktion wie Wikipedia zu legen (wie häufig bei Mason) vergisst, dass die meisten Neuerungen der Digitalisierung (in der Nanotechnologie, 3D-Drucker oder im Maschinenbau) äußerst kapitalintensiv sind. Anderes kollektiv erarbeitetes Wissen (z.B. GitHub oder Android) entsteht ebenfalls durch fachlich hoch spezialisierte Lohnarbeit und ist subsumiert unter das Kapitalverhältnis.

Ausweg Produktionsweise

Will man den aktuellen, als Digitalisierung benannten Wandel der Produktionsweise mit Marx verstehen, hilft die postoperaistisch inspirierte Lektüre der »Grundrisse« nicht weiter, da sie sich kritiklos auf das »Maschinenfragment« bezieht.[38] Dort betont Marx nicht nur die Möglichkeit des Zusammenbruchs des Kapitalismus, sondern seine Notwendigkeit. Die Produktivkraftentwicklung ermögliche ab einem bestimmten Punkt nicht mehr nur die Befreiung, sondern führe sie automatisch herbei. In den »Grundrissen« unterscheidet Marx noch

37 Maria Turchetto: From »Mass Worker« to »Empire«: The Disconcerting Trajectory of Italian Operaismo, in: Jacques Bidet/Eustache Kouvélakis (Hrsg.): Critical Companion to Contemporary Marxism, Chicago, 2009, S. 285–308, hier S. 296.

38 Eine ähnliche Kritik haben formiert: Haug: High-Tech-Kapitalismus, S. 43–51; Massimiliano Tomba: Differentials of Surplus-Value In The Contemporary Forms of Exploitation, in: The Commoner 12, 2007, S. 23–37; Michael Heinrich: The Fragment on Machines. A Marxian misconception in the »Grundrisse« and its overcoming in »Capital«, in: Riccardo Bellofiore/Guido Starosta/Peter D. Thomas (Hrsg.): In Marx's Laboratory: Critical Interpretations of the Grundrisse, Leiden 2013, S. 197–212.

nicht klar zwischen der gesellschaftlichen Formbestimmung von Arbeit und ihrem konkreten Inhalt. Es gilt daher, mit Marx weiterzuarbeiten.[39] Hierzu schlage ich vor, den Begriff kapitalistische Produktionsweise aufzugreifen und Digitalisierung als einen Wandel der Produktionsweise zu verstehen.

Marx kennzeichnet die Produktionsweise im Vorwort des Textes »Zur Kritik der politischen Ökonomie« von 1859 als die widersprüchliche Einheit von Produktivkräften und Produktionsverhältnissen; ihre Gesamtheit bilde die »ökonomische Struktur der Gesellschaft«.[40] Im »Kapital« bezeichnet Marx mit dieser Struktur, was allen »Gesellschaften, in denen kapitalistische Produktionsweise herrscht«,[41] gemeinsam ist, unterscheidet dort aber auch Produktionsweisen von kapitalistischen Gesellschaften und macht somit eine Binnendifferenzierung innerhalb des Kapitalismus möglich. Mit dem Begriff Produktionsweise können somit sowohl Unterschiede zu nichtkapitalistischen Produktionsweisen als auch verschiedene Ausprägungen *innerhalb* des Kapitalismus verstanden werden.

Zu den Spezifika der kapitalistischen Produktionsweise[42] gehören die private Warenproduktion (I), die doppelt freie Lohnarbeit (II), der Klassenantagonismus (III), der Verwertungs- und Akkumulationsprozess des Kapitals (IV) und dessen Krisenanfälligkeit (V). Ebenso schließt der Begriff »ein komplexes System von Beziehungen ein«,[43] sodass darunter auch die entsprechenden politischen, juristischen, ideologischen und kulturellen Reproduktionsweisen (VI) der Gesellschaft fallen.

39 Das Marx dies selbst auch gemacht hat, zeigt sich darin, dass die Phänomene, die er im Zusammenhang mit dem capital fixe analysierte, später wieder im ersten Band des Kapitals bei seiner Analyse der Produktion des relativen Mehrwerts auftauchen jedoch ohne die Behauptung, dass Arbeit nicht mehr Wertsubstanz sei oder dass Arbeit als Wertmaß in Frage gestellt werde (vgl. Karl Marx: Das Kapital. Erster Band, in: MEW, Bd. 23, S. 382, 446).

40 Karl Marx: Zur Kritik der politischen Ökonomie, in: MEW, Bd. 13, S. 3–160, hier S. 8.

41 Marx: Kapital I, MEW, Bd. 23, S. 49.

42 Marc Abeles: Produktionsweise, in: Georges Labica (Hrsg.): Kritisches Wörterbuch des Marxismus, Bd. 6, Berlin 1987, S. 1058–1064; Wolfgang Fritz Haug: kapitalistische Produktionsweise, in: Ders./Frigga Haug (Hrsg.): Historisch-kritisches Wörterbuch des Marxismus, Bd. 7/I, Hamburg 2008, S. 292–316.; W.F. Haug: High-Tech-Kapitalismus, S. 27–42.

43 Abeles: Produktionsweise, S. 1063.

Produktionsweise: Digitalisierung?

Wenn hier unter Digitalisierung ein Wandel der Produktionsweise verstanden werden soll, dann werden damit keineswegs Veränderungen kleingeredet. Denn ohne Zweifel wurde in den »entwickelten Zonen des Weltkapitalismus die monoton-repetitive, standardisierte Massenarbeit zu einem subalternen Moment heruntergedrückt, während die auf dem neuen Niveau angesiedelten Arbeitsbeziehungen einen enormen Wandel durchmachten, der sich etwa [...] in sprunghaft gesteigerten Anforderungen kommunikativer Kompetenz und eigenständigen Mitdenkens niederschlug«.[44] Durch die wachsende Vernetzung mithilfe von Internet und Just-in-time-Produktion sind Raum und Zeit zusammengeschrumpft. Die Menschen werden auch jenseits der direkten Produktion immer stärker in den digitalen Kapitalismus eingebunden. Plattformen, Rankings und Ratings[45] stehen hierfür symptomatisch. Wolfgang Fritz Haug zufolge hat diese Veränderung gar eine »neue geschichtliche Materialität«[46] hervorgebracht.

Doch auch der Kapitalismus des digitalen Zeitalters braucht eine materielle Basis: Keine Software kommt ohne Hardware aus. Informationen und Algorithmen benötigen eine Basis in Form von Speichermedien, Kabeln und Servern, auf denen sie laufen und durch die sie verbunden werden. Die Kommunikationsnetze zwischen den Geräten müssen geschaffen, erhalten und organisiert werden.[47] Die Digitalisierung im Kapitalismus ist somit an physische Bedingungen gebunden. Information entsteht auch nicht einfach so. Es kostet Energie, sie zu erzeugen, zu verbreiten und zu speichern. All dies setzt industrielle Massenproduktion voraus. Begreift man Kapitalismus als ein System, dass *a priori* auf einen Weltmarkt angewiesen ist, sieht man, dass die oben genannten Spezifika der kapitalistischen Produktionsweise gleichgeblieben sind.

---

44 Haug: High-Tech-Kapitalismus, S. 36.

45 Vgl. Steffen Mau: Das Metrische Wir. Über die Quantifizierung des Sozialen, Berlin 2017.

46 Haug: High-Tech-Kapitalismus, S. 37.

47 Ebd., S. 86.

Auch ein Kapitalismus, der auf Informationen beruht, verliert nicht die Ware als Elementarform (I). Denn jede Information wird nur durch privates Eigentumsrecht (Copyright) für den Verwertungsprozess interessant.

Somit wird die freie Lohnarbeit (II) durch die Digitalisierung ebenfalls nicht verschwinden – im Gegenteil setzt sie eine »räumliche Restrukturierung«[48] der Lohnarbeit voraus. Am Beispiel der Produktion von Smartphones wird dies deutlich: Die Hunderttausenden Tonnen Kobalt, Kupfer oder Aluminium, die für ihre Herstellung nötig sind, werden unter meist erbärmlichen Sozial- und Umweltstandards in den Ländern der Dritten Welt abgebaut. Die Jagd nach Rohstoffen befeuert dabei die weltweite Bergbauindustrie. Auch all die Kabel und Leitungen, die Serverparks und Rechenzentren, die wir zwar nie sehen, die aber die materielle Basis der angeblich immateriellen Ökonomie darstellen, müssen erst einmal produziert und errichtet werden. Um all dies aufzubauen und zu erhalten, bedarf es eines globalen Proletariats, dass noch nie so groß war wie gegenwärtig.

Daraus ergibt sich, dass die globale Klassenspaltung (III) keineswegs aufgehoben ist, die sich auch in den »digitalisierten« Ländern wiederfindet. Denn was passiert mit all denen, die mit den aktuellen Entwicklungen nicht schritthalten können? Die Jobs, die mit der Digitalisierung entstehen, werden nur zu einem geringen Teil gut bezahlt sein. Der kleinen Gruppe von Programmierern oder IT-Spezialisten wird die große Mehrheit der Beschäftigten bei Lieferketten, in Lagerhallen oder als Gelegenheitsjobber und Crowd- und Clickworker gegenüberstehen.

Ohne Zweifel hat sich im digitalen Kapitalismus viel geändert. Wir sind mit komplett neuen Eigentumsverhältnissen konfrontiert und doch funktioniert der Verwertungs- und Akkumulationsprozess des Kapitals (IV) in der digitalen Welt. Nur wie? Zum einen durch Sperren und Freigeben von Inhalten gegen Geld, zum anderen durch Sammeln, Weiterverarbei-

48 Stefan Schmalz: Das weltweite Industrieproletariat – ein Gespenst von gestern?, in: Tine Haubner/Tilman Reitz (Hrsg.): Marxismus und Soziologie, Weinheim 2018, S. 39–49, hier S. 39.

ten und den Verkauf von Daten und Werbung. Hierbei »bildet sich eine Ökonomie der Zugangsbesteuerung oder des Abonnements heraus«,[49] in der selbst aber kein Wert *geschaffen*, sondern lediglich *übertragen* wird.[50] Der Postoperaismus übersieht, dass Informationen nicht freischwebend existieren, sondern sich ihr Wert »durch die Entwicklungsarbeit bestimmt. Ihre Preisbildung hängt von den taktischen Möglichkeiten der jeweiligen Marktkonstellation und ggf. dem temporären Monopol ab.«[51]

Die Digitalisierung wird auch die Krisenhaftigkeit (V) des Kapitalismus nicht beenden. Denn so leicht digitale Güter vervielfältigt werden können, so unsicher ist ihre Erfindung, Fortschritte sind nicht gesichert. Ebenso haben weder Smartphones noch Plattformökonomie wesentliche Produktivitätssteigerungen mit sich gebracht.

All dies hat Folgen nicht nur für die materielle Produktion, sondern auch für die Produktion von Ideologie (VI). In der Digitalisierung, die kognitive Fähigkeiten hervorhebt, steht der Produktionsprozess den Arbeitern nicht mehr nur gegenständlich gegenüber, sondern betrifft auch ihre ›Hirne und Herzen‹. Mit dem Wandel der Arbeitswelt[52] geht deshalb ein Wandel der Subjektivitäten einher.

Schluss

Die Grundlagen der kapitalistischen Produktionsweise stellt die Digitalisierung nicht infrage, weil die Technik lediglich die Voraussetzungen für gesellschaftlichen Wandel bereitstellt, ihn aber nicht erzeugt oder gar notwendig macht. Ursache und Folge werden verwechselt. Es ist nicht die Technologie, die den Fortgang des Kapitalismus bestimmt, sondern umgekehrt.

Die Digitalisierung mag zu einer Veränderung der Produktionsweise führen, sie bedeutet aber nicht ein Ende der kapi-

49 Haug: High-Tech-Kapitalismus, S. 81.

50 Ebd., S. 40.

51 Ebd., S. 85.

52 Christopher Wimmer: Industrie 4.0. Neue Herausforderungen für die europäische Arbeitswelt, Brüssel 2019.

talistischen Produktionsweise. Waren müssen weiterhin produziert werden und globale Hierarchien bleiben bestehen. Digitalisierung und Kapitalismus scheinen sich bisher gut zu verstehen.

Die grundsätzlichen Regeln des Kapitalismus gelten immer noch, aber die gesellschaftlichen Verhältnisse ändern sich. Verschiedene gesellschaftliche Bereiche werden vermittelt über digitale Technologien neu strukturiert. Arbeitsverhältnisse und Arbeitszeiten ändern sich, es gibt immer mehr Working Poor und befristete Jobs. Das ist eine Tendenz, die auch in nichtdigitalisierten Bereichen zu beobachten ist. Durch Informations- und Kommunikationstechnologien gibt es jedoch nicht nur einen verstärkenden, sondern auch einen neuen Effekt: neue Subjektivitäten, neue Arten, die Arbeiter zu disziplinieren, aber auch neue Fragen, wie die Arbeit in das Leben zurückwirkt. All das passiert nicht bruchlos. Da sind Widersprüche, es gibt subversive Potenziale.

Unter kapitalistischen Bedingungen bedeutet technischer Fortschritt nicht zwingend sozialen Fortschritt – er kann sogar in sein Gegenteil umschlagen. Unter den aktuellen Bedingungen führt Modernisierung in der Produktion eher zu Entlassungen und nicht zu Arbeitszeitverkürzung.[53] Das liegt nicht an der Technik *an sich*, sondern an der Dynamik ihrer kapitalistischen Verwertung. Technik könnte Marx zufolge so eingesetzt werden, dass die gesellschaftlich notwendige Arbeit auf ein Minimum reduziert wird. In einer postkapitalistischen Gesellschaft wäre Technik dem Menschen ein Helfer, die ihn nicht überflüssig macht, sondern freie Zeit verschafft und die Möglichkeit eröffnet, heutzutage vernachlässigte Tätigkeiten wie Pflege aufzuwerten. Mit der Digitalisierung wäre es möglich, die Herstellung und Verteilung der Güter vernünftig zu planen. Dies muss allerdings gewollt und gemacht werden.

53 Ebd., S. 18f.

Jens Schröter

Die sozialistische Kalkulationsdebatte und die Commons

Einleitung

Es gibt in der gegenwärtigen Diskussion über Alternativen zum Kapitalismus[1] zwei seltsam unverbundene, nebeneinanderstehende Strömungen: eine erste, die ich »sozialistische Kalkulationsdebatte 2.0« (SKD), und eine zweite, die ich ebenso vereinfachend die »Commons-Debatte« (CD) nennen will. Obwohl es Berührungspunkte zwischen beiden zu geben scheint, wurden diese bislang kaum diskutiert.[2]

Die erste Debatte begann in den 1920er- und 1930er-Jahren.[3] Es ging wesentlich um die Frage, ob eine sozialistische Ökonomie, unter der man zu dieser Zeit die Lenkung der Ökonomie durch Zentralplanung und/oder marktsozialistische Modelle verstand, funktionieren könne oder nicht. Die Begründer der ›österreichischen Schule‹, Ludwig von Mises und Friedrich August von Hayek, bestritten das energisch gegen ihre ebenso energischen Gegner wie Oskar Lange oder Abba P. Lerner. Vereinfacht war das Argument, dass eine zentrale Planung (selbst wenn sie mit Preissignalen arbeitet) nicht die *Informationen* würde haben und/oder verarbeiten können, die notwendig sind, damit die Ökonomie funktioniert (besonders hinsichtlich der Produktion von Produktionsmitteln). Man kann nicht wissen, was wie von wem wann und auf welche Weise mit welchen Rohstoffen in welcher Menge

1 Bzw. der Marktwirtschaft – wenn man beides gleichsetzt, was keineswegs von allen Autoren geteilt wird.

2 Außer bei Simon Sutterlütti/Stefan Meretz: Kapitalismus aufheben. Eine Einladung, über Utopie und Transformation neu nachzudenken, Berlin 2018, S. 179f. Deswegen werde ich noch auf einige Punkte aus diesem Buch genauer einzugehen. In der Literatur zu Elinor Ostrom (s. u.) gibt es vereinzelte Bezüge.

3 Aus der unüberschaubaren Debatte vgl. Karin I. Vaughn: Economic Calculation under Socialism. The Austrian Contribution, in: Economic Inquiry XVIII, Oktober 1980, S. 535–554, sowie ganz aktuell Evgeny Morozov: Digital Socialism? The Calculation Debate in the Age of Big Data, in: New Left Review 116/117, 2019, S. 33–67.

produziert werden soll, damit die Menschen bekommen, was sie brauchen.[4] Die Diskussion wogte hin und her, und die schwere Krise 1929 und in ihrer Folge die Durchsetzung stärker regulierter Ökonomien (New Deal, Nachkriegskeynesianismus, Erfolge des realen Sozialismus) schienen Mises und Hayek zu widerlegen. Szenenwechsel: 1989/90 brach der Ostblock zusammen, der miserable Zustand der geplanten Ökonomien wurde sichtbar, mit Reagan und Thatcher setzten sich Hayek zumindest nahestehende neoliberale Politiken durch. Nun wurden das Ende der Geschichte und der Triumph der Marktwirtschaft verkündet. Zahlen schienen zu belegen, dass die absolute Armut zurückgegangen war. Die Frage nach einer Alternative zum Kapitalismus war vom Tisch; Mises und Hayek waren rehabilitiert.

Doch die Krisen kehrten wieder, 2007/08 der Crash, die wachsende Ungleichheit, der unabweisbar werdende Klimawandel. Und auch in der Corona- Krise scheinen marktförmige Lösungen nicht immer optimal zu funktionieren, um es vorsichtig auszudrücken: Wenn in den USA riesige Mengen Milch weggeschüttet werden, während andernorts im Land Leute für Essen anstehen, so gibt das zu denken.

In dieser Atmosphäre gedieh und gedeiht ein vielfältiger und vielstimmiger Diskurs um »post-kapitalistische« Alternativen: Sind die Argumente von Mises und Hayek auch heute noch gültig? Ist mit Supercomputern nicht vielleicht die Lösung der zahllosen Gleichungen möglich, um eine Wirtschaft eines Landes zu koordinieren?[5] Kann durch mobile Sensorik (z. B. in Smartphones) nicht genau jene Fülle von Daten erhoben werden – und Daten werden ja nun ohnehin erhoben (Google, Face-

4 Ausgehend von dieser Diskussion drehten sich übrigens große Teile der ökonomischen Theorie des 20. Jahrhunderts um Information; Hayek bekam 1974 den Nobelpreis für Wirtschaftswissenschaften; vgl. Philip Mirowski/Edward Nik-Khah: The Knowledge We have lost in Information. The History of Information in Economics, Oxford 2017.

5 Vgl. W. Paul Cockshott/Allin Cottrell: Towards a New Socialism, Nottingham 1993. Konsequenterweise haben sich die Autoren an Hayek abgearbeitet; vgl. dies.: Information and Economics. A Critique of Hayek, in: Research in Political Economy. A Research Annual 16/1997, S. 177–202; vgl. auch W. Paul Cockshott et al.: Classical Econophysics, London/New York 2009, S. 321–340.

book, Amazon) –, die gebraucht werden, um die Supercomputer zu füttern?[6] Ist also nicht doch eine Planwirtschaft denkbar, die die Effizienz von Märkten mit Stabilität und mit Rücksicht auf so genannte »Externalitäten«, wie zum Beispiel die Ökosysteme, verbindet? Sind große Konzerne nicht funktionierende Planwirtschaften, zum Teil größer als Staaten?[7] Hatte Hayek nicht immer betont, dass auch Marktwirtschaften eigentlich als dezentrale Planung beschrieben werden müssen – denn jeder Single, jeder Haushalt, jedes Unternehmen, jede Uni plant? Und wenn das so ist, wieso muss eigentlich die Koordination zwischen diesen Einheiten unbedingt ohne Absprache, sondern nur über abstrakte Preissignale und dann noch über Konkurrenz stattfinden? Entsprach dieses Bild überhaupt jemals der Wirklichkeit – denn Menschen können ja auch miteinander reden und tun das auch?

Zahlreiche verschiedene Ansätze diskutieren solche Fragen – zum Teil mathematisch avanciert. Selbstverständlich bleiben immer noch Probleme, etwa ob eine noch so gut funktionierende zentrale Planung, gestützt auf dezentrale Datenerhebung in quasi-Echtzeit und auf Supercomputing (und vielleicht Künstliche Intelligenz), autoritäre Effekte vermeiden kann (die Hayek immer als Schreckgespenst an die Wand gemalt hatte). Denn die von dem Plan – und sei er noch so demokratisch und kybernetisch zustande gekommen – angewiesenen Tätigkeiten müssten ja dann auch gemacht und gegebenenfalls durchgesetzt werden. Auch ist nicht klar, wie der Übergang zu solch einer Ökonomie vonstattengehen sollte, da sich die Entmachtung von Kapitalbesitz sicher nicht vermeiden ließe.

Gegenüber dieser, gleich die Makroperspektive der Ökonomie in den Blick nehmenden Debatte hat sich relativ unabhängig eine andere Diskussion entwickelt, die sich um die

6 Vgl. Morozov, Digital Socialism; vgl. auch Jasmin Kathöfer/Jens Schröter: Money and Digital Media, in: Project Society after Money (Hrsg.): Society after Money, London/New York 2019, S. 365–386.

7 Vgl. Leigh Phillips/Michal Rozworski: The People's Republic of Walmart. How the World's Biggest Corporations Are Laying the Foundation for Socialism, London 2019.

Commons dreht. Um eine lange Geschichte zu vereinfachen: 1968 behauptete Hardin in einem Artikel, dass gemeinsam genutzte Ressourcen nicht funktionieren könnten. Eine Wiese zum Beispiel wird von einigen Bauern mit ihren Herden genutzt. Da alle die Wiese rücksichtslos nutzen, ihren eigenen Nutzen maximieren (eben wie die von der herrschenden neoklassischen Theorie modellierten Eigennutzoptimierer), ist die Wiese bald ruiniert.[8] Ohne Marktmechanismen und/oder Staatseingriffe funktionieren Gemeingüter nicht, so die Schlussfolgerung. Doch 2009 bekam Elinor Ostrom den Nobelpreis für Ökonomie für ihr 1990 erschienenes Buch »Governing the Commons«. Darin zeigt sie, gestützt auf theoretische Überlegungen, historische Recherchen und zahlreiche Feldstudien –, dass entgegen Hardins Behauptung die lokale Selbstverwaltung von Ressourcen sehr wohl gut funktionieren und sogar staatlichen wie marktförmigen Lösungen überlegen sein kann. Das basale Argument dahinter lautete: Wenn die verschiedenen Nutzer der Weide sich absprechen und abstimmen, gemeinsame Regeln festlegen und deren Einhaltung auch kontrollieren –, dann kann die Wiese gemeinsam als Commons, als Allmende genutzt werden. Dafür gibt es sehr viele, teilweise sehr langlebige Beispiele.[9]

Aus dieser Skizze von SKD und CD wird eigentlich schon deutlich, warum es keine Diskussion zwischen beiden gibt: Es liegt an der Skala.[10] Während sich die Diskussion um die Com-

8 Vgl. Garrett Hardin: The Tragedy of the Commons, in: Science. New Series 162/3859 (13.12.1968), S. 1243–1248, bes. S. 1244: »As a rational being, each herdsman seeks to maximize his gain.«

9 Vgl. Elinor Ostrom: Governing the Commons. The Evolution of Institutions for Collective Action, Cambridge 1990. Natürlich hat ihr Buch viel Kritik auf sich gezogen, vgl. z. B. Walter Block/Ivan Jankovic: Tragedy of the Partnership: A Critique of Elinor Ostrom, in: American Journal of Economics and Sociology 75/2, 2016, S. 289–318. Dieser Text ist auch insofern interessant, als er hervorhebt, dass Ostrom mit ihrer Betonung lokaler Organisation selbst in der Tradition Hayeks steht, auch wenn die Autoren sie eines »Pop-Hayekianismus« bezichtigen (S. 308). Vgl. auch Morozov: Digital Socialism, S. 61.

10 Und es gibt einen Unterschied der historischen Position, den Sabine Nuss in einer Mail an den Verfasser vom 29.8.2020 hervorgehoben hat: »Die [SKD] ist ja auch entstanden in einem nachrevolutionären Geist, als man noch Systemkonkurrenz hatte, also wirklich diskutiert hat, wie Sozialismus und Planung jenseits von Marktsignalen umzusetzen wären. Während die [CD], wenn ich sie jetzt mit Hardin und Ostrom ansetzen möchte, eher eine Reaktion war auf die Frage, wie

mons auf lokale Phänomene bezieht (einige Bauern, die sich kommunikativ über eine Wiese verständigen), geht es bei der SKD um ganze Volkswirtschaften: Diese seien, so heißt es dort, zu komplex, um sie über kommunikative Absprachen zu steuern, das dauere zu lange, wenn es überhaupt möglich sei. Freilich: Man stelle sich vereinfachend eine Commons-ähnliche Koordination auf der Ebene der Weltgesellschaft vor: Sollen sieben Milliarden Menschen jedes lokale Problem gemeinsam diskutieren, bis man eine Lösung gefunden hat? Das würde nicht funktionieren, denn selbst wenn zu einem gegebenen Problem jeder nur zehn Sekunden Redezeit hätte, liefe das auf eine mehr als 2000-jährige Diskussion hinaus.[11] Das ist natürlich nur eine Karikatur, aber sie macht auf sehr einfache Weise deutlich, was Komplexität ist und wie sich Komplexität zur Zeit verhält – und »Ökonomie der Zeit, darin löst sich schließlich alle Ökonomie auf«.[12] Die Idee einer getrennten Privatproduktion – wie Marx sie als typisch für den Kapitalismus beschreibt[13] – und späterer Vermittlung der Ergebnisse an lokalen, regionalen, globalen Märkten wirkt demgegenüber intuitiv überzeugender, da sie offenkundig logistisch und medial realistischer ist. Die Komplexität wird dezentralisiert und damit beherrschbar. In diesem Sinne bemerkte Hayek, dass die ökonomischen Probleme durch »irgendeine Form der Dezentralisation gelöst werden« müssten.[14]

man Kapitalismus davor schützen könnte, dass er seine eigene Verwertungsgrundlagen untergräbt, das war also eine Antwort auf Umweltprobleme, die in dieser Zeit schon virulent wurden.« Simon Sutterlütti wies in einer Mail vom 1.10.2020 auf einen anderen Unterschied hin: »Ich glaube, was in der konkreten Diskussion etwas verloren geht, ist, was uns von der SKD unterscheidet: Wir sind gegen Lohnarbeit.« Das scheint mir allerdings kein zentraler Einwand zu sein, da die Koordinationsfragen unabhängig von der Frage der Arbeitsform auftauchen.

11 Vgl. Sutterlütti/Meretz, Kapitalismus, S. 171.

12 Karl Marx: Grundrisse der Kritik der politischen Ökonomie, in: ders./Friedrich Engels: Werke [MEW], Berlin 1956ff., Bd. 42, S. 105.

13 Vgl. Karl Marx: Das Kapital. Erster Band, in: MEW, Bd. 23, S. 57: »Nur Produkte selbständiger und voneinander unabhängiger Privatarbeiten treten einander als Waren gegenüber.«

14 Friedrich August von Hayek: Die Verwertung des Wissens in der Gesellschaft [1945], in ders.: Gesammelte Schriften in deutscher Sprache, Bd. 1: Wirtschaftstheorie und Wissen. Aufsätze zur Erkenntnis- und Wissenschaftslehre, Tübingen 2007, S. 57–70, hier S. 63.

Damit wäre die ganze Diskussion wohl beendet gewesen (und nach 1989/90 sah man das ja zunächst auch so),[15] wenn nicht vor einigen Jahren der Vorschlag formuliert worden wäre, Commons als Strukturprinzip einer postkapitalistischen Gesellschaft *im Ganzen* anzusehen.[16] Es sei in diesem Zusammenhang nur die Frage weiterverfolgt (im Lichte der SKD), wie eine Commons-Koordination denn über die lokale Wiese hinaus aussehen könnte. Die Weltökonomie *als ein Commons* würde an ihrer informationellen Komplexität scheitern. Also macht es nur Sinn von lokalen Commons auszugehen, die sich irgendwie informationell vernetzen, um regionale oder gar globale ökonomische Probleme zu lösen.

Stefan Meretz und Simon Sutterlütti haben dazu einen recht detaillierten Vorschlag unterbreitet, den ich im Folgenden diskutieren will. Da zentrale Planung – anders als im Computersozialismus – für die Autoren keine Option ist,[17] gehen sie von einem Netzwerk einzelner Commons aus, die jeweils ein bestimmtes Projekt verfolgen – zum Beispiel ein »lokales Brotverteilungs-Commons«.[18] Man muss sich das als projektförmigen Zusammenhang von Menschen vorstellen, die sich auf Basis absoluter Freiwilligkeit zusammentun, um etwa Brot herzustellen und zu verteilen. Sie müssen offenkundig mit anderen Commons, in denen Mehl, Zucker, Energie, Backwerkzeuge etc. produziert werden, vernetzt sein. Den sofort entstehenden Fragen nach Koordination widmen Sutterlütti und Meretz einen eigenen Abschnitt in ihrem Buch.[19] Ich greife drei Aspekte heraus, die ich – ohne erschöpfenden Anspruch – vorstellen will: Stigmergie/Konfliktlösung, Planung und Meta-Commons.

15 Abgesehen von den oben schon erwähnten computersozialistischen Ansätzen.

16 Vgl. Silke Helfrich/Heinrich-Böll-Stiftung (Hrsg.): Commons. Für eine neue Politik jenseits von Markt und Staat, Bielefeld 2012, S. 23: »Jetzt, wo die Grenzen des marktfundamentalistischen Kapitalismus überall auf der Welt offenbar geworden sind, stellt sich die Frage, ob sich die Sphäre der Commons so ausweiten kann, dass sie die dominante gesellschaftliche Form wird.« Vgl. Sutterlütti/Meretz, Kapitalismus, S. 156: Sie »fragen, wie die ganze Gesellschaft auf Basis von Commoning organisiert werden könnte«.

17 Sutterlütti/Meretz weisen entschieden die Zentralplanung zurück; vgl. ebd., S. 172f.

18 Ebd., S. 165.

19 Vgl. ebd., S. 169–189.

Stigmergie/Konfliktlösung, Planung und Meta-Commons.

Sutterlütti und Meretz stützen sich in ihrer Argumentation auf einen Begriff, den sie aus der Erforschung der Kommunikation von staatsbildenden Insekten entlehnt haben und der eine hinweisbasierte Kommunikation bezeichnen soll: Stigmergie.[20] »Der Markt ist ein stigmergisches, hinweisbasiertes System [...], er signalisiert und steuert über Preise.«[21] Die Hinweise des Marktes sind – soweit ganz im Sinne Hayeks – die Preissignale, die den Menschen zum Beispiel anzeigen, was gebraucht wird: »Auch im Commonismus wird es Hinweise geben, und damit eine indirekte Koordination, jedoch kommunizieren diese Hinweise nicht die Verwertungs- und [...] Exklusionslogik [...], sondern die Inklusionslogik. Hierzu können die Hinweise nicht eindimensional-quantitative sein, sondern müssen eine multidimensional-qualitative Gestalt besitzen. Die Hinweise werden z.B. kommunizieren, wo Beitragende gebraucht werden und welches Ziel ein Projekt verfolgt. Sie zeigen einem Stahl-Koordinations-Commons, wer wieviel Stahl benötigt. Sie bedeuten einem Putz-Commons, wo es gebraucht wird. Sie übermitteln allen Innovations-Commons, dass dringend eine Automatisierung des Schwefelabbaus entwickelt werden soll, da dieser gesundheitsschädlich ist. Sie erlauben Landwirtschafts-Commons eine Planung ihrer Produktion für das nächste Jahr. Und sie weisen auf Konflikte hin, die bewusst gelöst werden müssen. Die Koordinationswirkung ist hier auch indirekt.«[22]

Es soll also – ähnlich wie in Marktwirtschaften – dezentral produziert werden, ohne Metainstanz, etwa eine zentrale Planungsbehörde, die die diversen lokalen Produktionen miteinander und mit dem Konsum koordiniert (auch wenn die

20 Man muss betonen, dass entgegen der Rede von »Königin« und »Arbeitern« in Bezug auf Ameisenstaaten dort keine zentrale Hierarchie existiert – es handelt sich um eine dezentrale, kollektive Steuerung. Ich danke Hanno Pahl für diesen Hinweis.

21 Ebd., S. 31.

22 Ebd., S. 178.

Commons selbst offenbar planen).[23] Doch die Koordination – anders als in Marktwirtschaften – soll nicht über quantitative Preise, sondern über »qualitative […], reichhaltige […] Informationen geschehen.«[24] Natürlich müssen diese Informationen auch quantitative Aspekte beinhalten – so wird ein Brotback-Commons dem Mehl-Commons ja nicht nur mitteilen, *welche Art* von Mehl, sondern auch *welche Menge* es davon braucht (das passiert übrigens in Märkten auch schon, es stimmt keineswegs, dass in Märkten nur Preise kommuniziert werden[25]). Da es keine abstrakte Einheit für alles – den Preis – geben soll, scheint automatisch auch der Konkurrenzmechanismus ausgehebelt: Denn ein gegebenes Mehl-Commons kann das Mehl gar nicht »billiger« anbieten als ein anderes, da es ja keine Preise gibt. Und da es keine Preise gibt, gibt es auch keinen monetären Tausch – das Mehl-Commons kann kein Geld für das Mehl verlangen. Das schließt natürlich nicht aus, dass es dennoch etwas im Tausch fordern würde, das dürfte aber nicht sein, sonst wäre es am Ende wieder ein Markt (doch wer verhindert das?). Am Ende läuft es auf eine dezentral koordinierte Naturalplanung hinaus – interessanterweise war es ein solches Modell von Otto Neurath, gegen das sich Mises' ursprüngliche Kritik in der SKD richtete.[26]

Die Autoren betonen aber, dass die stigmergische Vermittlung nur eine begrenzte Gültigkeit habe: »Wenn sich Menschen zur Herstellung* der Lebens- und dafür benötigten Re/Produktionsmittel zusammenfinden, dann reicht in aller Regel die hinweisbasierte Koordination zwischen Her-

23 Vgl. ebd. S. 181: »Im Commonismus wird es wohl keine zentrale Institution geben, welche Bedürfnisse vermittelt, Infrastrukturen bereitstellt oder Selbstorganisation ermöglicht.«

24 Ebd., S. 180.

25 Vgl. Cockshott et al.: Classical Econophysics, S. 326: »Posted prices are not the only telecoms system the economy has. Actual orders for commodities are another. Firms set prices and then get orders which are specified in quantities. If a business manager paid attention only to the prices she sold things at and ignored the quantities being ordered, the firm would not survive long. A priori one can not say whether the price system or the quantity system is more significant in regulating the economy.«

26 Vgl. Thomas E. Uebel: Incommensurability, Ecology, and Planning: Neurath in the Socialist Calculation Debate, 1919–1928, in: History of Political Economy 37/2, 2005, S. 309–342.

stellung/Erhaltung und Nutzung aus. [...] Sobald jedoch Konflikte zwischen Bedürfnissen oder um begrenzte Ressourcen und ihrer priorisierten Verwendung entstehen, müssen diese interpersonal vermittelt werden. Wie wir am Beispiel der kumulierend-hierarchischen Planung darstellten, können Bedürfniskonflikte nicht ohne Folgen der Entfremdung vermittelt entschieden werden, sondern sie müssen unmittelbar verhandelbar sein.«[27] Das heißt, sobald es Konflikte gibt, muss die Kommunikation »direkt« werden – aber gerade wenn es um »begrenzte Ressourcen« geht (z. B. seltene Erden für Computer), ist man schnell bei regionalen oder sogar globalen Skalen, das heißt man wäre wieder beim unmöglichen Sieben-Milliarden-Plenum. Die indirekte stigmergische Vermittlung mag (vom Prinzip her) unzureichend für Konflikte sein, aber eine direkte, interpersonale Kommunikation kann in vielen Fällen schlicht nicht durchgeführt werden.[28] Man muss auch in Konflikten indirekt kommunizieren.

Sutterlütti und Meretz räumen ein, dass es sich bei ihrem Modell um Planung handelt: »Eine commonistische Gesellschaft funktioniert nicht über einen gesellschaftlichen Plan, sondern über die Selbstplanung, die Selbstsetzung der Zwecke durch die Menschen. Es ist keine Plangesellschaft, sondern vielmehr eine Selbstorganisationsgesellschaft. Die commonistische Vermittlung – Commoning – plant nicht

27 Sutterlütti/Meretz: Kapitalismus, S. 174. Die Autoren schreiben »Herstellung« mit einem *, um den Einschluss der Reproduktion in die Produktion anzuzeigen. – Die Unterstellung, die Bedürfnisse seien vor Beginn der Verständigung über die Produktion schon bekannt, könnte selbst problematisch sein. Eine Stärke von Märkten »als Entdeckungsverfahren« (Friedrich August von Hayek: Der Wettbewerb als Entdeckungsverfahren [1968], in: ders.: Freiburger Studien. Gesammelte Aufsätze von F. A. von Hayek, Tübingen 1969, S. 249–265) kann sein, die Bedürfnisse zu erweitern und zu differenzieren, eben weil gerade Vorschläge für Bedürfnisse von anderen (Anbietern) kommen, sodass die Genussfähigkeit steigt – es sei denn man denunziert diese Prozesse als »Manipulation« und als Produktion »falscher Bedürfnisse«.

28 Vgl. Sutterlütti/Meretz, Kapitalismus, S. 178: »Wir müssen nicht allen Menschen unsere Bedürfnisse mitteilen. Wir müssen nicht bei jedem Konflikt die Unmöglichkeit vollbringen, die Bedürfnisse der ganzen Menschheit mitzudenken.« Das ist gut und richtig, doch bei komplexen Produkten mit verteilten, globalen Ressourcen ist genau das nötig – wenn das nicht durch Preise (oder anderweitig) komplexitätsreduziert wird. Vgl. zur Kontrollkrise durch Skalierung nach Durkheim auch James Beniger: The Control Revolution. Technological and Economic Origins of the Information Society, Cambridge u.a. 1986, S. 11.

die Gesellschaft, sondern ermöglicht die Selbstplanung und Selbstorganisation der Menschen.«[29] Man vergleiche das mit einem Zitat von Hayek: »Der Streitpunkt ist nicht, ob geplant werden soll oder nicht; sondern ob die Planung zentral von einer Behörde für das ganze Wirtschaftssystem geschehen soll oder ob sie unter viele Individuen aufgeteilt werden soll. Planen in dem speziellen Sinn, in dem es in den gegenwärtigen Auseinandersetzungen gebraucht wird, bedeutet notwendigerweise zentrale Planung – Leitung des ganzen Wirtschaftssystems nach einem einheitlichen Plan. Konkurrenzwirtschaft andererseits bedeutet dezentralisiertes Planen durch viele getrennte Personen.«[30] Hayek also sieht in der »Konkurrenzwirtschaft«, dem Markt, nichts anderes als die Ermöglichung dezentralisierter Planung. Es geht um die Mechanismen, die nötig sind, um »den Individuen jenes zusätzliche Wissen zu vermitteln, das sie brauchen, um ihre Pläne denen der anderen anzupassen».[31] Man kann hier »Individuen« problemlos durch »Unternehmen« oder eben »Commons« ersetzen.[32] Die Fragestellung scheint sehr ähnlich – und man kann sich fragen, warum es denn nur und ausgerechnet Preise sein sollen, die das Wissen für die Koordination der lokalen Pläne bereitstellen. Sutterlütti und Meretz kritisieren die Armut der Preissignale, Hayek würde sie mutmaßlich gerade darum loben – als Komplexitätsreduktion.[33]

Man sieht, dass diese Diskussion eine Reihe von Fragen aufwirft: Es ist zum Beispiel erstens nicht ganz klar, ob der Konkurrenzmechanismus zwischen verschiedenen Commons

29 Sutterlütti/Meretz: Kapitalismus, S. 175.

30 Hayek: Verwertung des Wissens, S. 59.

31 Ebd.

32 Muss eigentlich ein Commons immer aus mehreren Personen bestehen? Mutmaßlich schon, bei einer Person wäre ja nichts »common«. Aber wäre das nicht eine sinnlose Einschränkung im Vergleich zu Märkten, wo ich (im Prinzip) auch allein als ein Unternehmen auftreten kann?

33 Vgl. ebd., S. 64f. Dort macht Hayek an seinem berühmten Zinn-Beispiel klar, dass Individuen oder Unternehmen gar nicht wissen und verstehen müssen, warum plötzlich Zinn teurer geworden ist – es reicht, dass sie ihr Verhalten ändern, weil es teurer geworden ist. Aber wie oben schon erwähnt, gibt es – was Hayek nicht sieht – auch im Kapitalismus immer noch weitere Informationsflüsse als nur die Preise.

wirklich nicht greift oder wenn er nicht greift, ob das nicht Probleme erzeugt.[34] Zweitens ist auch der Stellenwert des Begriffs Effizienz unklar: »Und vielleicht muss Kupferabbau [...] mit großem Aufwand automatisiert werden, weil es uns wichtig ist, die Gesundheit der Beteiligten zu schützen – ein Aufwand, der sich am Markt nicht rechnen würde, den wir uns aber leisten wollen.«[35] Womöglich will man gar nicht effizient sein, dann wäre das unter Commons-Bedingungen eben kein Kriterium mehr. Doch hier muss man vorsichtig sein: Eine Bemühung, die »wir« wollen, die aber enorme Ressourcen verschlingt, könnte auch so viel Ressourcen verschlingen, dass praktisch alles andere unmöglich wird, z. B. auch die Lebensmittelversorgung. Es muss auch im Commonismus einen Maßstab geben, ab dem eine Bemühung sinnlos aufwendig erscheint. Effizienz ist nicht dasselbe wie Profitabilität.

Drittens führen Sutterlütti und Meretz an einer Stelle unter Rekurs auf netzwerktheoretische Begriffe Hubs (oder wie es anderer Stelle heißt: »Meta-Commons«[36]) ein: »Hubs sind besonders wichtige Knoten des Netzwerks. [...] Im Kapitalismus sind Unternehmen oder staatliche Organisationen Hubs. Im Commonismus sind es die Commons, die Meta-Aufgaben übernehmen. Also Aufgaben, welche die Selbstorganisation anderer Commonsprojekte erlauben. Die Kanten stehen für die Vermittlung zwischen den Knoten.«[37] Offenbar reicht die Stigmergie – abgesehen von dem oben genannten Konfliktproblem – zur Koordination nicht aus, sonst bräuchte man keine Meta-Commons, etwa ein »Infrastruktur-Commons [...], welches die Abwasserregulation für eine Stadt plant, oder

34 Vgl. Sutterlütti/Meretz: Kapitalismus, S. 165 zu Problemen mit einem Brotverteilungs-Commons, das dazu führt, dass Menschen ein konkurrierendes Commons gründen.

35 Vgl. ebd., S. 185. Eine vollkommen ineffiziente, postkapitalistische Ökonomie wäre auch völlig unökologisch; vgl. auch Cockshott et al.: Classical Econophysics, S. 332–337.

36 Vgl. Stefan Meretz: Peer-commonist Produced Livelihoods, in: Guido Ruivenkamp/Andy Hilton (Hrsg.): Perspectives on Commoning. Autonomist Principles and Practices, London 2017, S. 417–461, hier S. 431.

37 Sutterlütti/Meretz: Kapitalismus, S. 179. »Knoten« und »Kanten« sind hier Begriffe aus der Theorie der Netzwerke, die die Autoren nutzen – Knoten sind die einzelnen Einheiten und Kanten ihre Verbindungslinien.

ein Koordinations-Commons, welches die Stahlnutzung in einer Region zusammenfasst, weitervermittelt und hier auch konfligierende Anforderungen feststellen kann«.[38] Offenbar ist die commonistische Koordination nicht reduzibel auf die horizontale Vernetzung von Commons über stigmergische Signale, sondern benötigt eine zusätzliche koordinative Ebene.[39] Müssten sich nicht ab einer gewissen Stufe der Komplexität Meta-Meta-Commons etablieren, die die Meta-Commons koordinieren? Gibt es also eine Kaskade, an deren Spitze dann doch so etwas wie ein Zentral-Koordinations-Commons stehen müsste? Und wäre das angesichts der Probleme der sinnvollen Koordination der Nutzung globaler Ressourcen und des globalen Klimawandels, die auch von der stigmergischen Marktwirtschaft nicht recht gelöst werden können, nicht ohnehin zwingend erforderlich?

Fazit

Die informationale Organisation und Koordination ökonomischer Prozesse wirft erhebliche Probleme auf, mit der sich jeder Vorschlag postkapitalistischer Organisationsformen auseinandersetzen muss. Der Verweis auf die kommunikativen Fähigkeiten der Menschen (sofern sie vorhanden sind, daran zweifelt man ja manchmal) reicht nicht aus, denn diese Fähigkeiten sind begrenzt und die Zusammenhänge regionaler oder gar globaler Strukturen sind zu komplex, um auch nur überschaut werden zu können. In der SKD war daher die Frage nach der Technik zentral: »The market process with its cumbersome tatonnements appears old-fashioned. Indeed, it may be considered as a computing device of the pre-electronic age«, argumentierte etwa Oskar Lange, um zu behaupten, geeignete Computersysteme könnten bei der Koordination der

38 Sutterlütti/Meretz: Kapitalismus, S. 182; vgl. Auch Meretz: Peer-commonist, S. 431.

39 Es ist sehr interessant, dass Sutterlütti und Meretz mit den Meta-Commons Strukturen einführen, die den Unternehmen in Marktwirtschaften gleichen (sie ziehen den Vergleich auch selbst) – und aus exakt den gleichen Gründen, vgl. Ronald Coase: The Nature of the Firm, in: Economica. New Series 4/16, 1937, S. 386–405, hier S. 388: »But in view of the fact that it is usually argued that coordination will be done by the price mechanism [= stigmergisch; J.S.], why is such organization [= eine Firma; J.S.] necessary?«

Produktion helfen.[40] In der CD wurde dieses Thema bislang eher ausgespart[41] – was aber nicht überraschend ist, erinnert man sich an die anfangs angesprochenen unterschiedlichen Skalen. Der Bedarf an technischer Vermittlung steigt mit höheren und komplexeren Skalen.[42] Sutterlütti und Meretz deuten das an: »Commonistisch-stigmergische Informationen können in einer Vielzahl von Formaten, Bildern, Texten, Videos, Augmented Reality etc. transportiert werden. Wir vermuten, dass das Internet einen wichtigen Beitrag dazu leisten wird, diese Bandbreite bereitzustellen.«[43]

Es ist sicher kein Zufall, dass ein aktuell viel diskutierter Vorschlag für eine postkapitalistische Ökonomie – Daniel Saros' » Information Technology and Socialist Construction« – schon die Informationstechnologie im Titel trägt und natürlich ausführlich die SKD diskutiert.[44] Es scheinen also in letzter Instanz alle Fragen nach der Möglichkeit postkapitalistischer Organisationsformen medientheoretische Fragen zu sein. Die Frage nach dem Postkapitalismus ist auch die Frage nach der Technik.

40 Oskar Lange: The Computer and The Market, in: Alex Nove (Hrsg.): Socialist Economics. Selected Readings, Harmondsworth 1972, S. 401–405, hier S. 402. »In other words, the market may be considered as a computer sui generis which serves to solve a system of simultaneous equations. It operates like an analogue machine, a servo-mechanism based on the feedback principle. The market may be considered as one of the oldest historical devices for solving simultaneous equations« (ebd.).

41 Vgl. aber Josh Tenenberg: Technik und Commons, in: Helfrich/Heinrich-Böll-Stiftung (Hrsg.): Commons, S. 112–121. Zu Commons in Innovationsprozessen (z. B. von Technologie) vgl. Jason Potts: Governing the Innovation Commons, in: Journal of Institutional Economics 14/6, 2018, S. 1025–1047. Potts' Text zeigt, dass keineswegs nur der Wettbewerb ein »Entdeckungsverfahren« ist.

42 Vgl. auch Niklas Luhmann: Die Gesellschaft der Gesellschaft, 2 Bde., Frankfurt a. M. 1997. Dort geht es immer wieder um die Fragen der Steuerung und Planung angesichts gesellschaftlicher Komplexität.

43 Sutterlütti/Meretz: Kapitalismus, 179.

44 Vgl. Daniel Saros: Information Technology and Socialist Construction. The End of Capital and the Transition to Socialism, New York u.a. 2014; zur Diskussion der SKD vgl. ebd. S. 69–94

Jan Groos

Distribuierter Sozialismus – ein Anfang

An effective anti-capitalism must be a rival to Capital, not a reaction to it.
ALAIN BADIOU[1]

Es gibt vielfältige und umfangreiche Kritiken des Kapitalismus und seiner Produktions- und Distributionsverhältnisse. Die sich im Grunde direkt anschließende Frage »Wie machen wir es denn dann?« ist allerdings weit weniger intensiv bearbeitet worden. Das war schon bei Karl Marx so, hat dieser doch die noch immer profundeste kritische Analyse der Grundparameter kapitalistischer politischer Ökonomie vorgelegt, aber bekanntlich *keine* konkrete Beschreibung einer sozialistischen bzw. kommunistischen Alternative angeboten.[2]

Nun gibt es für das Fehlen an konkreten Vorschlägen mitunter gute Gründe. Das Beschreiben beispielsweise kann allzu schnell in ein Vorschreiben umschlagen und die kapitalistisch geprägte Gedankenwelt der Gegenwart wird sich unweigerlich in jeden aus ihr heraus entwickelten Entwurf des Zukünftigen mit einschreiben. Es besteht somit die Gefahr, auch unerwünschte Elemente des Bestehenden über den Kapitalismus hinaus zu verlängern.[3] Zudem gehe es nicht, so Marx, um das träumerische Herbeiwünschen idealisierter Zukünfte, sondern um die wissenschaftliche Analyse kapitalistischer Bewegungsgesetze und die Beschreibung der Voraussetzungen, die gegeben sein müssten, um den Sozialismus zu ermöglichen.

1 Zit. n. Mark Fisher: Capitalist Realism – Is There No Alternative?, Hampshire 2009, S. 79.

2 Zum Schweigen von Marx und Engels bezüglich konkreter Entwürfe des Sozialismus vgl. Daniel E. Saros: Information Technology and Socialist Construction: The End of Capital and the Transition to Socialism, Abingdon 2014, S. 35–66.

3 Bini Adamczak: Epilog zur Konstruktion eines kommunistischen Begehrens 2004–2014, in: Bini Adamczak: KOMMUNISMUS kleine geschichte, wie es endlich anders wird, 4., überarb. Aufl., Münster 2014, S. 75–101.

Es sind dies durchaus berechtigte und nachvollziehbare Argumente und doch ist es notwendig – so eine These dieses Aufsatzes –, auch konkrete Antworten auf grundlegende Fragen alternativer gesellschaftlicher Organisation zu entwickeln. Dies gilt nicht zuletzt für die Frage nach der wirtschaftlichen Organisation im Sozialismus, die im Zentrum der folgenden Überlegungen steht. Es ist schlicht zu viel verlangt, hierzu zu schweigen und gleichzeitig zu erwarten, dass breite Massen an Menschen die bestehenden kapitalistischen Verhältnisse bereitwillig und freudig hinter sich lassen. Es gilt, plausible Antworten auf die Frage zu entwickeln, wie Wirtschaften so organisiert werden kann, dass die Bedürfnisse *aller* berücksichtigt und erfüllt werden.

Im Folgenden werden zunächst stellvertretende zeitgenössische Beiträge vorgestellt, die sich mit der Frage beschäftigen, in welcher Form heutige Informations- und Kommunikationstechnologien neue Möglichkeiten für eine Wirtschaftsrechnung im Sozialismus bereithalten.[4] Der zentrale Teil des Beitrags widmet sich eingehender dem von Daniel E. Saros entwickelten Modell einer sozialistischen Planwirtschaft.[5] Das abschließende Argument lautet, dass eine glaubwürdige Alternative erst dann in den Blick gerät, wenn auch solche Aspekte wirtschaftlicher Organisation einbezogen werden, die sich nicht im Technisch-funktionalen erschöpfen. Hierfür wird Saros' Modell das von Eva von Redecker entwickelte Verständnis von Revolution als vorweggreifender Praxis zur Seite gestellt.[6] Im Anschluss an Redecker wird daraufhin der Ausdruck *distribuierter Sozialismus* zur weiteren Ausarbeitung eingeführt.[7]

4 Zur historischen Socialist Calculation Debate siehe den Beitrag von Oliver Schlaudt in diesem Band

5 Saros: Information Technology.

6 Eva von Redecker: Praxis und Revolution. Eine Sozialtheorie radikalen Wandels, Frankfurt a.M./New York 2018.

7 Redecker verwendet das Begriffspaar nicht explizit, spricht aber zur Überwindung der Dichotomie von zentral/dezentral in: Eva von Redecker: Die dystopische Post. Über Lenins Staat und Revolution, Vortrag auf der Tagung »Staat und Revolution« an der Goethe-Universität Frankfurt a.M., 19.10.2017 sowie im Gespräch mit dem Autor in: Jan Groos/Eva von Redecker: Future Histories Podcast, Episode 37, 20.9.2020, unter: https://www.futurehistories.today/episoden-blog/s01/e37-eva-von-redecker-zur-revolution-fuer-das-leben/.

Große Daten

Dass planwirtschaftlich organisierte Zugänge im öffentlichen Diskurs mittlerweile wieder als legitime Alternativen gedacht und besprochen werden, ist neben dem immer offensichtlicheren Versagen marktförmig organisierter Profitwirtschaft vor allem zwei Dingen geschuldet: Zum einen rückt angesichts der ökologischen Katastrophe eine wechselseitige Abhängigkeit in den Fokus, in der zunehmend für alle sichtbar wird, dass individueller Egoismus eben *nicht* Ergebnisse zeitigt, die in letzter Instanz zum Wohle aller sind, sondern im Gegenteil die Lebensgrundlage aller nachhaltig zerstört. Der Klimawandel, so die einfache Erkenntnis, ist ein Problem, dem nur mit den Mitteln kollektiver Planung begegnet werden kann. Zum anderen gibt es auf dem Stand heutiger technologischer Entwicklung genau in dem Bereich neue Lösungsangebote, der innerhalb der historischen Socialist Calculation Debate als Herausforderung sozialistischer Wirtschaftskoordination galt. Auf die Aussage »There is no alternative« (to capitalism) wird zunehmend selbstbewusst geantwortet: doch, Planwirtschaft.[8]

Der aktuelle Diskurs darüber, wie planwirtschaftliche Zugänge unter heutigen technologischen Bedingungen aussehen könnten, erfolgt dabei auf mehreren Ebenen. So gibt es jene, die mit Verweis auf Großkonzerne wie Walmart oder Amazon vor allem die grundsätzliche Machbarkeit digitaler sozialistischer Planwirtschaft betonen.[9] Die interne Planungsleistung dieser Großkonzerne, so die Argumentation, komme ohne Märkte aus und schaffe es doch, Organisationsstrukturen in der Größe von Nationalökonomien – hierbei wird Walmart als eine Ökonomie in der Größenordnung von Schweden oder der Schweiz angeführt – effizient zu betreiben. Diese Ebene des

8 Und auch als kapitalistische Alternative zum sogenannten »freien Markt« wird Planwirtschaft diskutiert; vgl z.B. Äußerungen von Jack Ma, Gründer des chinesischen Plattformgiganten Alibaba, in: Can big data help to resurrect the planned economy?, Global Times 2017, www.globaltimes.cn/content/1051715.shtml.

9 Fredric Jameson gilt als Ursprung dieser Argumentationslinie aufgrund einer Passage zu »Wal-Mart as Utopia«; vgl. Fredric Jameson: Valences of the Dialectic, London 2009, S. 420–425; das Argument wurde in der Folge aufgenommen und weitergeführt durch Leigh Phillips/Michal Rozworski: The People's Republic of Walmart, London/New York 2019.

Diskurses zielt vornehmlich darauf ab, das Overton-Fenster wieder zugunsten planerischer Zugänge zu verschieben und im Sinne einer »Steuerungswende« auf die Aneignung kybernetischer Steuerungstechnologien als neuer Produktivkraft zu drängen.[10]

Das Argument, dass Planung bereits im großen Maßstab passiere, wird dabei – auch in Erinnerung an das Scheitern hierarchisch organisierter zentraler Planwirtschaft in der Sowjetunion – mit der Forderung nach (radikal-)demokratischen Strukturen der Entscheidungsfindung verbunden.[11] Um diese im großen Maßstab realisieren zu können, ohne dabei alle Beteiligten durch permanente Entscheidungsfindungsprozesse in Beschlag zu nehmen, werden einzelne Mechanismen der Koordination und Komplexitätsreduktion angeführt, die eine effiziente Koordinationsleistung jenseits kapitalistischer Märkte möglich machen sollen. Eine solche Ausarbeitung verschiedener konkreter, jedoch vereinzelter Lösungsansätze für spezifische Problemstellungen stellt eine weitere Ebene des Diskurses dar. So entwickelt Nick Dyer-Witheford in seinem Aufsatz »Red Plenty Platforms« das Bild einer Zukunft, in der »communist software agents« in teil-autonomen Prozessen verschiedene Vorschläge der Wirtschaftsplanung erarbeiten und zur Abstimmung vorbereiten.[12] Angereichert mit Social-Media-Plattformen als Medien der Selbstorganisation könne so die Partizipation der vom Wirtschaften Betroffenen gewährleistet werden und gleichzeitig der mitunter lähmende Aspekt basisdemokratischer Strukturen vermieden werden.

Auch Evgeny Morozov, langjährige Kritiker des *solutionism* – des Glaubens, man könne für jedes Problem eine technische Lösung finden –, macht in einem Aufsatz zu »Digital Socia-

10 Zum Begriff der »Steuerungswende« vgl. Simon Schaupp/Georg Jochum: Zur Möglichkeit einer nachhaltigen und demokratischen Wirtschaftsplanung im digitalen Zeitalter, in: Florian Butollo/Sabine Nuss (Hrsg.): Marx und die Roboter, Berlin 2019, S. 327–344.

11 Simon Schaupp: Radikale Demokratie und Kybernetik, in: Dagmar Comtesse et al. (Hrsg.): Radikale Demokratietheorie, Berlin 2019, S. 764–776; vgl. auch Phillips/Rozworski: People's Republic, Kap. 11: Conlusion: Planning Works.

12 Nick Dyer-Witheford: Red Plenty Platforms, in: Culture Machine, Vol. 14: Platform Politics, 2013, unter: https://culturemachine.net/platform-politics/.

lism« konkrete Vorschläge für alternative Zugänge zu Teilproblemen der Wirtschaftsplanung.[13] Als Ersatz für die von Friedrich August von Hayek behauptete Entdeckungsfunktion des Markts schlägt Morozov mit Verweis auf kollektive Problemlösungsstrategien wie Hackathons Solidarität als Entdeckungsmechanismus vor. Die technologischen Möglichkeiten heutiger »Feedback-Infrastruktur« ermöglichten, so der Kern des Arguments, das effiziente und großflächig umsetzbare Zusammenbringen von Problem-Suchern und Problem-Löserinnen. Auch der zweite Aspekt hayekscher Kritik – ohne Märkte gäbe es ein Informationsproblem – wird von Morozov adressiert. Mit Verweis auf die Theorien des Kybernetikers Stafford Beer stellt Morozov fest, dass mithilfe heutiger Informationstechnologien Problemlösungskompetenz mehr denn je dort gefunden und genutzt werden könne, wo das Problem auftrete. Kapitalistischer Wettbewerb sei demgegenüber ein Verhinderer, da er versuche, alles qua Preissignal zu regulieren, und dadurch die Vielfalt der Problemlösungsstrategien auf lokaler Ebene unterbinde. Das »Design« sozialer Institutionen, so Morozov, könne weit effektiver funktionieren als der Markt, wenn es erst einmal vom ideologischen Ballast des Preissignals befreit und mit zeitgenössischen Feedback-Technologien gepaart werde.

Die Vorschläge, die auf dieser Ebene des Diskurses vorgebracht werden, sind von unterschiedlicher Überzeugungskraft und sie bieten – auch zusammengenommen – noch kein kohärentes Bild davon, wie eine sozialistische oder kommunistische Wirtschaftsplanung tatsächlich organisiert sein könnte. Es handelt sich, wie Dyer-Witheford selbst feststellt, um »approximating orientations to revolutionary possibilities«.[14] Doch gibt es auch detaillierte Entwürfe zeitgenössischer sozialistischer Planwirtschaft. Den wohl bekanntesten haben Allin Cottrell und Paul Cockshott mit ihrem 1993 erschienen Buch »Towards a new socialism« vorgelegt. Es handelt sich hierbei um das Modell einer zentralen Planwirtschaft unter radikal-

13 Evgeny Morozov: Digital Socialism? The Calculation Debate in the Age of Big Data, in: New Left Review 116/117, March/June 2019, S. 55–57.

14 Dyer-Witheford: Red Plenty Platforms.

demokratischen Vorzeichen.[15] Märkte für Konsumgüter dienen dabei als Indikatoren für die Nachfrage und gesellschaftlich notwendige Arbeitszeit als »objektive Werteinheit« der Wirtschaftsplanung (wobei Cockshotts Schüler Jan Philipp Dapprich mathematisch errechnete Opportunitätskosten als alternative Recheneinheit vorschlägt).[16] Kern des Entwurfs bleibt jedoch der Glaube, dass der Schlüssel zur erfolgreichen Umsetzung einer Planwirtschaft ein zu berechnender zentraler Produktionsplan sei. Wie Morozov allerdings richtig feststellt, treffen viele der ursprünglichen Annahmen innerhalb der Calculation Debate nicht länger zu, unter anderem die angenommenen Vorteile zentraler Planung.[17] Als mögliche Alternative beschreibt er einen Zugang jüngeren Datums, der ebenfalls den Anspruch erhebt, eine konkrete Antwort auf die Frage nach einer sozialistischen Wirtschaftsrechnung und Produktionsweise anbieten zu können. Hierbei handelt es sich um das Modell des Radikal-Ökonomen Daniel E. Saros, beschrieben in seinem 2014 erschienenen Buch »Information Technology and Socialist Construction: The End of Capital and the Transition to Socialism«.[18]

Jenseits von Amazon

Mit seinem Modell einer sozialistischen Planwirtschaft möchte Saros Antworten auf die Frage einer sozialistischen Wirtschaftsrechnung liefern und sich dabei jenseits der eingetretenen Pfade der historischen Calculation Debate bewegen.[19] Weder setzt er darauf, dass Sozialistinnen und Sozialisten am

15 Allin Cottrell/Paul Cockshott: Towards a new socialism, Nottingham 1993, unter: http://ricardo.ecn.wfu.edu/~cottrell/socialism_book/new_socialism.pdf.

16 Ebd., S. 41–52, sowie Jan Philipp Dapprich: Simulating Socialism (3): Mathematically Derived Valuations, 9.9.2019, unter: www.designing-history.world/theory/simulating-socialism-3/.

17 Morozov: Digital Socialism?, S. 63

18 Saros: Information Technology.

19 Die folgenden Erläuterungen beziehen sich auf »Information Technology and Socialist Construction« und auf ein ausführliches Gespräch des Autors mit Daniel E. Saros; vgl. Jan Groos/Daniel E. Saros: Future Histories Podcast, Episoden 31 und 32, 28.6.2020 bzw. 12.7.2020, unter: www.futurehistories.today/episoden-blog/s01e31-daniel-saros bzw. www.futurehistories.today/episoden-blog/s01e32-daniel-saros-part-2.

Ende die besseren Märkte hätten, noch sieht er das Kernproblem sozialistischer Wirtschaftsrechnung im Errechnen von Angebots- und Nachfragekurven und avancierten Input-Output-Tabellen. Es bedürfe, so argumentiert Saros, eines dynamischeren Zugangs, der die Möglichkeiten moderner Informations- und Kommunikationstechnologien in einer völlig anderen Art nutzbar mache und auf eigenständigen sozialistischen Bewegungsgesetzen beruhe. Sein Vorschlag, der stark von Prinzipien der Participatory Economics (ParEcon) von Robin Hahnel und Michael Albert inspiriert ist, jedoch in entscheidenden Punkten davon abweicht, nimmt die (mehrheitlich) zuvor artikulierten Bedürfnissen *aller* als Ausgangspunkt des Wirtschaftstreibens.

Die Basis seines Entwurfs bildet eine zentrale Online-Plattform (»General Catalog«), die alle derzeit verfügbaren Gebrauchswerte (Konsumgüter und Dienstleistungen) umfasst. In diesem Katalog können die gewünschten Artikel gesucht und in einem eigenen Bedürfnisprofil zur Bestellung abgelegt werden. Die Reihung der bestellten Gebrauchswerte gibt gleichzeitig Auskunft über die Dringlichkeit des Bedürfnisses und stellt dadurch eine Gewichtung für den weiteren Produktionsprozess dar. So können Grundbedürfnisse wie Nahrung, Wohnen und Ähnliches automatisch hochrangig platziert werden, um sicherzustellen, dass hinreichend Ressourcen in die Produktion dieses Gebrauchswerts fließen. Denn nach Ablauf der Anmeldephase, in der die Bedürfnisse registriert werden – die Intervalle sind hierbei variierbar und Teil eines demokratischen Aushandlungsprozesses –, findet ein Prozess der Ressourcenzuteilung statt. Dieser basiert auf Produktionspunkten, die sich aus der Reihung und somit Gewichtung der individuellen Bedürfnisse ergibt. Ist ein Gebrauchswert hoch gereiht, so erhält der Arbeiterrat, der diesen im Katalog gepostet und angeboten hat, mehr Produktionspunkte. Ist er niedrig gereiht, so erhält er weniger. Anzahl und Verteilung dieser Produktionspunkte nach Abschluss der Anmeldephase sollen die Frage beantworten: *Was* soll produziert werden?

In Bezug auf die Frage, *wie* die gegebenen Gebrauchswerte produziert werden sollen, schlägt Saros ein System der Arbeiterräte vor, die in weitreichender Autonomie produzieren und somit die Vorzüge der Selbstorganisation nutzen, die einst Stafford Beer und im Anschluss an ihn Evgeny Morozov hervorgehoben haben. Alle Arbeiterinnen und Arbeiter sind dabei gleichberechtigte Teile eines Arbeiterrats und damit auch in eine rechtlich festgelegte Teilhabe mitsamt Verantwortung für den Arbeiterrat eingebunden. Dieses Konzept des »legal right of guardianship« wird von Saros dezidiert als Alternative zu Privateigentum an Produktionsmitteln in Stellung gebracht und unterscheidet sich in entscheidenden Punkten von diesem. Denn die Guardians – also alle Arbeiterinnen und Arbeiter eines gegebenen Arbeiterrats – können zwar in Bezug auf die Umsetzung der Produktion frei über die Verwendung der ihnen via Credit-System zugewiesenen Produktionspunkte entscheiden, sie müssen dabei aber erstens ihr Handeln auf die Befriedigung der Bedürfnisse ausrichten, für die sie die Produktionspunkte erhalten haben, und sie können zweitens nicht – auch nicht gemeinschaftlich – entscheiden, die Produktionsmittel des jeweiligen Arbeiterrats zu veräußern. Laut Saros handelt es sich darüber hinaus insofern um einen Gemeinbesitz an den Produktionsmitteln, als dass alle durch das Bedürfnisranking im Credit-System in der Lage sind, über die Ressourcenzuweisung – und somit über die Produktionsmittel – zu entscheiden.

Die Vergütung in Form von Credits, die die Guardians in den Räten für ihre Arbeit erhalten, ist dabei nicht an einen zu erwirtschaftenden Profit geknüpft, denn Profit an sich existiert schlicht nicht mehr. Arbeitskraft ist stattdessen als Teil der Produktionsmittel über die via Credit-System zugewiesenen Produktionsmittel abgedeckt und die Höhe der Vergütung über Mechanismen festgelegt, die nicht innerhalb der Verfügungsgewalt des Arbeiterrats liegen. Die Höhe der Vergütung setzt sich in Saros' Vorschlag stattdessen aus mehreren Komponenten zusammen. Ein Basiseinkommen wird durch verschiedene Boni ergänzt, die zum Beispiel für langes Verbleiben in einem Arbeiterrat, für Konsum entlang der eigenen Schätzungen oder für Zurückhaltung im Konsum insgesamt ausgeschüttet werden. Zudem kann das Basiseinkommen – abhängig von der Beliebtheit der jeweiligen Arbeit – innerhalb enger Grenzen variieren. Auch andere zentrale Kategorien kapitalistischen Wirtschaftens, wie beispielsweise Geld oder die Warenform, existieren in der von Saros vorgeschlagenen politischen Ökonomie nicht. So sind Credits grundsätzlich persönliche Credits, können also nicht übertragen werden und verfallen, sobald sie ausgegeben werden.

Da Arbeiterräte für die produzierten Gebrauchswerte keine Credits erhalten, sondern nur via Gewichtung die für die Produktion nötigen Produktionspunkte zugesprochen bekommen und darüber hinaus nicht über die Höhe der Einkommen der Arbeiterinnen und Arbeiter entscheiden können, erfolgt die Verteilung der produzierten Gebrauchswerte auch nicht, wie im Kapitalismus, mit dem Ziel, einen möglichst hohen Tauschwert – und somit Profit – zu erzielen. Im Gegenteil verfolgt die Produktion der Arbeiterräte ja das Ziel der größtmöglichen Bedürfnisbefriedigung und wird auch daran und nicht an Quartalszahlen in der Einheit Geld gemessen. Dass es trotzdem noch Preise gibt, ist der Nutzung des Credit-Systems als Koordinationsmechanismus geschuldet. Preise stellen darin weiterhin eine wichtige Informationsquelle dar, schließen jedoch in der beschriebenen Nutzung Tauschwert, Warenform und Kapitalakkumulation ausdrücklich und systematisch aus. Kapital an sich, so zeigt es schon der Untertitel des Buches – »The end of capital and the transition to socialism« – ist für Saros eine zu überwindende Kategorie.

Ein weiterer entscheidender Aspekt in Bezug auf das *Wie* der Produktion ergibt sich aus der Begrenztheit natürlicher Ressourcen. Ein schlagendes Argument, das die Planwirtschaft hierbei gegenüber marktförmigem, profitorientierten Wirtschaften anbringen kann, ist, dass sie Möglichkeiten bietet, kollektive Koordinationsprobleme wie den Klimawandel besser zu adressieren, als dies im gegenwärtigen System der Fall ist. Hierzu sollen in Saros' Modell spezielle Arbeiterräte – die »councils of scientists« – gebildet werden, die Vorschläge für vertretbare Obergrenzen zur allgemeinen Abstimmung vorbereiten. Diese Obergrenzen werden ebenfalls in Produktionspunkten wiedergegeben und so – basierend auf den bereits erfolgten Gewichtungen – in weiterer Folge ermittelt, welchem Arbeiterrat wie viel von welchem Produktionsmittel zur Verfügung steht.

Neben dem *Was* und dem *Wie* stellt das *Für-wen* die dritte Dimension des Wirtschaftens dar, die in Standardwerken der orthodoxen Wirtschaftswissenschaften als die »drei fundamentalen Fragen ökonomischer Organisation« bezeichnet werden.[20] In diesem Fall ist das Für-wen schnell beantwortet: Die wirtschaftliche Produktion geschieht zuvorderst für jene, die ihre Bedürfnisse im Vorhinein artikuliert haben. Spontaner Konsum ist zwar weiterhin möglich, jedoch schlicht etwas teurer als der geplante. Konsumiert man hingegen nur jene Gebrauchswerte, die man in seinem Bedürfnisprofil abgelegt hatte, so erhält man einen Bonus in Form von zusätzlichen Credits.

Saros' Vorschlag setzt bei der niederen Phase des Kommunismus an – in seiner Diktion: die sozialistische Produktionsweise –, um dann nach erfolgreicher Praxis im Weiteren zur höheren Phase des Kommunismus überzugehen – bei Saros: die kommunistische Produktionsweise. Der entscheidende Unterschied ist hierbei die Frage, ob die Verfügbarkeit und Höhe individueller Credits, also eines Einkommens und damit Auskommens, eine Koppelung an erbrachte Arbeit kennt oder nicht. Im bisher beschriebenen Mechanismus gibt es eine solche Koppelung, wodurch sich dieser deutlich von anderen Vorschlägen zum Beispiel im Bereich der Commons-Theorie absetzt, die gerade in der absoluten Freiwilligkeit ein notwendiges Gestaltungsprinzip sehen.[21] Eine solche Freiwilligkeit in Bezug auf die Frage, ob für den Erhalt von Credits eine Arbeitsleistung erbracht werden muss oder nicht, sieht Saros' Vorschlag erst vor, wenn die Einübung gemeinschaftlicher Pra-

20 Paul A. Samuelson/William D. Nordhaus: Economics, New York 2001, S. 7f.

21 Simon Sutterlütti/Stefan Meretz: Kapitalismus aufheben. Eine Einladung, über Utopie und Transformation neu nachzudenken, Berlin 2018, S. 160–166; siehe hierzu auch den Beitrag von Jens Schröter in diesem Band.

xen so weit fortgeschritten ist, dass sie die neue Normalität darstellen. Erst dann könne das kommunistische Ideal – jede nach ihren Fähigkeiten und jede nach ihren Bedürfnissen – vollends umgesetzt werden. Die gesellschaftliche Organisation von Produktion/Verteilung/Konsum würde zwar auch dann noch via Credit-System organisiert werden; dessen Koordinationsfunktion bliebe also erhalten, die beschriebenen Anreizsysteme seien in dieser Phase jedoch obsolet. Da kapitalistische Paradigmen – unter ihnen auch sinnloser Konsum durch die Erzeugung künstlicher Bedürfnisse, das Primat des Konkurrenzdenkens und Wachstumszwang – erfolgreich abgelöst worden seien, stünde nun einer jeden frei, so viele Credits und damit Ressourcen zu nutzen, wie sie bedarf. Das Maß, so die These, läge nun in uns allen und wäre an einer selbstverständlichen Ausrichtung am Gemeinsinn orientiert.

Es gilt jedoch festzuhalten, dass der Entwurf von Saros seine eigenen Leerstellen und Konfliktlinien erzeugt. Die eingangs erwähnte Gefahr, historisch-spezifische Denkkategorien der herrschenden Gesellschaftsform könnten sich nur allzu leicht in aus der Gegenwart heraus entwickelte Entwürfe zukünftiger politischer Ökonomien einschleichen, ist auch bei Saros' Vorschlag nicht von der Hand zu weisen. Der bereits angesprochene implizite Arbeitszwang mag von den einen als begrüßenswerter Realismus einer Transformationsphase begrüßt werden und wird von Saros selbst als in Einklang mit der niedrigeren Phase des Kommunismus – der sozialistischen Phase – beschrieben und konzeptionalisiert. Betrachtet man ihn jedoch aus der Perspektive der Commons-Theorie, so steht er nicht nur einem der elementaren Pfeiler des »Commonismus«, nämlich dem der Freiwilligkeit als absolutem Grundprinzip, diametral entgegen, sondern verlängert durch die Übernahme des Tauschs – Arbeitszeit gegen Credits – eine der Grundlagen der kapitalistischen Vermittlungsform.[22]

Ein weiterer grundlegender Faktor in dem von Saros vorgeschlagenen System ist der der Quantifizierung bzw. der in

22 Sutterlütti/Meretz: Kapitalismus aufheben, S. 160.

Wertungsskalen darstellbaren Gewichtung. Sieht man das von Saros vorgeschlagene Koordinationsprinzip als umfassend und auf alle möglichen Bereiche gesellschaftlicher Organisation anwendbar an, so birgt dies die Gefahr des Einzugs bzw. der Verlängerung von Logiken der Quantifizierung in Bereiche, deren Eigenlogik einer solchen Darstellung und Gewichtung widersprechen und in dieser somit nicht adäquat gefasst sind. Bildung, das Gesundheitswesen und Care-Arbeit bilden solche Bereiche und es gilt zu hinterfragen, wann die Anwendung eines Credit-basierten Allokationsprinzips einen Nutzen bringt – Saros sieht einen solchen Vorteil gerade in der Kompensation und Anerkennung von im Kapitalismus weitestgehend nicht oder unterbezahlter Care-Arbeit – und wo ein solches Vorgehen den produktiven Eigenlogiken dieser Bereiche entgegenwirkt.

Es kann hier keine abschließende und vollständige Kritik des von Daniel E. Saros vorgebrachten Vorschlags geleistet werden und es sei an dieser Stelle nur stichwortartig auf weitere offene Felder eingegangen. So spart Saros Privacy-Fragen weitestgehend aus, und auch eine mögliche Machtkonzentration in den Händen des »council of scientists«, ebenso wie den darin anklingende Szientismus, thematisiert er nicht. Die Frage der Transformation ist in »Information Technology and Socialist Construction« ebenfalls nicht hinreichend erläutert: So bleibt unklar, wie die von Saros als notwendige Grundlage angesehene »species consciousness« innerhalb heutiger Herrschaftsverhältnisse entwickelt werden soll.

Auf die Kritikpunkte und offenen Fragen angesprochen, zeigt sich Saros jedoch den vorgebrachten Bedenken gegenüber durchaus offen und verweist auf den Vorschlagscharakter seines Entwurfs und die Flexibilität des Modells, ebensolche Kritikpunkte einzuarbeiten.[23] Dieser habe, so Saros, zuvorderst die Darstellung des Grundprinzips eigenständiger sozialistischer Bewegungsgesetze auf Basis heutiger technologischer Möglichkeiten und eine neuartige Beantwortung der im

23 Groos/Saros: Future Histories.

Rahmen der Socialist Calculation Debate gestellten Frage einer sozialistischen Wirtschaftsrechnung im Sinn.

Im Geiste dieses Eröffnens eines konstruktiven Diskursraums über konkrete Alternativen politischer Ökonomie soll nun abschließend eine mögliche Synthese zwischen Saros' Entwurf und den von Eva von Redecker entwickelten Überlegungen zu Praxis und Revolution skizziert werden. Redeckers Arbeit bietet hierbei gerade in Hinblick auf die kritische Frage der Transformation und den dieser Transformation inhärenten Zeitlichkeiten Aufschluss.

Distribuierter Sozialismus

»When Austrian economists respond to today's defenders of central planning by noting that any non-capitalist system – even one rooted in the power of Big Data – could only beat the efficiency of the price system if it also created new behavioural modes and frameworks of meaning, they have a point.«[24]

Will man zu einem überzeugenden Modell alternativer politischer Ökonomie kommen, das potenziell in der Lage ist, breite Teile heutiger Gesellschaften zu überzeugen – und dies muss ein Ziel sein –, so reicht es nicht, schlüssig zu erläutern, wie funktionale Aspekte kapitalistischen Wirtschaftens (etwa die Funktion des Markts und des Preismechanismus) abgelöst werden können. Es muss darüber hinaus auch das plausibilisiert werden, was sich nicht in funktionalen Aspekten erschöpft. Entwirft man beispielsweise das Bild einer Zukunft, in der eine jede als Guardian in gemeinschaftlicher Pflege für den Erhalt eines Arbeiterrats zuständig ist, so müssen nicht nur die formal-rechtlichen Rahmenbedingungen dieses neuen Bezugsverhältnisses vorstellbar sein, sondern auch die Menschen und ihre Praxen, die dieses Bezugsverhältnis durch ihr Handeln miterschaffen. Denn versetzt man sich in den Geist einer dem Sozialismus vielleicht sogar wohlgeneigten, aber skeptischen Liberalen des Jahres 2021, dann wird diese nicht

24 Morozov: Digital Socialism, S. 46.

nur zu Recht danach fragen, wie man denn das Problem der Wirtschaftsrechnung zu lösen gedenke, sondern sie wird sich ebenfalls zu Recht darüber im Klaren sein – mal bewusster, mal als Intuition –, dass es anderer Weltbezüge, anderer Gemeinschaften, anderer Beziehungsweisen bedarf, um sozialistisches Wirtschaften möglich zu machen.[25]

Eva von Redecker weist in ihrer Arbeit darauf hin, dass ebensolche, im Grunde postrevolutionären Verhältnisse, bereits heute in Nischen gelebt werden. Indem sie das Ausweiten solch alternativer Praxis *als* Revolution deutet, schafft sie es, zwei Elemente miteinander zu verbinden, die zusätzlich zu funktional orientierten Entwürfen wie dem von Saros nötig sind, um überzeugende Entwürfe alternativer politischer Ökonomien zu erschaffen.[26] Die Plausibilisierung radikal anderer gesellschaftlicher Verhältnisse geschieht hier nicht auf Basis neuer technologischer Möglichkeiten und entlang den Erwartungshaltungen der wirtschaftswissenschaftlichen Orthodoxie – dem *Was/Wie/Für-wen* der Neo-Klassik –, wie es bei Saros der Fall ist. Stattdessen beschreibt Redecker ein präfiguratives Verhältnis, in dem heutige, in den Zwischenräumen angesiedelte Praxis durch stetige Ausweitung zu neuer Paradigmenbildung beiträgt und schließlich in Form von Institutionalisierung und Routinisierung neue Normalitäten prägt und verstetigt. In aus- bzw. einladender Geste wird somit auf die Vielzahl der Zwischenräume verwiesen, in denen auch innerhalb heutiger Herrschaftsverhältnisse bereits andere Praxis als Anker für zukunftsweisendes Handeln dient. Auf diesem Weg gelingt es Redecker, die Frage der Transformation weder geschichtsdeterministisch zu beantworten – das von ihr beschriebene Revolutionsverständnis schließt die Möglichkeit des Scheiterns ausdrücklich mit ein –, noch belässt sie es dabei, die Bedingungen für radikalen Wandel als offene Frage im Raum stehen zu lassen. Verbleibt man beim Beispiel des Arbeiterrats, so hieße das, dass erst die Mietshaussyndikate

25 Zum Begriff Beziehungsweisen vgl. Bini Adamczak: Beziehungsweise Revolution – 1917, 1968 und kommende, Berlin 2017.

26 Redecker: Praxis und Revolution, S. 33–35.

der Gegenwart, die Genossenschaften, die großen und kleinen Kooperativen und ihre Bezugsgruppen im Handeln ihrer jeweiligen Praxis ein zukünftig weitflächig verankertes »legal right of guardianship« plausibel erscheinen lassen. Über diese Plausibilisierung des Imaginären hinaus weisen sie zudem Pfade der Transformation aus – ein Mietshaussyndikat nach dem anderen –, in denen selbst erzkapitalistische Kategorien wie das Eigentum an Produktionsmitteln ihrer mystifizierenden Naturalisierung beraubt und durch neue, bessere Formen ersetzt werden können.

Redecker und Saros lassen sich – zusammengelesen – gegen einen linken Defätismus in Stellung bringen. Ihre Arbeiten schließen dabei Lücken des jeweils anderen. Denn zum einen stößt Redeckers vorausgreifende Praxis, so sie denn wächst und gedeiht, unweigerlich ab einem gewissen Punkt auch auf Probleme der (sozialistischen) Wirtschaftsrechnung, die nicht mit einem simplen »das wird sich dann ergeben« abgetan sind. Zum anderen kann ein Vorschlag wie der von Saros nur funktionieren, wenn das mitunter wie theoretische Sandkastenspiele anmutende Konstrukt mit Leben – soll heißen mit Praxis – gefüllt wird. Die Frage der Transformation muss hierbei in einer Art und Weise beantwortet werden, die es glaubwürdig erscheinen lässt, dass die zuvor vielleicht als fremdartig – da radikal anders – erscheinende Praxis bereits im Vollzug angeeignet und eingeübt werden kann. Die radikale Änderung, die in dem von Saros vorgeschlagenen Modell angelegt ist, würde dann nicht von außen auf Gesellschaften einbrechen, wie es im klassischen Modell eines revolutionären Umsturzes angelegt ist, sondern gleichsam aus der sich ausweitenden Praxis heraus den Status eines neuen Paradigmas erlangen. Es geht folglich darum, Bedingungen zu schaffen, die das bereits vor der Revolution gelebte Nach-Revolutionäre zur neuen Normalität erhebt und dadurch einfacher macht.

Um der Arbeit an einer Synthese dieser Zugänge einen Begriff an die Seite zu stellen, soll hier in Bezugnahme auf Redecker der Terminus distribuierter Sozialismus zur weiteren Entwicklung eingeführt werden. Er eignet sich, um eine

Aufhebung der dichotomen Gegenüberstellung von zentral vs. dezentral zu forcieren, die gerade in der Debatte rund um sozialistische Planwirtschaften weder zutreffend noch produktiv erscheint. Ein Modell wie das von Daniel E. Saros hat sowohl zentrale als auch dezentrale Elemente. Es ist ein distribuiertes, also verteiltes System, das zwar zentralen Zielen dient, der Bedürfnisbefriedigung aller, in dem aber die Koordination und Umsetzung der eigentlichen Produktion verteilt über die vielfältigen Arbeiterräte stattfindet. Diese stehen, wie in distribuierten Netzwerken der Fall, in permanentem Austausch untereinander, um eine bestmögliche Nutzung der gegebenen Ressourcen zu gewährleisten. Über diese technische Analogie hinaus erlaubt der Begriff distribuierter Sozialismus aber auch, ein Weltverhältnis zu umfassen, das dem verteilten Wissen und der verteilten Erfahrung aller verpflichtet ist – ob Mensch, Tier, Maschine oder Umwelt.

Katharina Volk

Was die Kybernetik vom Feminismus lernen kann

Oder: Warum wir der Technik nicht das Feld überlassen sollten[1]

Die Kybernetik als Wissenschaft der Kommunikation und Kontrolle hatte ihre Geburtsstunde nach dem Zweiten Weltkrieg und feierte in den 1960er- und 1970er-Jahren große Erfolge – auch wenn sie aufgrund ihres militärischen Entstehungskontextes nicht unumstritten war.[2] Im Rahmen der Digitalisierung erlebt die Kybernetik nun ein Comeback und im Zuge der Corona-Pandemie 2020/21 gewinnen kybernetische Steuerungssysteme zusätzlich an Fahrt. Immer mehr werden kybernetische Steuerungsverfahren in der industriellen Produktion und im Dienstleistungsbereich eingesetzt. Sie verändern die Arbeitsorganisation erheblich, denn durch sie kann die Produktion gesteuert, Aufträge in Echtzeit weitergeleitet und den Beschäftigten ein unmittelbares Feedback für ihre Leistungen gegeben werden.

Bisher weniger erforscht sind diese aktuellen Entwicklungen aus feministischer Perspektive. Hier gibt es nämlich durchaus Zusammenhänge, auch wenn es nicht den Anschein haben mag. Meine These ist, dass die Art und Weise, wie Technik und welche Technik entwickelt wird, in den Geschlechterverhältnissen ausgehandelt wird. Demnach ist es eine Machtfrage, ob mittels neuer Technologien mehr Gerechtigkeit erreicht werden kann. Wer hat Zugang zu welcher Technik, wer kann relevante Entscheidungen treffen und über den Einsatz von Technik (mit-)bestimmen? All diese Fragen lassen sich für Männer

1 Für wertvolle Hinweise möchte ich Stefanie Geyer, Kerstin und Christine Löw herzlich danken.

2 Vgl. Anne Koppenburger/Simon Schaupp/Paul Buckermann: Einleitung – Technologie als Feld gesellschaftlicher Machtkämpfe, in: dies. (Hrsg.): Kybernetik, Kapitalismus, Revolution. Emanzipatorische Perspektiven im technologischen Wandel, Münster 2017, S. 7–19, hier S. 8, FN 2.

und Frauen in unterschiedlicher Weise beantworten. Frauen haben nicht denselben Zugang zu Technologien und sind auch weniger als Männer an der Entwicklung von Technik beteiligt. Das ist ein zentrales Problem hinsichtlich der Entwicklung von kybernetischen Steuerungssystemen – sie entstehen nicht im luftleeren Raum, ihre »Auftreffstruktur« (Frigga Haug) ist patriarchal und kapitalistisch geprägt. Dies bedeutet, dass wir uns den Kontext anschauen müssen, in dem sich die neuen Technologieverhältnisse entwickeln.

Unsere kapitalistisch-patriarchale Gesellschaft ist charakterisiert durch eine geschlechtsspezifische und rassistische Arbeitsteilung sowie die Trennung von Lohnarbeit und Haus- und Familienarbeit.[3] Problematisch ist, dass die männlich dominierte Lohnarbeit als das alleinige strukturierende Moment unserer Gesellschaft betrachtet wird, Haus- und Familienarbeit – meist von Frauen unbezahlt erledigt – dagegen nicht. Damit wird ein zentraler Bereich unsichtbar, obwohl er eine strukturierende Funktion innerhalb unserer Gesellschaft hat.

Die zweite hier dargelegte These lautet daher: Im Zuge der Entwicklung neuer Technologien durch Kybernetisierung und Digitalisierung geht auch eine Neuordnung und Neuorganisation *gesamtgesellschaftlich notwendiger Arbeiten* einher.[4] Mit Donna Haraway gehe ich davon aus, dass »spezifische Familienformen in einer dialektischen Beziehung zu der jeweils vor-

3 Meines Erachtens gibt es bisher in der feministischen Debatte kein passenderes Begriffspaar für die Bezeichnung dieser gesamtgesellschaftlich notwendigen Arbeiten. Aus diesem Grund spreche ich von Erwerbsarbeit auf der einen und Familien- und Hausarbeit auf der anderen Seite. Weder aus dem Begriff Reproduktionsarbeit noch aus dem Begriff Care geht hervor, dass es sich auch bei der Haus- und Familienarbeit jeweils um Produktionen handelt, nämlich um Produktionen des Lebens; vgl. hierzu Frigga Haug: Zur Theorie der Geschlechterverhältnisse, in: Das Argument 243, 2001, S. 761–787. Damit ist nicht nur Schwangerschaft und Geburt gemeint, sondern auch Kochen, den Haushalt erledigen, Waschen etc.; zur weiteren Erläuterung vgl. Katharina Volk: Von der Gesellschaftsanalyse zur Utopie. Ein historischer Blick auf materialistisch-feministische Theorien, Münster 2018, S. 307–310.

4 In Anlehnung an Frigga Haug greife ich diesen feministischen Begriff auf, um zu verdeutlichen, dass alle Arbeiten in den Blick genommen werden müssen, nicht nur die bezahlte Lohnarbeit. Unter gesamtgesellschaftlich notwendigen Arbeiten fallen neben der Erwerbsarbeit auch die Familien- und Hausarbeit. Es ist wichtig, diese beiden Formen von Arbeiten in den Blick zu nehmen und sie in ihrer Unterschiedlichkeit und ihrem Zusammenhang zu analysieren.

herrschenden Produktionsweise und ihren politischen und kulturellen Begleiterscheinungen« stehen.[5]

Wir befinden uns jedoch noch am Anfang eines tiefgreifenden Wandels, sodass ich in diesem Artikel zurückblicke und anhand von zwei älteren feministischen Ansätzen aufzeigen werde, inwieweit sich mit den Technologieverhältnissen auch das Verhältnis von Lohn- und Haus- und Familienarbeit verändert, um daraus entsprechende Rückschlüsse für heutige Entwicklungen zu ziehen. Ausgewählt habe ich Clara Zetkin (1857–1933) und Shulamith Firestone (1945–2012), die in unterschiedlichen Jahrzehnten lebten, aber beide ihre Ideen vor dem Hintergrund historisch gravierender Veränderungen entwickelten: Clara Zetkin hatte die industrielle Revolution und die Industrialisierung Ende des 19. Jahrhunderts vor Augen und Shulamith Firestone die zunehmende Automatisierung durch die Einführung von Computern und die Entwicklung der Kybernetik in den 1970er-Jahren. Dies macht beide interessant für mein Anliegen, denn auch unsere Gesellschaft steht mit der Digitalisierung und Kybernetisierung von Arbeit vor erheblichen Veränderungen. Bevor ich diese beiden Ansätze skizziere, möchte ich zunächst die gesellschaftlichen Bedingungen beschreiben, auf die Kybernetik und Digitalisierung stoßen, um dann im dritten Teil des Artikels anhand des Beispiels von Homeoffice die Chancen und Risiken der aktuellen Technologieverhältnisse in Bezug auf den Wandel von Gesellschaft und Geschlechterverhältnissen zu diskutieren.

Über den Zusammenhang von Geschlechter- und Technologieverhältnissen

Wenn wir an Digitalisierung denken, dann an selbstfahrende Autos, Roboter in der Produktion oder Datenbrillen. Damit ist aber der Blick verzerrt, denn die Digitalisierung hat längst in die Büroarbeit Einzug erhalten, in jene Bereiche also, in denen

5 Donna Haraway: Ein Manifest für Cyborgs. Feminismus im Streit mit den Technowissenschaften, in: dies.: Die Erfindung der Natur. Primaten, Cyborgs und Frauen, Frankfurt/New York 1995, S. 56; eine Übersicht bietet Volk: Von der Gesellschaftsanalyse zur Utopie.

zumeist Frauen als Sachbearbeiterinnen oder kaufmännische Angestellte tätig sind. Gerade hier sind Routinearbeiten durch neue Software schon seit Jahren digitalisiert. Mit der Kybernetik taucht nun eine Form der Steuerungstechnologie am digitalen Himmel auf, die auf Algorithmen beruht und sowohl im industriellen als auch im administrativen Tätigkeitsbereich zunehmend an Bedeutung gewinnt. Auf Basis digitaler Technologien können sich »kybernetisch orientierte algorithmische Steuerungssysteme« überhaupt erst in diesem Maße entwickeln.[6]

»Gemeinsam mit Salesforce können wir Unternehmen auf der ganzen Welt zügig dabei unterstützen, Technologien zu implementieren, die ihre Mitarbeiter [und Mitarbeiterinnen; K.V.] bei der Rückkehr ins Büro unterstützen und gleichzeitig die Grundlagen für eine langfristige digitale Weiterentwicklung der Arbeitsplätze schaffen«, wird Roland Busch, stellvertretender CEO[7] der Siemens AG, in einer Pressemitteilung im Juni 2020 zitiert,[8] in der die Siemens AG die Kooperation mit dem Unternehmen Salesforce ankündigt. Nachdem Siemens während der Corona-Pandemie nahezu alle Beschäftigten ins Homeoffice geschickt hat, soll nun in der Zusammenarbeit mit Salesforce (die allerdings schon vor Corona bestand) eine sichere Rückkehr der Beschäftigten an ihren Arbeitsplatz garantiert und »intelligente, vernetzte Arbeitsstätten der Zukunft« gestaltet werden.[9] Salesforce ist eine cloudbasierte Prozesssteuerungsplattform, die »sowohl zur Steuerung der Kommunikation zwischen MitarbeiterInnen einer Organisation und deren KundInnen (*Customer Relationship Management*) als auch zur Erfassung der Arbeitsleistung« der Beschäftigten eingesetzt wird.[10] Auf diese zunehmende und durchaus

6 Vgl. Eva Maria Raffetseder/Simon Schaupp/Philipp Staab: Kybernetik und Kontrolle. Algorithmische Arbeitssteuerung und betriebliche Herrschaft, in: PROKLA 187, 2017, S. 229–247, hier S. 229.

7 Chief Executive Officer, englische Bezeichnung für Vorsitzende oder Vorsitzender.

8 Siemens AG: Siemens und Salesforce kooperieren für sichere Arbeitsumgebungen, Pressemitteilung, 26.9.2020 unter: https://press.siemens.com/global/de/pressemitteilung/siemens-und-salesforce-kooperieren-fuer-sichere-arbeitsumgebungen.

9 Ebd.

10 Raffetseder u.a.: Kybernetik und Kontrolle, S. 235.

problematische Kontrolle von Beschäftigten und der Arbeitsprozesse durch kybernetische Steuerungstechnologien im Betrieb weist Simon Schaupp in seinen Forschungen hin.[11]

Das »berührungslose Büro« wird als Büro der Zukunft gepriesen. Mit digitalen Zugangsdaten für Bürogebäude und Aufzüge können die Beschäftigten Konferenzräume und Schreibtische buchen (eigene Schreibtische für die Beschäftigten sind scheinbar nicht mehr vorgesehen). In Echtzeit werden Warnmeldungen versendet, sofern Schwellenwerte erreicht werden. Dem Unternehmen werden nicht nur Belegungs- und Standortdaten der Beschäftigten übermittelt, Siemens erhält zudem die Möglichkeit der Kontaktverfolgung. Die schöne neue Arbeitswelt von morgen wird mit Salesforce Wirklichkeit.

Ohne die Digitalisierung wären diese kybernetischen Systeme wie Salesforce nicht denkbar. Mit ihnen wird die Hoffnung verbunden, »die Arbeitseffizienz durch das Zusammenspiel weitgehend automatisierter Prozesssteuerung mit komplexen, in Echtzeit operierenden Feedbacksystemen zu steigern«.[12] Die Betonung von Effizienz suggeriert eine Neutralität der technologischen Entwicklung, die in der derzeitigen Kybernetik keineswegs gegeben ist. Vielmehr ist jene Entwicklung ein politischer Prozess, der gestaltbar ist – abhängig von den jeweiligen Kräfteverhältnissen.

Dass Technik mitnichten neutral und objektiv ist, wie vielfach geglaubt oder unterstellt wird, darauf verweisen Feministinnen und Feministen schon seit Jahrzehnten, doch seltsamerweise finden sich ihre Ansätze selten bis gar nicht in den einschlägigen Forschungen über Technologieverhältnisse wieder. Mit Donna Haraway begreife ich Technologien und wissenschaftliche Diskurse als ein sich immer wieder veränderndes Ergebnis sozialer Interaktion. Haraway spricht daher von Wissenschafts- und Technologieverhältnissen, »um zu betonen, dass es hier nicht um technologischen Determinismus,

11 Vgl. Simon Schaupp: Vergessene Horizonte. Der kybernetische Kapitalismus und seine Alternativen, in: Buckermann u.a. (Hrsg.): Kybernetik, Kapitalismus, Revolution, S. 51–73.

12 Raffetseder u.a.: Kybernetik und Kontrolle, S. 229.

sondern um ein historisches System geht, das auf strukturierten Beziehungen zwischen Menschen beruht«.[13] Dies bedeutet, Technologien als Ausdruck von Macht- und Herrschaftsverhältnissen zu begreifen. Um dies kurz an einem Beispiel zu veranschaulichen: In den Ergebnissen von automatisierten Suchvorschlägen werden geschlechterstereotypische Vorstellungen reproduziert. So zeigt die Suchanfrage CEO bei *google* in Bildern mehrheitlich weiße ältere Männer. Werden nun die häufigsten Ergebnisse dieser Suchanfrage gescannt, dann lernt der Algorithmus, der CEO ist ein weißer Mann im Anzug.[14] Unklar ist, wie genau die Suchmaschinen-Algorithmen funktionieren. So bleiben die damit einhergehenden Normierungen und Normalisierungen ebenfalls unsichtbar. »Ungleichstrukturen finden sich durch diese Unsichtbarmachung nicht nur verschärft, sie werden durch die Objektivitätsrhetorik einer algorithmischen Regierungsweise sogar legitimiert.«[15] Demnach prägen und reproduzieren Technologieverhältnisse unser Verständnis von Geschlecht, Klasse und *race,* ohne dass wir uns dessen immer bewusst sind. Eine Betriebsrätin eines größeren Unternehmens, das im Angestelltenbereich mit kybernetischen Feedbacksystemen arbeitet, berichtet, dass ein durch einen Algorithmus vermitteltes Feedback bei den Beschäftigten eine höhere Akzeptanz aufweist als ein Feedback der unmittelbaren Vorgesetzten. Dem Feedbacksystem wird mehr Authentizität zugeschrieben als den Vorgesetzten – was mitunter stimmen mag. Mit dieser Perspektive wird jedoch verschleiert, dass auch diese Algorithmen auf von Menschen eingegebenen Daten basieren, die alles andere als neutral sind.

Betrachten wir nun unsere gesellschaftlichen Strukturen, innerhalb derer sich die Technologieverhältnisse entfalten, dann wird deutlich, dass es durchaus zu einer Reproduktion von Geschlechterungleichheit und der Manifestation von

13 Haraway: Manifest für Cyborgs, S. 54.

14 Vgl. Lydia Heller: Wie sich Stereotype in Suchmaschinen festsetzen, DLF, 17.9.2020, unter: www.deutschlandfunkkultur.de/rassismus-und-sexismus-im-web-wie-sich-stereotype-in.976.de.html?dram:article_id=362153.

15 Magdalena Freudenschuss: Digitalisierung. Eine feministische Baustelle, in: Femina Politica 2/2014, S. 9–21, hier S. 10.

Geschlechterstereotypen kommen kann (nicht muss). Die Digitalisierung hat allein deshalb schon unterschiedliche Auswirkungen auf Männer und Frauen, weil der Arbeitsmarkt hierzulande stark geschlechtsspezifisch ausgeprägt ist. Clemens Ohlert und Pauline Boos gehen in ihrer Untersuchung der Frage nach, wie die Verteilung von Männern und Frauen in den entsprechenden Branchen ist und welche Auswirkungen dies auf die Entgeltstruktur und die Präsenz der Geschlechter in bestimmten Berufen und Führungspositionen hat.[16] Sie kommen zu dem Ergebnis, dass es eher zu einer Verfestigung bisheriger Geschlechterungleichheiten kommt als zu ihrer Überwindung. Ohlert und Boos begründen dies wie folgt: Frauen seien in Branchen beschäftigt, die nur von einem geringeren Digitalisierungsgrad betroffen sind (Tendenz steigend), wie dem Gesundheitswesen oder dem Bereich Erziehung und Unterricht. Männer arbeiteten eher in Branchen, in denen die Nutzung von digitalen Technologien verbreitet ist, wie dem verarbeitenden Gewerbe und dem Bereich Information und Kommunikation.[17] Problematisch ist, dass das Entgelt in den Branchen tendenziell höher ist, die digitale Technologien nutzen, als in jenen, die sie nicht nutzen. Somit wird mit einer Ungleichheit eine weitere zementiert: die Entgeltungleichheit zwischen den Geschlechtern. Diese wiederum ist eine der Ursachen, warum Frauen über weniger Geldmittel verfügen als Männer und warum sie im Alter stärker von Altersarmut betroffen sind als Männer.

Verbunden mit der geschlechtsspezifischen Arbeitsteilung zwischen den Branchen ist auch eine innerbetriebliche Arbeitsteilung, auf die Edelgard Kutzner und Victoria Schnier in ihren Forschungen über den Zusammenhang von Digitalisierung und Geschlecht in der industriellen Einfacharbeit hinweisen.[18]

16 Vgl. Clemens Ohlert/Pauline Boos: Auswirkungen der Digitalisierung auf Geschlechterungleichheiten. Eine empirische Untersuchung auf der Branchenebene, Harriet-Taylor-Mill-Institut, Discussion Paper 39, 12/2019.

17 Vgl. ebd., S. 7f.

18 Edelgard Kutzner/Victoria Schnier (unter Mitarbeit von Lena Kaun): Industrielle Einfacharbeit, Geschlecht und Digitalisierung. Eine explorative Studie, Forschungsinstitut für gesellschaftliche Weiterentwicklung, Düsseldorf 2019.

Sie zeigen auf, dass mit dem Festhalten an traditionellen Geschlechterstereotypen, nach denen Männer über mehr körperliche Kraft verfügen und Frauen über bessere Fingerfertigkeit, innerbetriebliche Machtprozesse und -strukturen gefestigt werden. So sind Männer in der industriellen Produktion mehrheitlich Facharbeiter und Frauen Helferinnen, das heißt, Frauen arbeiten an den Maschinen und Männer um sie herum. Durch den Einzug neuer Technologien ändert sich nichts an dieser innerbetrieblichen Arbeitsteilung, so das Ergebnis ihrer Forschungen.[19] »Frauen sind das Flexibilisierungspotenzial einer noch nicht ausgereiften oder noch nicht eingesetzten Technik.«[20]

Das Problem, auf das Kutzner und Schnier hier in ihren Forschungen stoßen, aber nicht benennen, ist eine nach wie vor geschlechtsspezifische Arbeitsteilung, nach der Frauen nicht dem Bereich der Lohnarbeit zugeordnet werden. Frauen werden im Betrieb immer noch als »Zuverdienerinnen« gesehen, die keine Herausforderungen suchen, sondern »nur« des Geldes wegen arbeiten. Dementsprechend werden Frauen im Betrieb eingesetzt und ihre Leistungen entsprechend (ab) gewertet. Auch die Tatsache, dass Frauen schwanger werden und dann für eine Weile den Betrieb verlassen, fördert diese ungleiche Behandlung. Die Einführung neuer Technologien wird diesen Pfad der geschlechtlichen Arbeitsteilung fortschreiben, wenn wir nicht eingreifen. Im nächsten Abschnitt widme ich mich nun den Ansätzen von Zetkin und Firestone, um die Dialektik von Technikverhältnissen und Geschlechterverhältnissen historisch zu betrachten und Möglichkeiten des Eingreifens herauszuarbeiten.[21]

19 Vgl. ebd., S. 66.

20 Vgl. ebd., S. 73.

21 Eine ausführliche historische Untersuchung findet sich bei Deborah Oliveira: Gender und Digitalisierung. Wie Technik allein die Geschlechterfrage nicht lösen wird, Working Paper Forschungsförderung Nr. 37, Hans-Böckler-Stiftung, Düsseldorf, 2017.

Feministische Ideen zur Lösung der »Frauenfrage«

Clara Zetkin ist überzeugt, dass erst die Industrialisierung die Voraussetzung für die Entstehung der Frauenfrage im 19. und 20. Jahrhundert geschaffen habe. Sie schreibt emphatisch: »[D]er Gedanke an ihre Emanzipation [der Frauen; KV] konnte nicht aufkommen, bis nicht die Maschine als Heiland auftrat und mit dem Dröhnen und Stampfen ihres Räderwerks das Evangelium von der Menschwerdung, der wirtschaftlichen Verselbstständigung der Frau verkündete.«[22] Die Frauenarbeit in der Industrie wurde also »mit der Entwicklung der modernen Industrie eine Notwendigkeit«.[23] Zetkin sieht das emanzipatorische Potenzial für Frauen in dieser Entwicklung, arbeitet aber gleichzeitig einen zentralen Widerspruch heraus: jenen zwischen Erwerbsarbeit und Haus- und Familienarbeit. Der Kapitalismus habe »die Grundlage für die alte hauswirtschaftliche Tätigkeit der Frau zerstört«.[24] Haben Frauen vor der Industrialisierung Arbeiten innerhalb des Haushalts erledigt (z.B. Wäsche waschen, Bier brauen, Seife produzieren, Lebensmittel herstellen und konservieren), werden diese Tätigkeiten nun von Maschinen und von Frauen in den Fabriken übernommen. Zetkin bewertet diese Entwicklung positiv, führe doch die technologische Entwicklung durch »die Errichtung großer gemeinsamer Dampfküchen, die Einführung von Zentralheizung und Zentralbeleuchtung« zur Emanzipation von Frauen.[25] Gleichzeitig setzt sich aber mit der Entstehung der bürgerlichen Kleinfamilie eine Arbeitsteilung fort, nach der Frauen weiterhin für die Haus- und Familienarbeit zuständig sind. Für die Arbeiterinnen bedeutet dies: zusätzlich zur Lohnarbeit.

22 Clara Zetkin: Die Arbeiterinnen- und Frauenfrage der Gegenwart, in: Gisela Brinker-Gabler (Hrsg.): Frauenarbeit und Beruf. Mit Texten von Clara Zetkin, Lina Morgenstern, Alice Salomon, Lily Braun, Käthe Schirmacher u.a., Frankfurt a.M. 1979, S. 134–146, hier S. 138.

23 Clara Zetkin: Für die Befreiung der Frau. Rede auf dem Internationalen Arbeiterkongress, in: dies.: Ausgewählte Reden und Schriften, Bd. 1, Auswahl aus den Jahren 1889 bis 1917, Berlin 1957, S. 3–11, hier S. 3.

24 Clara Zetkin: Was die Frauen Karl Marx verdanken, in: ebd., S. 218–225, hier S. 220f.

25 Clara Zetkin: Die Arbeiterinnen- und Frauenfrage der Gegenwart, Berlin 1889, S. 7.

Deutlich wird anhand von Zetkins Analyse zweierlei: Wenn wir die gegenwärtige Entwicklung der Kybernetisierung betrachten, dann müssen wir auch die Organisation der Haus- und Familienarbeit im Verhältnis zur Lohnarbeit in den Blick nehmen, denn beides verändert sich. Zweitens muss die geschlechtliche Arbeitsteilung überwunden werden, nach der Frauen die Haus- und Familienarbeit übernehmen.

Während Zetkin für das Recht auf Erwerbsarbeit für Frauen kämpfte, geht es Firestone um die Abschaffung der Arbeit und der Geschlechter. Firestone fordert eine Revolution, mit der durch neue Technologien wie der Kybernetik die Arbeit abgeschafft wird und mittels künstlicher Befruchtung die Fortpflanzung nicht mehr an den weiblichen Körper gebunden ist. Zudem fordert sie eine Abschaffung der biologischen Familie. In ihr erkennt Firestone »eine tiefverwurzelte, ungleiche Machtverteilung«, aus der eine geschlechtliche Arbeitsteilung resultiere, die männliche Privilegien reproduziere und Frauen und Kinder unterdrücke.[26] Die Befreiung der Frauen von Schwangerschaft und Geburt sei technologisch zwar möglich, ideologisch aber nicht. Die Betonung der natürlichen Geburt hält Firestone für einen Bestandteil »der reaktionären, rousseauschen Zurück-zur-Natur-Ideologie der Hippies«.[27] Der Überbau, der um die Schwangerschaft und die natürliche Geburt kultiviert werde, sei vielmehr ein Beleg für die Unterdrückung von Frauen. Wie Zetkin ist auch Firestone überzeugt, dass mit dem technologischen Fortschritt erstmals »die Voraussetzungen für den Umsturz dieser unterdrückerischen ›natürlichen‹ Bedingungen und ihrer kulturellen Verankerung geschaffen« sind.[28] So bestünde historisch betrachtet durch Technologien wie die Kybernetik die Möglichkeit, Menschen von der klassischen Erwerbsarbeit zu befreien. Maschinen statt Menschen übernähmen die Arbeiten. Zu klären sei jedoch, wie die gesellschaftlich notwendigen Tätigkeiten verteilt werden, die nicht

26 Shulamith Firestone: Frauenbefreiung und sexuelle Revolution, Frankfurt a.M. 1976, S. 14.

27 Ebd., S. 186.

28 Ebd., S. 180.

von Maschinen ausgeführt werden können – wie bestimmte Arbeiten im Haushalt, Pflegen von Angehörigen und Erziehen der Kinder. Firestone schlägt vor, dass das Zusammenleben der Menschen nicht über die Kleinfamilie strukturiert sein sollte. Frauen, Männer und Kinder würden in Wohngemeinschaften zusammenleben auf Basis gegenseitiger Sympathie, nicht verwandtschaftlicher Verhältnisse. In diesen Wohngemeinschaften würden die Haus- und Familienarbeiten unter den Mitbewohnerinnen und Mitbewohnern jeglichen Alters und unabhängig vom Geschlecht verteilt. Damit ist für Firestone der strukturelle Weg für die Befreiung von Frauen geebnet.

Firestones feministische Revolution hat »die Kontrolle der neuen Technologie zu humanen Zwecken« zum Ziel, »die Herstellung eines neuen Gleichgewichts zwischen dem Menschen und der künstlichen Umwelt, die er schafft, um so das zerstörte ›natürliche‹ Gleichgewicht zu ersetzen«.[29] Allerdings gibt sie zu bedenken, dass es eines nichtkapitalistischen Wirtschaftssystems bedürfe, um nicht weitere Ausbeutungs- und Unterdrückungsverhältnisse zu schaffen oder alte zu reproduzieren. »In den Händen der heutigen Machthaber würde – und wird bereits jetzt – diese Maschinerie zum Instrument der Unterdrückung und zur Sicherung der Macht eingesetzt.«[30] Firestone stellt sich einen kybernetischen Kommunismus vor, in dem die Menschen über den Einsatz und die Entwicklung von Technik mitentscheiden. Um einen wirklichen Fortschritt, sprich den kybernetischen Kommunismus, zu erreichen, müssen laut Firestone bestimmte Kriterien erfüllt sein: Erstens dürfe die Fortpflanzung nicht mehr nur an den weiblichen Körper gebunden sein und die Erziehung der Kinder läge in der Verantwortung der gesamten Gesellschaft. Frauen und Kinder sind zweitens ökonomisch unabhängig. Drittens sind Kinder und Frauen als politische Subjekte vollständig in die Gesellschaft integriert und genießen sexuelle Freiheiten. Für Firestone resultiert die Ungleichheit zwischen den Geschlechtern aus der Tatsache, dass Frauen schwanger werden und damit

29 Ebd., S. 181.
30 Ebd., S. 187.

eine geschlechtsspezifische Arbeitsteilung etabliert wird, die für Frauen einen gravierenden Nachteil bedeutet. Deshalb fordert sie, die Reproduktion der Gesellschaft über die künstliche Befruchtung zu gewährleisten. Zweitens ist sie überzeugt, mittels des technologischen Fortschritts Arbeit insgesamt neu zu organisieren.

Das Homeoffice als Ausgangspunkt für eine kybernetisch-feministische Zukunft?

Zetkins und Firestones Überlegungen geben interessante Hinweise, wenn es heutzutage um Technologie- und Geschlechterverhältnisse sowie um die Frage nach der Gestaltung eines guten Lebens geht. Ich werde im Folgenden das kurz am Beispiel des Homeoffice erläutern.

Für Zetkin und Firestone gehen die Veränderungen der Produktionsweise einher mit einem Wandel der Lebensweise. Also gilt es für gegenwärtige Analysen hinsichtlich der Entwicklung der Technologieverhältnisse, die Dialektik von Erwerbsarbeit und Haus- und Familienarbeit zu erkennen. Für Zetkin war die Heimarbeit ein Transformationsriemen für den Übergang vom Feudalismus zur Industrialisierung. Die Heimarbeit wurde vorwiegend von Frauen unter miserabler Entlohnung und schlechten Arbeitsbedingungen verrichtet (mitunter musste auch die gesamte Familie in die Produktion einbezogen werden, bezahlt wurde aber nur eine Arbeitskraft). Interessant für meine Argumentation ist nun, dass die Heimarbeit vorwiegend von Frauen (aus der Arbeiterklasse) erledigt wurde, um damit Erwerbs- und Familienarbeit besser zu vereinbaren. Während sich Frauen aus bürgerlichen Verhältnissen im 19. Jahrhundert eine Haushälterin leisten konnten und die Familien- und Hausarbeit an andere Frauen delegierten, griffen viele Arbeiterinnen zur Heimarbeit als Lösung des Problems.[31]

31 Auch unter den gegenwärtigen patriarchal-kapitalistischen Verhältnissen hat sich an dieser Form der Arbeitsteilung nichts geändert. Jene Frauen (in der Regel weiß, der Mittelschicht zugehörig und aus dem europäischen Westen kommend), die es sich leisten können, holen sich zur Unterstützung der Haus- und Familienarbeiten eine Nanny oder Haushälterin (vorwiegend migrantisch, prekär, aus dem europäischen Osten kommend); vgl. Bettina Haidinger: Hausfrau zweier Län-

Für zahlreiche Frauen bedeutete diese Vereinbarkeit aber eine Mehrbelastung, keine Entlastung. Auch heute sind es Frauen, für die das Homeoffice (die Heimarbeit des 21. Jahrhunderts) eine Belastung darstellt. Aktuelle Zahlen belegen, dass durch die Covid-19-Pandemie mehr Frauen Homeoffice in Anspruch nehmen (müssen) als Männer.[32] Das bereits erwähnte Beispiel Siemens zeigt erstens den Zusammenhang zwischen der Verbreitung bzw. Etablierung von kybernetischen Steuerungssystemen wie Salesforce und der Zusage des Unternehmens, allen Beschäftigten Homeoffice zu ermöglichen. Denn erst mit Salesforce wird es möglich, dass die Beschäftigten über ein Tool kommunizieren und ihre Arbeit erledigen können. Zugleich wird es möglich, die Kolleginnen und Kollegen auch außerhalb des Büros zu kontrollieren und ihnen ein Feedback für ihre Arbeit zu geben – nämlich über Algorithmen. Und zweitens zeigt sich hier der Zusammenhang zwischen der Entwicklung von kybernetischen Steuerungssystemen und den Geschlechterverhältnissen. Denn das Homeoffice hat unterschiedliche Auswirkungen auf die Lebenslagen von Männern und Frauen. Aufgrund der bestehenden Arbeitsteilung in heterosexuellen Kleinfamilien investieren Frauen weiterhin mehr Zeit in die Hausarbeit und die Betreuung der Kinder. Zudem wird ihnen unterstellt, im Homeoffice nicht voll leistungsfähig zu sein. Für Frauen bedeutet das Homeoffice daher einen Nachteil. Gleichzeitig biete sich mit dem Homeoffice wie mit anderen flexiblen Arbeitszeitmodellen auch die Chance für mehr Geschlechtergerechtigkeit, so Christina Klenner und Yvonne Lott.[33] Homeoffice oder mobiles Arbeiten *können* die unglei-

der sein. Zur Reproduktion des transnationalen Haushalts, Münster 2013. Jene Frauen (meist prekär, alleinerziehend), die es sich nicht leisten können, sind auf sich gestellt, den Spagat auszuhalten zwischen Familien- und Hausarbeit auf der einen und der Erwerbsarbeit auf der anderen Seite.

32 Vgl. Institut für Arbeitsmarkt- und Berufsforschung: Frauen wechselten häufiger ins Homeoffice, Pressemitteilung, 25.6.2020, unter: www.iab.de/de/informationsservice/presse/presseinformationen/kb1320.aspx.

33 Christina Klenner/Yvonne Lott: Wie kann flexibles Arbeiten für die Verbesserung der Work-Life Balance genutzt werden?, in: Elke Ahlers/Christina Klenner/Yvonne Lott/Manuela Maschke/Annekathrin Müller/Christina Schildmann/Dorothea Voss/Anja Weusthoff: Genderaspekte der Digitalisierung der Arbeitswelt, Arbeitspapier Nr. 311, Hans-Böckler-Stiftung, Düsseldorf 2018, S. 9–15, hier S. 10.

che Arbeitszeitverteilung zwischen Männern und Frauen verringern, die Vereinbarkeit zwischen der Erwerbsarbeit und der Familien- und Hausarbeit verbessern sowie zu einer Abkehr von der Präsenzkultur in vielen Unternehmen führen.[34] Um die geschlechtliche Arbeitsteilung jedoch zu überwinden, braucht es den politischen Willen – beider Geschlechter. Der stellt sich aber nicht einfach ein, sondern muss in politischen Auseinandersetzungen und Kämpfen ausgebildet werden.

Unter Rekurs auf Zetkin und Firestone konnte ich aufzeigen, dass Technologien von selbst keine Revolutionen vorantreiben werden, wir sie aber für gesellschaftlichen Wandel nutzen können. Dies erfordert Kämpfe um Ressourcen und Macht, um Teilhabe und Beteiligung. Kybernetische Steuerungsverfahren haben Einfluss auf die Arbeitsorganisation, warum sollten sie dann nicht einsetzbar sein, um gesamtgesellschaftlich notwendige Arbeit neu zu organisieren? Vorstellbar wäre, dass Bewohnerinnen und Bewohner einer Region über eine Software ein Profil mit ihren Fähigkeiten und Bedürfnissen anlegen; Algorithmen würden dann den Bedarf an Arbeit und entsprechendem Personal ermitteln, das diese Arbeiten erledigt. Dies erfordert allerdings eine gänzlich neue Struktur, in der wir nicht acht Stunden einer Arbeit nachgehen, sondern, wie es Frigga Haug in ihrer Vier-in-einem Perspektive vorstellt, sich Menschen an einem 16-Stunden-Tag vier Stunden der Erwerbsarbeit widmen, vier Stunden der Haus- und Familienarbeit sowie jeweils vier Stunden Zeit haben für demokratische Mitbestimmung und für Ruhe und Muße.[35] Mithilfe eines entsprechend programmierten Algorithmus können die gesamtgesellschaftlich notwendigen Arbeiten gerecht verteilt werden. Von Zetkins und Firestones ungehemmten Technikpositivismus können wir lernen, dass es entscheidend sein wird, ob es uns gelingt, uns die Technologieverhältnisse anzueignen, um mit ihnen mehr Gerechtigkeit zu erzielen. Dies setzt aber voraus, dass erstens demokratisch über Technologieverhältnisse

34 Ebd., S. 9.

35 Vgl. Frigga Haug: Die Vier-in-einem-Perspektive als Leitfaden für Politik, in: Das Argument 291, 2011, S. 241–250.

verfügt wird und eine jede und ein jeder Zugang zu Technik hat. Zweitens darf Technik nur zur Bedürfnisbefriedigung und nicht zur Steigerung des Profits eingesetzt werden.

In diesem Artikel habe ich den Zusammenhang von Technologie- und Geschlechterverhältnissen aufgezeigt, um die Debatte über Technologien nicht nur anhand der Erwerbsarbeit zu führen, sondern um sie auszuweiten auf das gesamte Feld der Arbeit. Dies zu beackern ist mühselig, bedarf der Beharrlichkeit und der steten Kompromisslosigkeit. Utopien wie Firestones kybernetischer Kommunismus helfen dabei, eigene Vorstellungen vom guten Leben mittels Technologien zu entwickeln. Und diese brauchen wir, damit wir die kapitalistisch-patriarchalen Verhältnisse aus den Angeln heben und eine neue Zukunft gestalten können.

Anna-Verena Nosthoff und Felix Maschewski

Zwischen Science-Fiction und Science Fact[1]

Die Kybernetisierung des Politischen

In Zeiten der Digitalisierung fühlt sich vieles wie eine Attacke der Zukunft auf das Jetzt an. In unheimlichen Allianzen aus Big Tech und Big Government – einer Melange aus Konzernen, Thinktanks und staatlichen Einrichtungen – tun sich immer wieder unerhört futuristische Utopien auf, die auf eine datafizierte Gesellschaft im automatisierten Wohlfühlmodus verweisen. Auf dem Weg in dieses programmierte Übermorgen soll, so das Versprechen, Politik sich nicht mehr in langwierigen Debatten und entscheidungsarmem Kleinklein ergehen, sie soll lösungsorientierter, direkter und reibungsloser, vor allem digitaler funktionieren: »Imagine a government«, schreibt etwa der britische Politikberater Jonathan Dupont, »that was as efficient as an Amazon, as innovative as a Google and as well designed as an iPhone. [...] Digital technology offers the potential for a new kind of government in which the citizen is as an active and responsible user, directly in control of their public services, rather than a passive recipient of decisions mandated from the top.«[2]

Bei genauerer Betrachtung aber wirken solche fantastischen Horizonte wie bloße Wiederholungsschleifen. Tech-Visionäre träumen immer wieder und schon sehr lange vom perfekten Staat qua technologischer Aufrüstung, und so lassen sich gerade die heutigen smarten Zukunftsszenarien besser analytisch fassen und kritisch perspektivieren, wenn man einen Blick in die Geschichte wagt. Beispielsweise in das sozialistische Chile Salvador Allendes (1970–1973) und damit in eine Zeit, in der die

1 Dieser Beitrag ist eine überarbeitete und erweiterte Fassung eines Textes, der in *Republik* erschienen ist, unter: www.republik.ch/2018/05/15/der-traum-vom-tech-staat.

2 Jonathan Dupont: The Smart State. Redesigning government in the era of intelligent services, London 2018, unter: https://policyexchange.org.uk/wp-content/uploads/2018/05/The-Smart-State-1.pdf, S. 5.

Grenzen zwischen Science-Fiction und Science Fact nicht nur fließend, sondern manche Ideale wirklich neu waren. Bereits an diesem Beispiel lassen sich nicht nur die Konturen einer emanzipativen Ökonomie erkennen, sondern auch, dass sich politische Probleme und gesellschaftliche Antagonismen nicht zwangsläufig über effiziente Apparate in Luft auflösen.

»The man who could have run the world«

Ein Hauptakteur dieser uneindeutigen Grenzziehungen zwischen Fakt und Fiktion war eine der eindrücklichsten Persönlichkeiten, um nicht zu sagen das Enfant terrible der Kybernetikgeschichte: der britische Unternehmensberater Stafford Beer. Seine Schriften beflügelten nicht nur die wissenschaftliche Vorstellungskraft der 1950er- und 1960er-Jahre und inspirierten Musiker wie David Bowie und Brian Eno. Sie erfahren auch heute, in einem Zeitalter der ubiquitären Vernetzung, in der gerade die Digitalisierung progressive Potenziale verheißt, eine Renaissance. So betonte der Organisationsexperte, ehemalige CEO des Thinktanks Nesta und Mitglied bzw. Fellow des Weltwirtschaftsforums Geoff Mulgan die Aktualität des Mannes »grandioser Theorie und brillanter Geistesblitze«: Beer inspiriere noch heute Regierungen, »die Verbindungen zwischen den Teilen des Systems neu zu verdrahten und dann den Sprung zu machen, Dinge auf eine neue Art zu tun«.[3]

Stafford Beer selbst pendelte zwischen den Extremen: Er war ein unsteter Geist mit langem Bart, der einerseits sozialistische Neigungen hegte, in Öl malte, Yoga machte und denkwürdige Gedichte schrieb – unter anderem über Kosten-Nutzen-Rechnungen. Andererseits war er als Rolls-Royce- und Zigarren-Aficionado bekannt, der Tagessätze von 500 Pfund verlangte und zu einem der international gefragtesten Industrieberater seiner Zeit aufstieg. Später sollte es nicht zu Unrecht heißen: »the man who could have run the world«.[4]

3 Geoff Mulgan: Systems and Common Sense, Nesta Blogs, unter: www.nesta.org.uk/blog/systems-and-common-sense/.

4 Rob Passmore: Stafford Beer: the man who could have run the world, OpenDemocracy, 7.11.2002, unter: www.opendemocracy.net/en/611/.

Die Popularität dieses schillernden Bonvivants war aber allenfalls nachrangig in seiner charismatischen Aura begründet und speiste sich eher aus dem besonderen Interesse für Organisationsstrukturen und komplexe Systeme. Der computeraffine Ingenieur wandte gewinnbringend auf Unternehmen an, was er vom Mathematiker Norbert Wiener über die »Kybernetik«, die Wissenschaft der »Regelung und Nachrichtenübertragung in Lebewesen und Maschine«, gelernt hatte. Diese selbsterklärte Universallehre, die sämtliche Organismen als Regelkreise konzeptionalisierte, biologische, soziale und maschinelle Systeme ganz programmatisch miteinander verglich, beflügelte Beers Ideenkosmos und ließ ihn in den 1950er-Jahren das weltgrößte Operations-Research-Institut gründen. In der Folge experimentierte er mit feedbacklogischen Informationssystemen in Fabriken und avancierte später mit Schriften wie »Brain of the Firm«, »Platform for Change« oder »The Heart of Enterprise« zum, wie Wiener es formulierte, »father of management cybernetics«.[5]

Die Erfolge in der ökonomischen Sphäre – etwa bei der britischen Stahlfirma United Steel, wo unter Beers Leitung der erste Computer (Ferranti Pegasus) zur kybernetischen Steuerung von Unternehmensprozessen eingesetzt wurde – machten Beers innovative Organisationstheorie auch für Regierungen interessant und ließen seine Ambitionen schließlich expandieren. Anfang der 1970er-Jahre stieg er, von dem chilenischen Sozialisten Salvador Allende beauftragt, zum geistigen Vater einer direkten Demokratiemaschine auf, dem Projekt Cybersyn; einem Projekt, in dem sich nicht nur das heimliche Mastermind späterer digitalstaatlicher Kontrollfantasien reflektiert, sondern das auch, ohne es zu beabsichtigen, den Nullpunkt des Politischen tangiert.

Das Projekt Cybersyn

Cybersyn war eine Utopie, die aus der Not geboren worden war; ein »sozialistisches Internet«, das die prekäre volkswirtschaft-

5 Zit. nach Eden Medina: Cybernetic Revolutionaries, Technology and Politics in Allende's Chile, Cambridge/London 2011, S. 19.

liche Lage Chiles infolge des sozialistischen Umschwungs – geprägt von Agrarreformen, der Enteignung von Großgrundbesitzern, Verstaatlichungen von Banken sowie dem Kupferbergbau, Inflation und einem Handelsembargo, das die Industrie, Landwirtschaft und das Transportwesen empfindlich belastete – neu ordnen sollte. Es bedurfte nicht weniger, so der Medienwissenschaftler Claus Pias, als einer »Revolution, die die Revolution beendet«.[6] Weil Beers Steuerungssinn nicht wie der Allendes zwischen rechts oder links, konservativ oder progressiv, sondern zwischen den Polen Effizienz und Ineffizienz, Ordnung und Unordnung navigierte, weil er Freiheit nicht als normatives Ideal begriff, sondern als »programmierbare Funktion der Effektivität«,[7] genau deshalb erschien er dem damaligen chilenischen Finanzminister Fernando Flores als passende Personalie, um komplexe Systemtheorie zur »science in the service of man«[8] zu machen.

Was zuvor Theorie geblieben war – politische Kybernetiker wie Karl Deutsch, Eberhard Lang oder David Easton hatten auf dem Papier schon, wenn auch in einer zentralistischeren Ausrichtung, über die Regierung als Regelkreis fantasiert –, setzte ein Team aus Designern, Ingenieuren und Programmieren ab Ende 1971 im kleinen Chile ganz praktisch um. Als Bedingung von »Chiles friedlichem Weg zum Sozialismus« sollte das Vorhaben nichts weniger als die kybernetische Koordination der Produktion ermöglichen – die sichtbare Hand des Marktes. Man war auf der Suche, so würde man heute in der üblichen Verkürzung sagen, nach einem staatstragenden, perfekten Algorithmus.

Beer ließ sich bei dem Auftrag von zwei seiner maßgeblichen Konzepte leiten: einer Entscheidungsmaschine, die sich auf Echtzeit-Informationen stützen würde (die *liberty machine*), und einer Struktur von teilautonomen Systemen,

6 Claus Pias: Der Auftrag, Kybernetik und die Revolution in Chile, unter: www.uni-due.de/~bj0063/texte/chile.pdf, S. 136.

7 Stafford Beer: Fanfare for Effective Freedom. Cybernetic Praxis in Government, Brighton 1973, S. 6.

8 Stafford Beer: Designing Freedom, Toronto 1974, S. 53.

die sich an kontingente Umwelten anpassen sollten (das *viable systems model*). Jedes Element wurde in fraktaler Struktur als (Sub-)System im System gedacht, sodass kommunikative Rückkopplungsschleifen zwischen Wirtschaftsministerium und Industriesektor, zwischen Industriesektor und Unternehmen, zwischen Unternehmen und Fabrik, zwischen Fabrik und Arbeitsbereich etc. installiert werden sollten. Mit dieser Idee im Hinterkopf entwarf man das sogenannte Cybernet, ein Informationsnetzwerk aus Telex-Maschinen, das die Produktionsstätten des Landes verband und – einem Satellitensystem ähnlich – ihre Fertigungsdaten zum IBM-Großrechner in Santiago de Chile funkte. Die Planung verlief dabei nicht *top-down*, sondern *bottom-up*, sollte dynamisch, unabhängig und flexibel sein: Lokale Organisationsgremien entschieden je nach Bedarf über die Produktion. Nur wenn ein Problem nicht innerhalb einer vorgesehenen Zeitspanne gelöst werden konnte, griff eine übergeordnete Instanz ein – so changierte das System zwischen den Polen Kontrolle und Freiheit, Zentralisierung und Dezentralisierung, Marktwirtschaft und Planwirtschaft.[9]

Das Herzstück von Cybersyn war eine futuristische Operationszentrale, in der die Wirtschaftsdaten des Landes gesammelt, gebündelt und verarbeitet wurden: der legendäre Opsroom. In diesem optischen Verschnitt aus Hippie-Dome und Raumschiff Enterprise griffen schickes Design und sozialistische Ambition ineinander, verströmten mehr als nur einen Hauch glücklicher Zukünfte. Schon die roten Tulpenstühle waren nicht hierarchisch, sondern egalitär – als Sitzkreis – angeordnet und schmiegten sich in der Ausstattung dem luxuriösen Lifestyle des Erfinders an, waren also mit Aschenbechern für Zigarren und einem Abstellplatz für Cocktailgläser versehen. Der am Projekt beteiligte deutsche Designer Gui Bonsiepe schwärmte von einer legeren »saloon atmosphere« in »amusing colours«; in der Kommandozentrale einer ganzen

9 Vgl. Medina: Cybernetic Revolutionaries, S. 32ff.; Simon Schaupp: Vergessene Horizonte. Der kybernetische Kapitalismus und seine Alternativen, in: Paul Buckermann u.a. (Hrsg.): Kybernetik, Kapitalismus, Revolution. Emanzipatorische Perspektiven im technologischen Wandel, Münster 2017, S. 51–73, hier S. 62f.

Volkswirtschaft erkannte er nicht nur ein »future panel«, sondern auch eine »bar for pisco sours and so on.«[10]

Ästhetisch galt in diesem hexagonalen »Club-Haus« durch und durch: *Form follows function*. Die sieben drehbaren Sitze – in Zahl und Design das Muster einer »maximal kreativen Gruppe« (Beer) – sollten Raum für freigeistige Arbeit, vor allem aber eine umfassende Perspektive eröffnen. Wohin man sich auch wendete, informierten in die Wände eingelassene Bildschirme – nahezu in Echtzeit – über die Pegelstände der Produktion, die Zirkulation der Kommunikation oder Störungen in der Distribution. In diesem neuen fluiden Wissensregime verkörperte der langsame, intransparente Bürokrat eine Art Klassenfeind: Papier, schrieb Beer, sei von nun an »verbannt«: »The answer is data-feed.«[11]

Cyberfolk

Die Datenströme sollten Ordnung ins Chaos bringen, die Verwaltung beschleunigen und die Regierung in ruhigere Fahrwasser, in das sanfte Schnurren der Systeme, überführen. Dabei folgte man progressiven Prinzipien: Jeder Arbeiter, keine speziell ausgebildete Elite – wobei Frauen in den Planungen außen vor blieben[12] –, sollte die »Entscheidungsmaschine« (Beer) über zehn farbige Knöpfe in der Armlehne eines jeden Stuhls steuern können. Transparenz und Überschaubarkeit waren so essenziell wie die Validität der Daten, und so unterstützte schon das Design – Apples Maxime »let's make it simple« nicht unähnlich – den jeweiligen »Netzbetreiber« dabei, Probleme faktenbasiert, schnell und fast intuitiv zu bewältigen: *decision and control* war nicht nur der Buchtitel eines beerschen Werks, sondern Best Practice in diesem *maker-space* politscher Kybernetik.

10 Gui Bonsiepe: Sketches for the op-room [sic!], Brief an Stafford Beer vom 21.4.1972, in: Sebastian Vehlken: Environment for Decision. Die Medialität einer kybernetischen Staatsregierung. Eine medienwissenschaftliche Untersuchung des Projekts Cybersyn in Chile 1971–73, Bochum 2004, S. 148.

11 Beer: Fanfare for Effective Freedom, S. 21.

12 Vgl. Eden Medina: The Cybersyn Revolution. Five lessons from a socialist computing project in Salvador Allende's Chile, in: Jacobin, 27.4.2015, unter: https://www.jacobinmag.com/2015/04/allende-chile-beer-medina-cybersyn/.

Zur bürgernahen Ausstattung des Projekts zählte auch das Programm Cyberfolk, ein veritabler Vorgänger der Echtzeit-Feedbacks à la Facebook und Co. Das politische Stimmungsbarometer ermöglichte die »psycho-kybernetische Regierung der Gesellschaft«,[13] indem es Bürgern, etwa während einer live übertragenen politischen Rede, erlaubte, über das sogenannte »algedonic meter«,[14] das heißt Schalter am hauseigenen TV-Gerät, positive oder negative Gemütsbewegungen mitzuteilen. Während die Abstimmungen der »(electrical) people's assembly«[15] dem chilenischen Volk im TV angezeigt werden sollten, erschienen die Ausschläge seiner Zufriedenheit mathematisch bewertbar auch auf dem »happy/unhappy display« im Opsroom.[16] Der kybernetische Staat ließ sich so, direktdemokratisch legitimiert, aus systemischer Metaperspektive bzw. bequemen Sitzschalen lenken.

Wie Claus Pias bemerkt, führte dieses System wechselseitiger Beobachtung zu einer Art rekursiven Transparenz: »Ein Kreisschluss beginnt: Der Politiker weiß, dass die Leute wissen, dass er weiß – und die Leute wissen, dass der Politiker weiß, dass die Leute wissen, dass er weiß ... – und so weiter. Gute Politik ist fortan die, die dem Volk ein gutes Gefühl gibt – ein Gefühl im grünen Bereich, falls es schon Farbfernseher besitzt.«[17] Die Möglichkeit des inhaltlichen Ausdrucks reduzierte sich auf ein binäres Schema: Zwischen den Polen *happy/unhappy* gab es kaum Grauzonen, inhaltliche Begründungen für Ablehnung oder Zustimmung überforderten die für den Prozess notwendige Simplizität. Ganz im Sinne einer homöostatischen Einrichtung, die sich stets ausbalanciert, die beständig zwischen Ruhe und Unruhe pendelt, sollte die informative Verschaltung zwischen den Entscheidern und dem Volk einen

13 Claus Pias: Die Herrschaft der Sozialmaschine, in: Frankfurter Allgemeine Zeitung, 13.3.2004, S. 38.

14 Stafford Beer: The Brain of the Firm, New York 1981, S. 283. Algedoni leitete sich vom griechischen ἄλγος (algos =Schmerz, Leid) bzw. ἡδονή (*hēdonē* = Freude, Lust) ab.

15 Ebd., S. 284.

16 Vgl. ebd.

17 Pias: Der Auftrag, S. 149.

perfekt abgestimmten Organismus formen, der die Identität zwischen Gemeinwille und Einzelinteresse programmatisch vermittelte. So waren die Kontrolleure im Opsroom angehalten, Geplantes nicht autoritär durchzusetzen, sondern sich den Umständen anzupassen, bei Störungen flexibel zu bleiben: umzuplanen, wieder zu planen, besser zu planen.

Vor diesem Hintergrund zielte die Rundumsicht im Kontrollraum auch nicht allein darauf, vergangene Produktionsdaten oder augenblickliche Stimmungen anschaulich, sondern auch Unerwartetes berechenbar[18] und Krisen handhabbar zu machen. Kybernetik ist eine Regierungskunst der Antizipation und fast unmerklichen Intervention, ein Modus Operandi, der durch die Beherrschung und (Neu-)Ausrichtung der Informationsströme das System lenkt und optimiert, seinen Fortbestand sichern soll. Genau darum sollte es alsbald gehen.

Big Data als kathartisches Lösungsmittel

Im Herbst 1972 kam es zu einer existenziellen Bewährungsprobe für das System Allendes. Es war der erste und erfolgreiche Einsatz des Cybernet – aber es sollte auch der letzte sein. Mehrere Zehntausend LKW-Besitzer protestierten über Wochen im von der Opposition initiierten, aber auch von der CIA unterstützten und von der ökonomischen Elite Chiles goutierten Streik in der Provinz Aysén. Der Aufstand richtete sich gegen den geplanten Aufbau eines staatlichen Logistikunternehmens, das unter anderem die Lebensmittelverteilung in unterversorgte Regionen des Landes sicherstellen sollte,[19] fand schnell landesweite Unterstützung, sodass die Versorgung der Bevölkerung durch Sabotage gefährdet war. Das Kommunikationsnetz der Telex-Maschinen, eingerichtet im Wirtschaftsministerium, ermöglichte es jedoch, die Distribution über nur wenige Hundert Fahrer zu koordinieren. Fahrwege und Kapazitäten konnten über die vernetzten Geräte

18 Darauf verwies schon Wieners Anti-Aircraft-Predictor, ein auf kybernetischen Rückkopplungsprozessen basierendes Flugabwehrgeschütz, das feindliches Flugverhalten prognostizieren sollte; vgl. Peter Galison: The Ontology of the Enemy. Norbert Wiener and Cybernetic Vision, in: Critical Inquiry, 21(1) 1994, S. 228–266.

19 Vgl. Medina: Cybernetic Revolutionaries, S. 146f.

mitgeteilt, Lebensmittel schließlich doch ausgeliefert werden. Das Cybernet hatte seinen Praxistest bestanden: Es hegte Ausschreitungen ein, noch bevor sie entstehen konnten, half den Schaden für die Ökonomie gering zu halten. Doch das Experiment endete, kaum das es begonnen hatte: Im September 1973 putschte sich General Augusto Pinochet in Chile an die Macht; der Opsroom, noch unbenutzt, wurde zerstört. Beer hatte den Wettlauf gegen die Zeit verloren – er bemerkte später: »It was not fast enough.«

Die sagenhafte Wirkung der chilenischen Staatskybernetik entspinnt sich allerdings gerade an ihrer unvollendeten Geschichte. Ihr Funktionieren blieb Verheißung, ein Potenzial, das sich nicht entfalten konnte. So stellte Cybersyn stets mehr Neigung als Potenz dar, eine »Demokratie-Simulation«[20] und analoge Projektion des Digitalen, bei der die progressive Ästhetik die mangelhafte Technik verdeckte: Das Cybernet bestand nur aus einigen Hundert Telex-Maschinen und einem einzigen Supercomputer, die Monitore im Opsroom waren allenfalls bessere Overhead-Projektoren und Echtzeit hieß mindestens 24 Stunden Verzögerung. Trotz allem bleibt festzuhalten: Die technikemanzipatorischen Visionen sind bis heute unerreicht.

Die Ironie der Geschichte über diesen »besonderen Traum eines kybernetischen Sozialismus«[21] ist, dass Beers Grundrisse erst in einer überwachungskapitalistisch durchmöblierten Gegenwart, in der nun tatsächlich alles verschaltet und verdrahtet wird, neue, fragwürdige Blüten tragen. Zwar gedeihen auch heute postkapitalistische Spekulationen über die Notwendigkeit einer *post-work society* (Paul Mason oder Nick Srnicek/Alex Williams) oder gar eines *fully automated luxury communism*, doch werden Big Data und Algorithmen auch auf weniger sozialromantischen Pfaden zum kathartischen Lösungsmittel erklärt – gern auch für das *Problem* Politik.

Die Welt sei, so wird häufig gerade in den Zirkeln eines politikwissenschaftlichen Pragmatismus argumentiert, schlicht zu komplex für traditionelle demokratische Repräsentation;

20 Vehlken: Environment for Decision, S. 119.
21 Medina: Cybernetic Revolutionaries, S. 221.

klassische Debatten und Institutionen seien zu träge, entscheidungsarm, schlicht: ineffizient. So verwundert es kaum, dass immer ambitioniertere Versionen eines technologisch abgeschliffenen Staats auf den Markt der Ideen drängen und dass Unternehmer im Zeichen des Solutionismus[22] dem *corpus politicum* gleich ein ganz neues Betriebssystem zu installieren suchen.

Einflussreiche Ansätze des *lean government* sind etwa die Konzepte der *direct technocracy* des Politikberaters Parag Khanna[23] oder des *smart state* der Governance-Lab-Direktorin der New York University Beth Noveck. Sie applizieren die Errungenschaften der digitalen Kommunikationswelt und Plattformökonomie auf die Ebene des Politischen und folgen dabei ganz dem neoliberalen Trend, staatliche Aufgaben über private Dienste, vornehmlich solche aus dem Silicon Valley, zu realisieren. Zwar provoziert das kontinuierliche Eindringen von Big Tech in das Hoheitsgebiet des Staats[24] in der kritischen Öffentlichkeit immer wieder dunkle Ahnungen, doch für die Staatstheoretiker des Public-private-Partnership wirken soziale Plattformen nach wie vor wie eine sprudelnde Inspirationsquelle für smarte Updates beerscher Ideen.

In den Modellen Novecks wird der Staat gleich selbst als soziales Netzwerk begriffen, dessen Institutionen und Leistungen nicht nur automatisiert, sondern vom Bürger direkt als userzentrierte Regierungserfahrung via Smartphone –

22 Mit Solutionismus beschreibt Evgeny Morozov eine Geisteshaltung, die »komplexe, soziale Zusammenhänge so umdeutet, dass sie entweder als genau umrissene Probleme mit ganz bestimmten, berechenbaren Lösungen oder als transparente, selbstevidente Prozesse erscheinen, die sich – mit den richtigen Algorithmen – leicht optimieren lassen« (Evgeny Morozov: To Save Everything, Click Here. Technology, Solutionism and the Urge to Fix Problems That Don't Exist, London 2014, S. 5).

23 Khanna ist nicht nur Politik-, sondern auch Unternehmensberater u.a. für Blackrock, Alibaba, Mastercard, die Vereinigten Arabischen Emirate u.v.m. Weitere Informationen unter: https://futuremap.io/clients.

24 Alphabet bzw. Google drängt über sein Subunternehmen Verily vehement in den Gesundheitsmarkt; während der Corona-Pandemie bot man etwa gegen eine »Datenspende« in den USA Covid-19-Tests an; vgl. genereller zur »datafizierten Biopolitik« Anna-Verena Nosthoff/Felix Maschewski: Die Gesellschaft der Wearables. Digitale Verführung und soziale Kontrolle, Berlin 2019, insb. S. 65–90; dies.: Wie Big Tech die Pandemie «lösen» will, in: Die Republik, 9.5.2020, unter: www.republik.ch/2020/05/09/wie-big-tech-die-pandemie-loesen-will.

ganz im Sinne Cyberfolks – bewertet werden können.[25] Wie in einem Onlineshop würden dann vergebene Sterne, gehobene Daumen oder kritische Kommentare über die individuelle Entscheidungsmaschine geschmeidig und feedbacklogisch in einen größeren Systemzusammenhang eingespeist, sodass der Einzelne, wie Beth Noveck wünscht, endlich die Möglichkeit hat, über soziale Netzwerke wie LinkedIn, Twitter etc. an der Regierung teilzunehmen. In einem Prozess des »collaborative problem solving«[26] – man könnte auch sagen, im Zuge einer solutionistischen Demokratie – würden Bürger dabei gar zu technologisch geschulten »citizen experts«,[27] deren (z.B. über private Plattformen wie Coursera) angeeignete Expertise etwa im Falle von Naturkatastrophen oder bei Versorgungsengpässen über ein öffentliches Register abrufbar sei: »We urgently need to take affirmative steps to design institutions to take advantage of citizen expertise and creativity for the public interest – more Minecraft, less statecraft.«[28] Partizipation reduziert sich dabei – jenseits inhaltlicher Debatten – auf die Anwendung eines technisches Know-hows, das im Bedarfsfall genutzt werden könne, um schnell und zielführend Probleme im Betriebsablauf der staatlichen Maschinerie zu lösen. Mit Blick auf diese programmatischen Mechanismen erschienen, so meint Noveck, administrative Prozesse transparenter, offener und breiter legitimiert. Sie ließen sich, wie Khanna für seinen Idealstaat, den »Info-Staat«,[29] empfiehlt, umfassend an *key performance indicators* ausrichten – Leistungskennzahlen, die permanent über die Bewertungen der Bürger via Smartphone überprüft werden und die reibungslosen Abläufe der Services garantierten. So könne sich die Regierung, laut Khanna, sachbezogen, evidenzbasiert und

25 Vgl. Beth Noveck: Demand a more open-source government, TED Talk, Juni 2012, unter: www.ted.com/talks/beth_noveck_demand_a_more_open_source_government.

26 Beth Noveck: Smart Citizen, Smarter State, Cambridge 2015, S. 139.

27 Ebd., S. 74.

28 Ebd., S. 273.

29 Parag Khanna: Technocracy in America. Rise of the Info-State, North Charleston 2017.

direkt mit ihren Bürgern austauschen und auf ihre Wünsche reagieren.[30]

Effizient und reibungslos regiert

Beschrieb sich Politik früher noch als das Bohren dicker Bretter, ermögliche die Vernetzung der Welt, so Parag Khanna, eine postideologische »democracy without politics«,[31] eine Zeit der smarten Verflüssigung, in der effizient und reibungslos regiert wird. Zwar gibt es in Khannas »democracy as data«[32] noch Wahlen, doch seien diese »rückwärtsgewandt« und nicht das »geeignetste Mittel, um die allgemein vorherrschende Stimmung« abzuleiten.[33] Es bedürfe unmittelbarer Echtzeit-Analysen aus sozialen Medien sowie Kontrolldaten aus Wirtschaft und Gesellschaft, die »tendenziell aussagekräftiger«[34] seien als Plebiszite. Als Ideal führt er dabei häufig die semiautoritäre – Presse- und Meinungsfreiheit sind eingeschränkt, Homosexualität ist verboten – *smart nation* Singapur an, in der viele öffentliche Prozesse über *ambient technologies*, digitale Infrastrukturen und ausgewiesene Experten geregelt werden. So wurden hier die Bereiche Transport, Wohnen, Bildung, Gesundheit oder die öffentliche Verwaltung sukzessive plattformlogisch automatisiert und so remodelliert, dass den Bürgern nicht nur mehr als 1700 Apps (z.B. für die Passbeantragung, Steuererklärung oder Krankenversicherung), Smart-Home-Anwendungen oder gar Wearables[35] zur Verfügung gestellt werden. Eine immer detailliertere Aufzeichnung durch Überwachungskameras und Sensoren – von der Messung der Temperatur bis zur Verkehrsdichte – soll auch ökologische Daten aggregieren, das heißt jede Bewegung des

30 Vgl. Parag Khanna: Jenseits von Demokratie, Zürich 2017, S. 33f.

31 Khanna: Technocracy in America, S. 75.

32 Ebd., S. 80.

33 Khanna: Jenseits von Demokratie, S. 79.

34 Ebd., S. 80.

35 Zuletzt schloss man mit Googles Fitbit einen Deal ab, bei dem Bürger mit Fitnessarmbändern ausgestattet werden sollen; vgl. Anna-Verena Nosthoff/Felix Maschewski: Fit für die Welt, in: Frankfurter Allgemeine Sonntagszeitung, 12.1.2020, S. 41.

Gesellschaftskörpers, jede Veränderung der Umwelt erfassen, sodass die Regierungsmaschine bei Unstimmigkeiten (auch politischen) eingreifen und immer effizienter laufen kann. Lobend schreibt Khanna: »Überall in Singapur begegnen einem kleine Touchscreen-iPads, mit denen man den erhaltenen Service bewerten soll. Man findet sie in Banken, Verwaltungsgebäuden der Universität [...] oder in öffentlichen Toiletten am Flughafen – und tatsächlich beachtet die Regierung diese Ergebnisse.«[36]

Smartes Leben bedeutet hier also ein datafiziertes Leben, ein Leben, in dem jede Unebenheit im Betriebsablauf überwacht und ganz pragmatisch geglättet werden soll. Und so formiert sich in Singapur, wie Khanna meint, nicht nur eine »asiatische Zukunft«, sondern ein Parlament der smarten Dinge und Menschen und damit eine Regierungsform der digitalen Technokratie. In letzter Konsequenz erschienen aber, so schlussfolgerte Khanna schon vor wenigen Jahren, »smarte Algorithmen besser als dumme Politiker«,[37] weshalb er angesichts politischer Irrationalismen wie der Wahl des twitternden Trumps gleich dazu rät, IBMs Supercomputer Watson – eine potentere Version als damals in Chile – an der Regierung zu beteiligen.

Die radikalste »Utopie« – sieht man von dem zentralisiert und ganz real eingeführten *social credit score* in China ab – brachte zuletzt Star-Investor Tim O'Reilly ins Spiel. Er schlug vor, die alten Institutionen, die schließlich auch nichts anderes seien als »Getränkeautomaten«[38] – Maschinen, die standardisierte Produkte und Services ausspucken –, gemäß der Vision des »government as platform« umzudesignen; er arbeitet mit »Code for America« nun auch ganz praktisch an dem »delivery-driven government«.[39] O'Reillys Staatsmodell

36 Khanna: Jenseits von Demokratie, S. 33.

37 Parag Khanna: Watson should have run for US president: How smart algorithms are better than dumb politicians, in: Quartz, 23.1.2017, unter: https://qz.com/876008/why-watson-should-have-run-for-us-president-smart-algorithms-are-better-than-dumbpoliticians/.

38 Tim O'Reilly: Government as a Platform, in: innovations 6(1), S. 13–40, hier S. 15.

39 Vgl. https://www.codeforamerica.org/work.

avisiert einen umfassenden Systemwechsel, das heißt eine algorithmisch getriebene Mechanik nach dem Vorbild von Airbnb oder Uber, die die ganze Gesellschaft über das Rauschen der Ratings, einen beständigen Reputationsflow, organisiert, vor allem reguliert.[40] Das Ziel scheint eine Art *social credit store* zu sein, der in einer Mischung aus kapitalistischem Geist und kybernetischer Kontrolle – O'Reilly bezieht sich hier auf Googles PageRank-Algorithmus[41] – nicht nur die öffentliche Verwaltung durch smarte Dienstleistungen oder staatliche Gesetzgebungen durch automatisierte Scoringmodelle ersetzt, sondern damit letztlich auch die repräsentative, parlamentarische Demokratie in gewisser Weise ablöst.

Während Beer, dieser »Hexenmeister des Managements« (Heinz von Foerster), noch eindringlich davor warnte, privatwirtschaftliche Unternehmen in den politischen Prozess einzubinden – ihre Ziele seien nicht auf das Gemeinwohl ausgerichtet – und im Opsroom gewählte Volksvertreter die Herren im Tulpenstuhl waren, übersetzt die durchkommerzialisierte Gegenwart seine kybernetischen Konzepte in eine neue Form der Technokratie; einen neokybernetischen Steuerungstraum, in dem die Technik selbst am regelnden Ruder sitzt. Man muss bei diesen Effizienzschwärmereien nicht gleich an die dystopisch-vermessenen Abgründe der Serie »Black Mirror« denken, in der die gesellschaftliche Position einer Person von ihrer (Sterne-)Bewertung abhängt. Doch worauf die finale Vernetzung hinausläuft, ist ein entscheidender Systemwechsel hin zu einer numerischen Ordnung, in der Politik allenfalls als Logistik, Gesetze als Code und Bürger als User verstanden, in der Entscheidungen immer mehr über algorithmisch kuratierte Feedbackschleifen getroffen

40 Vgl. zu O'Reillys Vorschlägen in Verbindung mit Cybersyn auch Evgeny Morozov: The Planning Machine, in: New Yorker, 6.10.2014, unter: www.newyorker.com/magazine/2014/10/13/planning-machine.

41 Vgl. Tim O'Reilly/Christoph Drösser: »Das Internet wird vielfach als Sündenbock missbraucht«, in: Zeit Online, 22.12.2019, unter: www.zeit.de/digital/internet/2019-12/tim-o-reilly-diskriminierung-internet-big-data/komplettansicht.

werden. In dieser »Res Publica ex Machina«[42] gilt dann mit Khanna gesprochen: »Connectivity is destiny.«[43]

Vor diesem Hintergrund ist das Projekt Cybersyn – trotz aller emanzipatorischen Bestrebungen – als erster realer Umschlagsmoment einer Dynamik anzusehen, die sich seither immer tiefer in das gesellschaftliche Imaginäre einschreibt: der Gedanke nämlich, dass politische Probleme vornehmlich durch eine immer bessere Technik zu lösen wären. Dass man, gemäß dem Slogan »Digital first, Bedenken second«, dem *zoon politikon* nur über ein Mehr an Vernetzung, ein Mehr an Automatisierung, ein Mehr an Feedbackschleife beikommen könne. Die neuesten Modellerzählungen von Noveck bis O'Reilly wirken wie seltsam verzerrte Spiegelungen beerscher Ideale. Sie sind im wahrsten Sinne des Wortes Utopien, Nicht-Orte, die eine überwachungskapitalistische Kontrollarchitektur als totale Demokratie ausgeben, als eine elastische Elektronik des alltäglichen Lebens, in der – letztlich – nur derjenige partizipieren kann, der sich anschließt. So raten Advokaten des smarten Staats stets dazu, sich ein Beispiel an den kommerziellen Plattformen und ihrer »neutralen« Vermittlungslogik zu nehmen, wirken dabei scheinbar pragmatisch, voller Enthusiasmus, den Staat zu verbessern, zu verschlanken, nutzerfreundlicher zu machen. In den Worten O'Reillys: »If government is succesful as a platform, you could have small government and big services, just like Apple does with the iPhone.« Doch ihre Ansätze goutieren nicht nur eine Bewegung, in der private Plattformen und Monopole zum *only game in town* erklärt werden. Das Politische wird dabei – jenseits von tatsächlich demokratischen Prinzipien, wie denen der Datensouveränität oder von Data-Commons Modellen[44] – immer weniger vom Individuum als von seinen Apparaturen

42 Anna-Verena Nosthoff/Felix Maschewski: Res Publica ex Machina. On Neocybernetic Governance and the End of Politics, in: Miriam Rasch (Hg.): Let's Get Physical, Amsterdam 2020, S. 193–209.

43 Parag Khanna: Connectography. Mapping the Future of Global Civilazation, New York 2016, S. 5.

44 Vgl. Francesca Bria/Evgeny Morozov: Die smarte Stadt neu denken, Berlin 2017. Siehe auch den Beitrag von Dominik Piétron in diesem Band.

aus gedacht, sodass wir gänzlich von den »Kreaturen [abhängen], die wir machten«. (Goethe)

Unbemerkt bleibt dann – und diese Bruchlinien reflektieren sich bereits in der chilenischen »gouvermentalen Science-Fiction«[45] –, dass Demokratie eben keine bloße Organisationstechnik, kein »Getränkeautomat« ist, kaum als Tyrannei der Quantitäten oder als beständiger Strom an Likes und Dislikes verstanden werden sollte. Sie widerstrebt einem verabsolutierten Effizienzdenken – sie bleibt fragil, vielstimmig, unberechenbar; bleibt diskussionswürdig, nicht im sanften Schnurren der Systeme auflösbar. In dieser schlechten, aber besten aller politischen Ordnungen sollte es nach wie vor um das Spiel der Antagonismen gehen, um Verständigungsprozesse, um die Verhandlung politischer Ideen und um (monopolistische) Machtzerstreuung – nicht um eine bloß verwaltete Welt 2.0.

Die chilenische Utopie wirkt in diesem Lichte wie der Schatten einer vergangenen Zukunft, die für einen Moment mehr versprach, als sie halten konnte. Sie ist ein historisches Lehrstück, das – frei nach Marx – zunächst als Tragödie aufgeführt wurde und jetzt als Farce.

45 Burkhardt Wolf: Zukunftssteuerung. Ein utopisches Projekt von Morus bis Lem, in: Anja K. Maier/Burkhardt Wolf (Hrsg.): Wege des Kybernetes. Schreibpraktiken und Steuerungsmodelle von Politik, Reise, Migration, Münster 2004, S. 61–92, hier S. 80.

Geert Lovink und Ned Rossiter

Rauschen vs. Kontrolle

Eine Parabel gegen die Modellierung der Zukunft

Die Menschen sehen sich anscheinend außerstande, die Bedingungen für eine radikale Bifurkation zu schaffen – nicht die disruptive ›radikale Innovation‹ wie sie von jenen Start-up-Unternehmern ins Feld geführt wird, die sich als ›neue Barbaren‹ präsentieren, sondern im Gegenteil eine Bifurkation, die die Radikalität dieses Bruchs aus der Perspektive einer neuen öffentlichen Macht in den Blick nimmt, so dass diese wieder eine Epoche hervorbringen könnte.[1]
BERNARD STIEGLER

In diesem Essay geben wir zunächst einen Überblick über den Stand der Forschung zur Netzwerktheorie, um uns dann eine maßgebliche Kategorie in der kybernetischen Herrschaft anzuschauen: das Modell. Wir kritisieren das Modell als eine Testumgebung, die Zukünftigkeit einschränkt, und prüfen dann den heutigen Status des Rauschens. Gregory Bateson, ein Anthropologe, der Mitte des 20. Jahrhunderts wirkte, betrachtete das kybernetische Konzept des Rauschens als eine Kraft, die Muster erzeugt.[2] Ganz ähnlich sah der Philosoph Michel Serres das Rauschen in der Rolle eines Parasiten: als eine Art störenden Gast, der die Möglichkeit neuer Beziehungen und Bedeutungen für den Wirt oder das herrschende Regime bedingt.[3] Übertragen wir das Rauschen auf unsere gegenwärtigen Kontrollgesellschaften, bekommen wir ein Gefühl für das radikale Potenzial des Rauschens als Störfaktor. So sehr der Staat, das Unternehmen oder der unerträgliche Chef auch auf

1 Bernard Stiegler: The Age of Disruption. Technology and Madness in Computational Capitalism, Cambridge u.a. 2019, S. 11.

2 Gregory Bateson: Ökologie des Geistes. Anthropologische, psychologische, biologische und epistemologische Perspektiven, Frankfurt a. M. 1981.

3 Michel Serres: Der Parasit, Frankfurt a. M. 1981.

Unterwerfung bestehen, es wird immer Punkte technischen Versagens, Akte der Renitenz und Verweigerung geben, Systeme, die zusammenbrechen.

Netzwerke …

Über viele Jahre hinweg haben wir das Aufkommen »organisierter Netzwerke« als alternatives Konzept angesehen, das dem Sammeln (und der anschließenden Ausbeutung) von »Schwachstellen«[4] durch die Social-Media-Plattform a priori entgegenwirken könnte. Organisierte Netzwerke erfinden neue institutionelle Formen, deren Dynamiken, Eigenschaften und Praktiken innerhalb der operativen Logik der Kommunikationsmedien und digitalen Technologien liegen. Ihr Entstehen wird zum Teil durch eine umfassende soziale Ermüdung und ein zunehmendes Misstrauen gegenüber traditionellen und modernen Institutionen wie Kirche, Parteien, Firmen und Gewerkschaften ausgelöst, die jeweils hierarchische Organisationsformen aufrechterhalten. Obwohl sie nicht frei von hierarchischen Tendenzen sind (Gründer, technische Architekturen, zentralisierte Infrastrukturen, Personenkult), tendieren organisierte Netzwerke dazu, sich stärker zu horizontalen Kommunikations-, Praxis- und Planungsformen zu entwickeln. Organisierte Netzwerke entstehen im Schatten der Plattform-Geopolitik in Zeiten intensiver (sozialer, ökonomischer, ökologischer) Krisen, wenn die herrschenden Institutionen in ihrer Kernaufgabe versagen: der Entscheidungsfindung. Als mit digitalen Kommunikationstechnologien verbundene Experimente einer kollektiven Praxis sind organisierte Netzwerke Testfelder für vernetzte Formen der Koordination, die danach strebt, einer Welt entgegenzutreten, die sich rasch auf einen planetarischen Abgrund zubewegt.

4 Geert Lovink/Ned Rossiter, Organization after Social Media, Colchester/New York 2018, unter: www.minorcompositions.info/?p=857. Vgl. auch dies.: Afterword: Propositions on the Organizational Form, in: Timon Beyes/Lisa Conrad/Reinhold Martin (Hrsg.): Organize, Lüneburg/Minneapolis 2019, S. 89–101; dies.: Dawn of the Organised Networks, Fibreculture Journal 5 (2005), unter: http://five.fibreculturejournal.org/fcj-029-dawn-of-the-organised-networks/.

Plattformen ...

Was bedeutet die Vernichtung der Wahlfreiheit für unseren sich ständig weiterentwickelnden Vorschlag, Netzwerke zu organisieren? Die Vielzahl dezentraler Netzwerke, die sich über die unterschiedlichsten Medien organisieren, wurde in den letzten zehn Jahren auf die die Kommunikationsszene dominierenden sozialen Medienplattformen reduziert. Plattformen bieten vorgegebene Optionen an, deren Technik unsere kognitiven Prozesse konturiert. Darin besteht die (und, wie sich herausstellt, für die Menschheit fast tödliche) Grenze der Wahlmöglichkeiten. Bedeutet dies, dass Organisation in ähnlicher Weise in einem Menü undifferenzierter Optionen unter Kontrolle gehalten wird? Wissen wir, was die Organisation tun wird, wenn die Wahl vorbestimmt ist? Was bedeutet das Rauschen der Kontingenz innerhalb des begrenzten Horizonts der Plattformen? Plattformen sind keine Netzwerke. Vielmehr akkumulieren sie empfohlene Verbindungen. Plattformen unterstützen kollektiven Narzissmus und die Selbstbestätigung des Gruppendenkens. Auf ihrer Reise zurück in die Zeit ihrer Jugend in der schottischen Arbeiterstadt Motherwell Mitte des 20. Jahrhunderts bringt uns Deborah Orr nah, dass der Narziss jemand ohne Liebe ist: »Narzissmus ist keine Selbstliebe, im Gegenteil. Er ist ein nagender Horror davor, tief im Inneren nicht liebenswert zu sein.«[5]

Was wäre, wenn wir diese Pathologie des Selbsthasses auf die algorithmisch gewählte Gesellschaftlichkeit ausdehnen, die fälschlicherweise eine gewisse Ähnlichkeit mit einem Netzwerk in sich sieht? Hilft uns das dabei, das Paradoxon von Plattformen und ihre antithetische Beziehung zur Organisation als Netzwerk zu erklären? Wir haben bereits gesagt, dass Plattformen aufgrund ihrer Schablonenhaftigkeit nicht gleichbedeutend mit Netzwerken sind, und vorgeschlagen, dass einer der Gründe dafür die Abwesenheit von Rauschen ist. Aber untersuchen wir dies näher. Wenn Plattformen einem Ensemble von Narzissen ähneln, in welchem Verhältnis stehen

5 Deborah Orr: Motherwell. A Girlhood, London 2020, S. 94.

dann Rauschen und Narzissmus? Warum kann Rauschen die Macht des kollektiven Selbsthasses nicht stören? Ist es das, was die vernetzte soziale Struktur daran hindert, sich von ihrer Sucht nach Plattformen zu befreien?

Es heißt, wir wechseln von der endlosen Aktualisierung derselben alten Inhalte und Kommentare auf der Social-Media-Plattform mit den damit verbundenen Ängsten und der Langeweile zu einer neuen Begeisterung für Live-Streaming hinüber. In einem verzweifelten Versuch, die Zeit totzuschlagen, gehen wir über den Diskurs hinaus, führen unsere Tänzchen auf, zeigen unsere Mini-Statements. Beweg den Körper, schüttel ihn, schüttel ihn. Zeig deine Elastizität und dein Selbstvertrauen. Aber bitte beeil dich, denn meine Zeit ist kostbarer als deine. Willkommen bei der Snapchat-TikTok-Logik.

In diesem Kontext wirkt lokale Solidarität wie ein Akt der Verzweiflung. Eine Sehnsucht, die nicht abgetan werden darf, aber doch muss man sich fragen: Wie real ist der Wunsch, sich einzuloggen? Der Zwang, sich zu verbinden, ist eher ein Akt, der sich aus der Gesellschaft der Verbindlichkeit ergibt. Teilnahme bedeutet, sich mit den Geschäftsbedingungen einverstanden zu erklären.[6] Alle möglichen Branchen und Organisationen weisen ihre Kunden und Mitarbeiter an, sich an den Plattformen zu beteiligen, wenn sie ihre Wirkung maximieren, den Umsatz steigern und ihren Arbeitsplatz behalten wollen. Lokale Solidarität, zusammengekauert in der hausinternen Plattform von der Stange, ist auch eine Möglichkeit, etwas rechtzeitig zu blockieren, ein Abrechnungsmechanismus, um zu zeigen, dass die tägliche Arbeit erledigt wird. Es spielt keine Rolle, dass alle deine Tastenanschläge, persönlichen Details und Dateneingaben abgesaugt und an das Backend-Technologieunternehmen weitergeleitet werden, von dem du keine Ahnung hattest. Das ist eben die Automatisierung des Unbewussten, das deine Daten aberntet. Wie Brett Neilson schreibt, »entfesselt die Automatisierung eine Form der Planung, die auf der Grundlage von Korrelationen, die in verstreuten, nicht

6 Vgl. Christopher M. Kelty: The Participant. A Century of Participation in Four Stories, Chicago 2020.

äquivalenten Datensätzen entdeckt wurden, vorweggenommene Zukunftsszenarien projiziert«.[7]

Der Mensch ist bestenfalls ein seelenloses Gefäß, das innerhalb einer völlig promiskuitiven und allgegenwärtigen Datenökonomie einen momentanen Wert erzeugt. Der menschliche Körper und das Gehirn beherbergen die Extraktion von Wert aus vollständig finanzialisierten Kommunikationsinstrumenten. Jede einzelne Bewegung, jede Geste, jeder Gedanke und jedes Begehren ist bereits kartografiert, vorweggenommen und vorhergesagt. Was das Territorium der Kontrolle anbelangt, ist nichts unbekannt. Kann etwas als Freiheit Verstandenes in einer Welt ohne jegliche Bewegung existieren? Was sind seine Mindestbedingungen? Nichts Unbekanntes wird bleiben. Dennoch bleibt die Kontingenz bestehen.

Der radikale Schritt: alles stehen und liegen lassen und sehen, wohin der Strom uns treibt. Was sind die neuen Solidaritäten? Was bedeutet es, sich mit den Ungewaschenen, den Geschmacklosen zu vermischen? Weniger Gruppenselbstbestätigung, mehr Perversion. Aber das verstößt gegen die parametrischen Regeln der Plattform. Statt neuer Kulturen der Sichtbarkeit ist die Plattformsozialität gekennzeichnet vom allmählichen Verschwinden des (virtuellen) öffentlichen Raums als einer Ansammlung unterschiedlicher Perspektiven, Kenntnisse, Werte und politischer Überzeugungen. Wir ziehen uns in versteckte Ecken zurück und finden Trost in Facebook-Gruppen, in der Echokammer der Twitterati, in Discord Backchannels. Vom TikTok-Wahnsinn bis hin zu geschlossenen WhatsApp-Gruppen gibt es eine weitverbreitete Rückentwicklung der organisatorischen Fähigkeit, sich dem Unbekannten und Neuen anzuschließen, und wir entscheiden uns stattdessen für konspirative Umgebungen, in denen sich viele von uns sicher fühlen, bis die Kontingenz in Form eines unerwarteten Zoom-Bombardements zuschlägt. Nur ist das keine Kontingenz. Heutzutage gehen allen Begegnungen mit Inhalten Trigger-Warnungen voraus. Unsere psychische Zerbrechlich-

7 Brett Neilson: The Reverse of Engineering, in: The South Atlantic Quarterly 119(1), 2020, S. 77.

keit darf nicht gestört werden. Aber diesen Kontrollhorizont in digitalen Kulturen und Plattformgesellschaftlichkeit als gegeben vorauszusetzen bedeutet, das politische Potenzial radikaler Kontingenz und die störende Kraft des Rauschens ernsthaft zu unterschätzen.

Modelle ...

Modelle sind Formen der Eindämmung, sie gehen vom Prinzip der drei V aus: Vorhersage, Vorwegnahme, Vorbeugung. Als ultimativer Ausdruck »theopolitischer Kommunikationsmedien«, die sich mit Kontrolle beschäftigen, operieren Modelle in einer geschlossenen, selbstreferenziellen Welt ununterbrochener Flüsse.[8] Ganz gleich, wie offen und dynamisch der Entwurf von Modellen ist, Parameter begrenzen unser Leben immer und notwendigerweise, wenn sie es nicht gar beschränken. Indem wir unsere Wünsche modulieren und unsere kognitiven Prozesse in einer Art und Weise kalibrieren, die sich mit der Operationslogik der Maschine deckt, verliert der kollektive Kampf für Autonomie und Freiheit zunehmend an Orientierung.[9] In den »Charakterpanzer« (W. Reich) unseres psychischen Apparats ist man schon vor langer Zeit eingesickert.[10] Heute stehen unsere kognitiven Prozesse unter Beschuss, da das Gehirn von kybernetischen Maschinen ununterscheidbar gemacht wird. In unserem gemeinsamen Streben nach Befreiung von der strukturellen Gewalt der kybernetischen Regime ist es an der Zeit, die verborgene Tyrannei der Modelle zu hinterfragen und uns auf die Seite der subversiven Macht des Rauschens zu stellen. Inputs/Outputs, aber niemals Kontingenz: Das ist die Revolte der Unzufriedenen.

Rauschen ist ein potenzieller Feind der *dashboard governance*. Wie können wir uns dem Rauschen als Zufluchts-

8 Zu theopolitischen Medien vgl. John Durham Peters: The Marvelous Clouds. Toward a Philosophy of Elemental Media, Chicago 2015.

9 Vgl. Bernard Stiegler: Technics and Time, Bd. 2: Disorientation. Stanford, CA 2009 und N. Katherine Hayles: Unthought.The Power of Cognitive Nonconscious. London, Chicago, IL 2017.

10 Catherine Malabou: Morphing Intelligence. From IQ Measurement to Artificial Brains. New York, NY 2019, S. 8–9.

ort vor den Angriffen auf Arbeit und Leben mithilfe von Modellen zuwenden? Wenn die selbsternannte Perfektion des Digitalen einen Sieg über das Rauschen markiert (von dem wir bezweifeln, dass er endgültig ist), wie können wir da ein Rauschen des 21. Jahrhunderts entwerfen und Wege entwickeln, es in die entsprechenden Steuerungssysteme zu schmuggeln? Was wir vorschlagen, ist eine unabhängige Erforschung und Entwicklung einer neuen Kulturtechnik in der Art von Indymedia, ähnlich und doch anders als Maskierung, Hacking und Whistleblowing. Durch die gemeinsame Erfindung neuer kultureller Techniken des Rauschens, die in der Lage sind, die Hegemonie der Plattformtechnologien zu erschüttern, könnten wir die Ausdrucksformen und die Praxis der Politik in einer Weise neu ausrichten, die nicht in erster und letzter Instanz der Gesellschaft der Quantifizierung verfallen ist. Die übergeordnete Frage ist eine alte: Was tun? Wie kann man den Messtechnologien entgehen und sie wirksam untergraben? Welche Konzepte müssen wir infrage stellen und welche neuen werden uns Möglichkeiten bieten, in unserer Wut gegen maschinelles Lernen und künstliche Beschränktheit zu handeln?

Indem wir uns von der abstrakten Methode der Modellierung absetzen, schlagen wir vor, die kybernetische Maschine zu unterminieren und auf Alternativen zu ihrer Übernahme zu warten. Von welchem Rauschen sprechen wir genau? Nicht vom »Wiener/Weaver«-Rauschen, auch nicht vom Genre des elektronischen Rauschens der 1980er-Jahre. Was ist digitales Rauschen heute, Social-Media-Rauschen, Überwachungsrauschen, Uber-Rauschen? Ist die urbane Taktik der Maskierung die einzige Möglichkeit, uns zu schützen und das System auszutricksen? Gegenkulturelle Techniken sind längst vergessen und gehören nicht mehr zur Populärkultur. Bereits in den 1970er-Jahren beliebt, tauchten Praktiken von Media Jamming und dergleichen in den Antiglobalisierungsbewegungen der späten 1990er-Jahre wieder auf und fütterten Big Brother nur allzu bereitwillig mit falschen Informationen mit dem Ziel, die Datenbanken zu »verschmutzen«.

Heutzutage müssen die User ausdrücklich daran erinnert werden, ihre Profile mit falschen Angaben auszufüllen, falsche Namen zu verwenden und den Standort auszuschalten. Tatsächlich kann man sich aber mit den Datenbanken nicht anlegen, da die Ingenieure die parametrische Architektur vordefiniert haben. Darüber hinaus greifen solche Strategien der Desinformation und Umkehrung nicht mehr, da die Plattformlogik gegen Sinn und Inhalt immun ist. Daten beziehen sich nur auf eine größere Datenfamilie und die operative Logik der Maschine. Alles, was erforderlich ist, ist die Aufrechterhaltung der Input/Output-Funktion als vorrangiges Mittel zur Akkumulation von Daten, die sich als Kapital interpretieren lassen. In der Politik dreht sich alles um die Entscheidung. Hacker stehlen Informationen, indem sie Kopien anfertigen und dann vielleicht Informationen löschen, aber nur selten fügen diese abweichenden Handlungen dem System Rauschen hinzu. Wie Peter Krapp betont: »Denial-of-Service-Angriffe, die den Verarbeitungsrhythmus bestimmter Systemressourcen ausnutzen, sind nichts mehr und nichts weniger als digitale Demonstrationen.«[11] Die operative Macht der Maschine wird, anders ausgedrückt, durch den techno-politischen Akt der Interaktion noch verstärkt. Was ist also digitales Rauschen? Eine einfache Geste der Verweigerung kann ein Anfang sein. Unsere Bereitschaft, uns zu fügen, ergibt sich automatisch als Teil unserer gebändigten unterbewussten Gemütsverfassung, die sich nach einem reibungsfreien Leben sehnt.

Wir leben gegenwärtig im Zeitalter der Fake Accounts, die Fake News produzieren, um die öffentliche Meinung online zu manipulieren. Die Frage, ob die öffentliche Meinung ebenfalls gefälscht ist, ist berechtigt, und in der Tat war dies die Behauptung Pierre Bourdieus vor fast 50 Jahren, als er überzeugend und provokativ behauptete, es gebe keine öffentliche Meinung.[12] Für Bourdieu herrscht vielmehr ein selbstreferenzielles System mit

11 Peter Krapp: Noise Channels. Glitch and Error in Digital Culture, Minneapolis 2011, S. 52. Vgl. auch das Werk der niederländischen Glitch-Künstlerin Rosa Menkman unter: https://beyondresolution.info/.

12 Pierre Bourdieu: Die öffentliche Meinung gibt es nicht, in ders.: Soziologische Fragen, Frankfurt a. M. 1993, S. 213–223.

Umfragen, Gesprächsgruppen, Meinungsumfragen, Fragebögen etc., die alle mehr über den Wissensapparat aussagen als über ihren Referenten – das Volk, die Verbraucher, die Bürger etc. Unnötig zu sagen, dass Bourdieus Kritik wenig dazu beitrug, die magische Kraft der Zahlen in der Werbeindustrie zu mindern. Und was spielte es auch für eine Rolle? Die Leute konsumierten nur allzu gern einfach weiter. Das allein genügte schon als Validierung von Technologien der Quantifizierung. In der glitzernden Welt der Warenkultur ist der Konsument Souverän.

Rauschen …

Wir sehen das deutlicher denn je während der aktuellen Pandemiephase, in der ausbleibende Gehaltsschecks wenig überraschend mit einem Zusammenbruch des Verbrauchervertrauens und massenhaften Schließungen von Unternehmen zusammenfallen. Deutet dieser kollektive Akt des Rückzugs aus der Konsumgesellschaft auch auf einen Wendepunkt in der Hegemonie der Zahlen und Berechnungstechnologien hin? Ist dies die ultimative Geste der Verweigerung: ein Begehren, das sich einfach nicht als Akt des Konsums manifestieren kann? Was könnte dies für die Neuausrichtung des Begehrens in andere Richtungen und zu anderen Zwecken bedeuten? Was könnte es wohl in politischer Hinsicht bedeuten, wenn sich das Begehren nicht kanalisieren lässt, wenn es kein Ventil oder keine Ausdrucksform hat? Steht ein Pandämonium unmittelbar bevor? Vielleicht. Oder die Simulation einer Revolte? Das Wesen der Fälschung besteht darin, dass sie so perfekt sein will wie ihre Rivalin. Die Mimikry des Antagonisten ist eine Einstiegsvoraussetzung. Ergo hasst die Fälschung das Rauschen, sie sehnt sich nach Perfektion als Simulakrum. Wir sollen im Zeitalter des reinen Digitalen leben, mit der totalen Konnektivität nahtloser, interoperabler Systeme. Was aber, wenn wir eine Renaissance entfachen und die Welt mit dem frischem Rauschen des 21. Jahrhunderts überraschen? Können wir das nächste Rauschen entwerfen?

Der Status des Tests in Form von Modellen kann immer durch Rauschen geprüft werden. Rauschen gilt als das ursprüngliche Gegenstück des Signals, sein Schatten, und wird in allen frühen Theorien der Kommunikation und Kybernetik ausführlich behandelt – mit Ausnahme der heutigen. In diesem komplett digitalen Zeitalter erschien es für einen kurzen Moment so, als ob das Rauschen bewältigt, negiert, zerschlagen worden wäre. Übrig bleibt der Mythos des chinesischen Überwachungsstaats und seines Exports von Kontrolle. Doch dann erschien das Verdrängte unweigerlich wieder auf der Bühne. Als unerwartete Rache der externen Effekte ist das Rauschen zurückgekehrt. Das konstitutive Äußere, das als illegitimer Akteur Veränderung erzwingt. Filter brechen zusammen, ein Virus dringt in das System ein, die innere psychische Panzerung kann nicht mehr alle Informationen filtern und bewältigen. Datengebirge beginnen bei so vielen unvollständigen Einträgen bedeutungslos zu werden. Auf Auslassungen beruhende Entscheidungen zeigen das unmögliche Gesicht des Unberechenbaren. Es fließen immer noch Ströme, aber die totalisierende Prämisse der Datenextraktion ist angesichts des unvollkommenen Lebens, das neben der Perfektion des Modells schwebt, ohne Zweck.

Rauschen in der Pandemie

In dem weltweiten Untergangsszenario, das den globalen Ausbruch des Coronavirus definiert, ergehen die von der Regierung erlassenen Direktiven tageweise. Installiere diese Tracking-App! Verlasse das Haus nicht! Stecke eine Gehaltskürzung einfach so weg! Bereit dich darauf vor zu leiden! Isoliere dich! Verliere den Job! Das Leben vor der Pandemie war ein Paralleluniversum, das einst existierte, und nun verblasst es von Tag zu Tag. Dieses Universum fühlt sich auch wie ein durch den Klimawandel ausgelöstes Verbrechen des Finanzkapitalismus an, das der Wirtschaftshistoriker Adam Tooze als Voraussetzung für den Schlamassel betrachtet, in dem wir uns jetzt befinden.[13] Inmitten von COVID-19, der Pandemie

13 Eric Levitz: A Historian of Economic Crisis on the World After COVID-19, Intelligencer, 7.8.2020, unter: https://nymag.com/intelligencer/2020/08/adam-tooze-how-will-the-covid-19-pandemic-change-world-history.html.

von 2020, die ohne absehbares Ende verheerende Schäden auf dem Planeten anrichtet, konnte der Plattformkapitalismus seine Markthegemonie insofern behaupten, als die Technologieaktien boomen und die Plattformen sich im Kampf der Lieferdienste und der Telearbeit während der Abschottung und Quarantäne drängeln. Aber sehen wir allmählich auch Risse in diesen Technologien der Kontrolle auftauchen? Folgt daraus nicht, dass – sobald die Wirtschaft, wie wir sie kennen, erst einmal zersplittert ist – es für den Plattformkapitalismus keinen Platz mehr gibt? Wie beginnen wir gemeinsam, jetzt die Entwürfe für ein soziales, wirtschaftliches und ökologisches Leben in den Ruinen der Zukunft zu konzipieren?

Adorno war in Bezug auf die Frage von Methode und Modellen eine variantenreiche Persönlichkeit. Um einen relativen Grad an Funktionsfähigkeit und finanzieller Nachhaltigkeit für ihr Institut für Sozialforschung zu gewährleisten, bestand für Adorno und Horkheimer ein Teil der Abmachung mit Lazarsfeld darin, dessen eher quantitative sozialwissenschaftliche Methoden zu übernehmen. Dies zeigte sich nirgends deutlicher als in der monumentalen Studie über die autoritäre Persönlichkeit.[14] Dort bedienten sie sich einer Reihe von Methoden: Fragebögen, Interviews, Gruppenstudien. Und um die Konstitution einer »Disposition, die faschistische Ideen zum Ausdruck bringt oder von ihnen beeinflusst ist«, zu erkennen, wandten sie faszinierendere Techniken an, von denen wir nichts mehr hören: Meinungs-Einstellungsskalen (im Gegensatz zu Meinungsumfragen), klinisch-genetische Interviews, thematische Apperzeptionstests. Ihr Hauptanliegen waren »Muster dynamisch zusammenhängender Faktoren«. Wir sind keine Leser psychologischer Literatur und können nur vermuten, dass diese Methoden nicht mehr im Umlauf sind. Dennoch gibt es hier ein interessantes Echo auf die Datenanalyse.

14 Theodor W. Adorno/Else Frenkel-Brunswik/Daniel J. Levinson/R. Nevitt Sanford: The Authoritarian Personality [1950], London 2019. Die von Adorno (mit-)gezeichneten Beiträge finden sich in Theodor W. Adorno: Studien zum autoritären Charakter, hrsg. von Ludwig von Friedeburg, Berlin 1973.

Dank der immensen Bedeutung und Einsicht ihres Beitrags zu einer Kritik der technologischen Gesellschaft besteht das Vermächtnis von Adorno und Horkheimer über Generationen hinweg fort. Bei der Lektüre von Bernard Stieglers »The Age of Disruption« werden wir erneut an ihre Bedeutung erinnert. Stiegler schreibt allerdings von einer allgegenwärtigen Trostlosigkeit, indem er das Konzept der »algorithmischen Gouvernementalität« wie folgt definiert:

»Neu ist die systematische Ausbeutung und physische Vernetzung interindividueller und transindividueller Beziehungen – im Dienste dessen, was heutzutage als ›Datenökonomie‹ bezeichnet wird, die ihrerseits auf datenintensiver Informationsverarbeitung oder ›Big Data‹ beruht und als ›Ende der Theorie‹ dargestellt wurde. Dies kommt einer vollständigen Verwirklichung der Barbarei im Sinne Adornos und Horkheimers gleich, aber sie hätten sich sicher nie vorstellen können, wie weit dies auf die noetische Ebene hinausreichen würde. Die automatische und netzförmige Gesellschaft wird damit zur globalen Ursache eines kolossalen sozialen Zerfalls. Die automatische Kraft der netzförmig sich ausbreitenden Auflösung erstreckt sich über die gesamte Erdoberfläche.«[15]

Was wäre, wenn Stiegler dem Scheitern eine Chance gegeben hätte? Rauschen ist reine Kontingenz, entfesselt, um das Signal zu stören. Während der Computerkapitalismus durch seine Extraktionslogik der Datenökonomie das Soziale immer fester im Griff hält, nähern wir uns da einer multiskalaren Situation, welche die Auslöschung der Kontingenz vorsieht? Mit anderen Worten: Generiert sich das Computeruniversum auf kybernetische Weise in dem Maße selbst, in dem das konstitutive Äußere von Rauschen und Kontingenz nicht mehr erforderliche Kräfte einer Systemerneuerung sind? Die Entwicklungen in der KI legen dies nahe. Auch der Hochfrequenzhandel würde dies die meiste Zeit über tun, zumindest bis er zusammenbricht. Aber diesen Weg zu beschreiten wäre gleichbedeutend mit der Vermutung, der Griff des Computer- oder Platt-

15 Stiegler: The Age of Disruption, S. 7.

formkapitalismus sei ebenso total, wie er selbst glaubt. Das hieße, die Rache des Parasiten leerzuverkaufen. Das bedeutet jedoch nicht, dass wir in eine Welt nach einer Pandemie eintreten, in der die Macht aus der Welt verschwindet.

In diesem Punkt sind wir mit Foucault einer Meinung. Macht hört nie auf, sich in sozialen Beziehungen zu manifestieren und neue Welten hervorzubringen. Die kollektive Herausforderung besteht darin, zu entscheiden, wie Macht in Formen kanalisiert werden kann, die weniger brutal, ausbeuterisch und zerstörerisch sind. Wir sind in dieser Hinsicht keine naiven Idealisten. Aber wir erkennen eine Schwächung der vorherrschenden Formen der Macht, bemerkenswert hierbei die Entwicklung der USA und Großbritanniens zu *failed states*. Sicherlich wird ein geopolitisches Vakuum durch China rasch gefüllt. Dies war bereits in den letzten fünf bis zehn Jahren der Fall. Aber glauben wir wirklich an ihr Fantasma von der Bestimmung zum neuen Hegemonen der Welt? Unser Fokus auf die Machtfrage liegt in einer Analyse der technischen Systeme, die die Welt regieren, und in der Kritik an ihrer Fähigkeit, in einer zu Rauschen gewordenen Gesellschaft zu regieren.

Momenten der Hoffnung und der organisierten Intervention zum Trotz schien der »kollektive Wunsch, die zentralisierte Macht« durch dezentralisierte Netzwerke »wieder ins Lot zu bringen«, seit dem Platzen der Dotcom-Blase 2001 und den globalen, durch 9/11 und die Eskalation der Überwachungsgesellschaft ausgelösten Konflikten ziemlich aussichtslos zu sein.[16] Neue Geschäftsmodelle waren erforderlich, und unsere verlorenen Seelen boten die perfekte Oberfläche für den digitalen Extraktionismus. In Momenten der politischen und wirtschaftlichen Krise glommen Aufstandsnester rund um den gesamten Planeten auf: von der Bewegung der Plätze (von Tahrir bis Taksim), Occupy, der Regenschirmbewegung (Hongkong), den Gilets Jaunes (Gelbwestenbewegung) bis hin zu den globalen Bewegungen wie Extinction Rebellion und Black Lives Matter. Aus dem Abgrund des Netzwerkgeschwät-

16 Cade Diehm: This is Fine. Optimism & Emergency in the P2P Network, The New Design Congress, 16.7.2020, https://newdesigncongress.org/en/pub/this-is-fine/.

zes erwächst eine Neuorganisation der Handlungsfähigkeit. Zu den ersten Opfern gehört die rücksichtslose Schein-Identität (Persona) der Media-Influencer. Niemand schert sich einen Dreck um die Pflege und Aufrechterhaltung von irgendjemandes Narzissmus, wenn du immer noch denselben Kapuzenpulli und diese verkrusteten Trainingshosen trägst, Monate zu Hause in Quarantäne und erzwungener Isolation verbringst. Die Celebrity-Kultur hat ihren Umkehrpunkt überschritten, und es hat sich ein allgemeiner Konsens herausgebildet. Die Fähigkeit, uns aus der banalen Routine herauszuholen, funktioniert nicht mehr, wenn das Einkaufszentrum ein Ansteckungsherd ist und unsere Kreditkarten ausgeschöpft sind. Eine houellebecqsche Scheiß-doch-drauf-Gesellschaft tritt jetzt offen zutage.[17] Willkommen in der neuen Anti-Ästhetik.

Welchen Nutzen zieht der Plattformkapitalismus aus diesem Abstieg in den Massennihilismus? Vorhin stellten wir fest, dass die Steuerung durch Algorithmen und Datensysteme sich wenig um den Inhalt schert. Dort lässt sich keine politische Durchschlagskraft finden. Die Generierung und das Horten von Daten ist an und für sich schon ausreichend, um das Ziel der Ausbildung maschineller Lernsysteme zu erreichen. Aber Plattformen sind an die Akkumulation und Reproduktion von Kapital gebunden. Wie finden wir aber letztendlich heraus, welches die strategischen Entscheidungen sind, die wir treffen müssen, wenn wir Medientheorie, Plattformkapitalismus und Infrastrukturbetrieb untersuchen? Eine kombinatorische Theorie, die Konzepte aus der Technik hervorbringt, schafft die Möglichkeit weniger stark beschrittener analytischer Wege in die Beziehung zwischen Subjektivität, dem Unbewussten und der Gewalt des Kapitals hinein. Das Verhältnis zwischen maschineller Kognition und der Politik der Entscheidung wird von Kontingenz und Rauschen heimgesucht. Dies ist eine Beziehung, die insofern eine Nicht-Beziehung ist, als die parametrischen Grenzen von Rechnersystemen automatisch das Nicht-Messbare ausschließen. Die Kultivierung des Rauschens

17 Vgl. Bernard Stieglers Bemerkungen zur »Unternehmer-Literatur Michel Houellebecqs« in: ders.: The Age of Disruption, S. 246.

kann sich in ganz einfachen Akten manifestieren. Die Zielorientierung ist bei der Gestaltung der Modellierung und Korrelation nicht-identischer Datensätze von zentraler Bedeutung. Rauschen kann in diesem Sinne als Handlung ohne Zweck verstanden werden. Die Gesellschaft jenseits der Plattformen entsteht aus dem gesellschaftlichen Verzicht auf Ziele.

Aus dem Englischen übersetzt von Oliver Hörl

César Rendueles

Sozialismus ohne Cyber-Fetischismus

Von der Planung zur Deliberation

Von der Großen Rezession zur Krise des »technologischen Solutionismus«

Seit dem Beginn der sogenannten Großen Rezession 2008 wohnen wir dem schleichenden Zerfall eines ökonomischen, politischen und sozialen Projekts bei, das 35 Jahre lang die Krise des keynesianischen Nachkriegskapitalismus mit einem Programm zur Deregulierung von Märkten bearbeitete und dabei die Macht der globalen ökonomischen Eliten drastisch und nachhaltig erweiterte. Diese Gegenreform war insofern erfolgreich, als sie eine dauerhafte Hegemonie begründete, ein umfassendes System von Loyalitätsbeziehungen zwischen gesellschaftlichen Gruppen mit nur teilweise übereinstimmenden materiellen Interessen etablierte und in der Gesellschaft die Überzeugung verankerte, der globale deregulierte Kapitalismus repräsentiere eine Friedens- und Prosperitätsperspektive. Heute ist der Neoliberalismus ein gefährdetes Programm, das aufgrund der über Jahrzehnte der Expansion angehäuften Widersprüche von einer möglicherweise irreversiblen organischen Krise erfasst worden ist.

Selbstverständlich konzentrieren die globalen Eliten weiterhin Macht in ihren Händen und auch von einem Ende des Siegeszugs der Märkte sind wir weit entfernt; diese Prozesse haben sich sogar weiter zugespitzt. Doch sie zeigen sich heute ganz offen als eine politische Agenda, mit der die globalen herrschenden Klassen ihre Privilegien verteidigen wollen und der sich die gesellschaftliche Mehrheit in Ermangelung realistischer Alternativen unterwerfen muss. Nicht einmal die größten Zyniker behaupten heute noch, die ökonomische Orthodoxie verfolge einen universalistischen

Plan, ein Projekt, das trotz seiner Kosten und Kollateralschäden für die Gesellschaft eine positive Gesamtbilanz aufweise.

Auch der »technologische Solutionismus«, um einen Begriff Evgeny Morozovs zu verwenden,[18] hat sich diesem Verfallsprozess nicht entziehen können. Die Digitalisierung war von Anfang an untrennbar mit der marktorientierten Gegenreform verbunden. Bereits in den 1970er-Jahren setzten die Anhänger der kapitalistischen Globalisierung entschlossen auf die Kommunikationsnetze, und zwar sowohl als materielle Voraussetzung für eine Deregulierung der Finanzmärkte als auch als ideologische Waffe.[19] Der digitale Raum wurde als freundliche, nichtmonetäre und den Dialog fördernde Verlängerung der Weltmärkte verstanden. So wie der Markt der ökonomischen Orthodoxie zufolge ohne Intervention eines regulierenden Zentrums Gleichgewichtszustände herstellt, sei das Internet in der Lage, ausgehend von nichtkoordinierter Interaktion stabile soziale Strukturen zu etablieren.

Zunächst berührte die Krise des Globalisierungsprojekts diese technologische Utopie nicht. Im Gegenteil – nach dem Finanzcrash entwickelten ganz unterschiedliche politische Strömungen einen Cyber-Fetischismus und vertrauten darauf, dass Technologien für Konsenslösungen aller möglichen ökonomischen, politischen, ökologischen und gesellschaftlichen Probleme sorgen würden. Ein Jahrzehnt später lässt sich an dieser Hoffnung auf digitale Lösungen nicht länger festhalten. Der hegemoniale Cyber-Optimismus ist düstereren, aber realistischeren Aussichten gewichen: Selbst Regierungen und internationale Institutionen wie die OECD oder die Europäische Kommission warnen vor der Gefahr der digitalen Übermacht der Silicon-Valley-Konzerne, und überall werden Sorgen über die Auswirkungen geäußert, die die

18 Evgeny Morozov: To Save Everything, Click Here: The Folly of Technological Solutionism, New York 2014. Morozov verwendet diesen Ausdruck als Beschreibung der heute weitverbreiteten Vorstellung, wonach die Lösung für praktisch jedes gesellschaftliche Problem in einem Code, einem Algorithmus, in Maschinen oder allgemein in der Technik zu finden ist.

19 David Harvey: A Brief History of Neoliberalism, Oxford 2007.

Digitalisierung auf Wirtschaft, Beschäftigungsverhältnisse, Politik und Gesellschaft haben wird.[20]

Der Kapitalismus ist seit seinen Anfängen eine gleichermaßen expansive wie fragile Produktionsweise, deren rasante Ausbreitung regelmäßig Krisen provozierte, die das Kapital zur Überwindung seiner eigenen geografischen, sozialen, politischen und kulturellen Schranken zwang. Zum ersten Mal sieht sich dieser Prozess mit einer absoluten Grenze konfrontiert: Heute konsumiert die Menschheit mehr als 1,6-mal so viel an natürlichen Ressourcen, wie der Planet reproduziert. Unsere Produktionsweise hat die globalen materiellen Grenzen hinter sich gelassen. Wir können diesen Sachverhalt nur dadurch umgehen, dass wir Grundgüter und Leistungen horten, die Millionen von Menschen – und möglicherweise auch uns selbst – in der Zukunft dann nicht mehr zur Verfügung stehen werden.

Die kapitalistischen Gesellschaften sind in ihrem eigenen Ponzi-System gefangen, einer fatalen, ökologischen Schuldenpyramide. Dies stellt eine enorme Herausforderung für die traditionelle emanzipatorische Politik dar. Ein Grundbestandteil der antikapitalistischen Kritik war – neben der Auseinandersetzung mit Entfremdung und Ungerechtigkeit – immer die Vorstellung, dass der Kapitalismus insofern eine ineffiziente Produktionsweise ist, als er den von ihm generierten Überfluss nicht zu nutzen versteht. Doch die künstliche und gesellschaftlich induzierte Verteuerung verbindet sich, wie Ökologen schon seit Langem anmerken, mit einer aufgeschobenen, aber irreversiblen materiellen Knappheit, die aus der Zerstörung der für das menschliche Leben notwendigen Ökosysteme resultiert. Zum ersten Mal steht radikale Politik vor der Aufgabe, eine postkapitalistische Alternative zu schaffen, die nicht

20 Martin Moore/Damian Tambini (Hrsg.): Digital Dominance: The Power of Google, Amazon, Facebook, and Apple, Oxford 2018; Jacques Crémer/Yves-Alexandre de Montjoye/Heike Schweitzer: Competition policy for the digital era. Report for the European Commission, Luxemburg 2019. Gemessen an ihrem Marktwert sind Apple, Google, Microsoft, Amazon und Facebook heute die fünf wichtigsten Unternehmen der Welt. Es ist das erste Mal in der Geschichte, dass Technologieunternehmen die Wertpapiermärkte so eindeutig dominieren.

auf Wachstum und Überfluss beruht – zumindest nicht in der Form, wie wir sie in der Moderne kannten –, sondern auf einer kollektiven Vorstellung des guten Lebens auf Grundlage einer gerechten, egalitären und realistischen Austerität.

Das gute Leben planen

Der klassische Sozialismus war immer sehr zurückhaltend, wenn es darum ging, die spezifische Lebensform einer nichtkapitalistischen Alternative konkret zu beschreiben. Er konnte deshalb darauf verzichten, weil er versprach, den Reichtum zu vergesellschaften, den im Kapitalismus eine Minderheit monopolisiert: Der Sozialismus würde unterschiedliche Formen annehmen können, aber doch zumindest der künstlichen Verknappung ein Ende setzen. Der Sozialismus der Gegenwart kann auf diesen strategischen Vorteil nicht länger zählen. Was er anzubieten hat, ist viel problematischer und düsterer: eine Alternative zum Zusammenbruch, die auf dem Versprechen demokratischer und aufgeklärter Genügsamkeit beruht. Unser Problem besteht darin, die Verwaltung der Knappheit in ein emanzipatorisches politisches Projekt zu verwandeln, das eine gesellschaftliche Mehrheit mobilisiert und dabei diejenigen anspricht, die nach einer Alternative zu einem von Prekarität, Individualismus und warenförmiger Entfremdung beschädigten Leben suchen. Der Sozialismus muss das neoliberale Monopol auf den Austeritätsbegriff brechen, der in den vergangenen Jahrzehnten nur noch mit Unglück assoziiert wurde, und stattdessen einen neuen sparsamen, eher auf der Vorstellung von *skholé*[21] und erfülltem Leben als auf konsumistischem Nihilismus beruhenden Reichtum entwerfen.[22]

Es ist immer schwieriger zu leugnen, dass Güter und Dienstleistungen, die wie Flugreisen, Heizung oder Fleisch heute im Westen im Überfluss vorhanden sind und als selbstverständlich erachtet werden, in einem historisch kurzen Zeitraum für

21 Das griechische *skholé* steht für Freizeit und Muße, aber auch das Wort Schule geht darauf zurück (Anm.d.Übs.).

22 Dieses Programm ist der klassischen Emanzipationstradition nicht fremd; vgl. Kristin Ross: Communal Luxury: The Political Imaginary of the Paris Commune, London 2015.

Millionen Menschen unerschwinglich sein werden. Die Frage lautet, ob die Verteilung dieser beschränkten Ressourcen und im Besonderen der lebensnotwendigen über den Markt erfolgen wird, sodass nur einige wenige den Zugriff darauf haben werden, ob es zu einer bürokratischen Diktatur kommt oder ob wir in der Lage sein werden, Formen der gerechten, egalitären und nachhaltigen Rationalisierung zu entwerfen, die mit bereichernden Lebensverhältnissen und kollektiven Möglichkeiten der Selbstverwirklichung einhergehen.

In sehr kurzer Zeit und beschleunigt durch die Covid-19-Krise hat die Wirtschaftsplanung ihre Rolle als historisches Fossil abgestreift. So hat erstens der Markt seine Unfähigkeit unter Beweis gestellt, Notfallressourcen zu produzieren und effizient, kurzfristig und unter Bedingungen der Gleichheit zu verteilen. Aus diesem Grund verwandelten sich selbst die treuesten Anhänger des freien Markts wie etwa die *Financial Times* innerhalb weniger Wochen nach Ausbruch der Pandemie in begeisterte Anhänger von Planung, Grundrente und Staatsunternehmen.[23] Es ist nicht besonders gewagt zu prophezeien, dass wenn die ökologische Krise in den westlichen Ländern mit Macht zu spüren sein wird, selbst große Marktfanatiker die Notwendigkeit von Rationierung und zentralisierter Vergabe zumindest lebensnotwendiger Güter kaum infrage zu stellen wagen werden.

Aus politischer Perspektive handelt es sich um ein Szenario voller Licht und Schatten. Denn die Pandemie hat auch unter Beweis gestellt, wie schwer sich die liberalen Staaten der Gegenwart in Anbetracht einer durch Jahrzehnte der Deregulierung eingeschränkten politischen Souveränität und einer durch die Fernsehdemokratie und die Kartellbildung der politischen Parteien erodierten politischen Kultur[24] damit tun, die organisatorischen Dilemmata der ökonomischen Intervention

23 »Virus lays bare the frailty of the social contract« (Editorial, Financial Times, 3.4.2020).

24 Vgl. Richard Katz/Peter Mair: Changing models of party organization and party democracy: The emergence of the cartel party«, in: Party Politics 1 (1), 1995, S. 5–28; Bernard Manin: The Principles of Representative Government, Cambridge 1996.

zu bewältigen. Eine autoritäre Lösung des neoliberalen Niedergangs ist sehr viel wahrscheinlicher geworden. Das politische Pendant zum paulinischen Erweckungserlebnis der *Financial Times* war die Begeisterung vieler Liberaler, bis dahin wahre Hooligans der westlichen Demokratie, für die vom chinesischen Regime bei der Bekämpfung der Epidemie an den Tag gelegten repressiven Härte. Notstandsmaßnahmen und die Beschränkung individueller Freiheitsrechte sind auf rasante Weise normalisiert worden. Gewiss waren die Maßnahmen aufgrund des medizinischen Notstands gerechtfertigt, doch im Allgemeinen gab es keine entsprechenden Bemühungen, politische Kontrollmechanismen zum Schutz vor einer autoritären Entwicklung zu etablieren.

Zwei (beschränkte) Argumente für die Planung

Ist die emanzipatorische Tradition in der Lage, auf dieses dreifache Krisenszenario – Krise des Finanzsystems, der Ökologie und der politischen Souveränität – eine postkapitalistische und demokratische Alternative zu formulieren? Auf den ersten Blick kann eine Antwort nur affirmativ ausfallen. Nicht nur weil ökologische Positionen heute Kernbestandteil radikaler Politik sind, sondern auch weil die alte Debatte über die Möglichkeit der ökonomischen Planung komplexer Gesellschaften in den vergangenen Jahren – in einem gewöhnlich sehr technophilen Sinne – rehabilitiert wurde. Häufig heben die radikalen Argumente zugunsten der Planung zwei Aspekte hervor: einen gesellschaftlichen und einen technischen.

Der erste hat mit der kulturellen Akzeptanz der Planung zu tun. Nach den beiden Weltkriegen des vergangenen Jahrhunderts wurde eine Verteidigung des Sozialismus populär, die den Erfolg der zentralen Planung während des Kriegs betonte. Viele Menschen fragten sich, was geschehen würde, wenn die enormen gesellschaftlichen Energien, die während des Kriegs mobilisiert worden waren, für den Aufbau einer wohlhabenderen und egalitäreren Gesellschaft eingesetzt würden. Als Ergebnis dieser kollektiven Reflexion kam es ab 1945 zu erstaunlichen sozialen Neuerungen, die noch einige

Jahre zuvor utopisch erschienen: öffentliche Gesundheitsversorgung, Bildung und Wohnungswesen, die Nationalisierung der Schlüsselindustrien ... Möglicherweise könnte in unseren Tagen etwas Vergleichbares geschehen. Denn tatsächlich sind Planung und Zentralisierung heute so ausgeprägt in unseren Ökonomien, als würden wir in einer Zeit der militärischen Mobilmachung leben. Schätzungsweise werden 30 bis 50 Prozent des Welthandels innerhalb von Unternehmen abgewickelt und sind dementsprechend extrem geplant. Der Alltag von Ikea, H&M, Walmart oder Amazon beruht auf Strategien der Wirtschaftsplanung, die die gesamte Produktionskette betreffen und die Nachfrage zu modulieren versuchen.

Ebenso wie der Weltkrieg die Gesellschaft mit der staatlichen Wirtschaftslenkung vertraut machte, haben Ikea und Amazon die zentralisierte Produktions-, Vertriebs- und Konsumlenkung entdramatisiert.[25] In einem Dokumentarfilm über Kuba war vor einigen Jahren zu sehen, wie der Verantwortliche eines staatlichen Ladens das T-Shirt-Angebot präsentierte: »Wir haben zwei Modelle: das weiße und das mit dem Che.« Viele Leute, denen das als schreckliche Uniformität erschien, finden es nicht weiter problematisch, dass Wohnungen heute, egal wohin man reist, voll mit Billy-Regalen, Pöang-Sesseln, Zara-Hosen und Quechua-Jacken sind, so als wäre der Erwerb verpflichtend. Worin würde – in Anbetracht dessen, dass wir alle, sogar meine Universität, denselben E-Mail-Anbieter nutzen – der Unterschied bestehen, wenn ein öffentliches Unternehmen statt eines kalifornischen Konzerns diesen Dienst anböte?

Dieses gesellschaftliche Argument ist gewichtig, aber auch ein wenig trügerisch. Die kapitalistische Planung unseres Lebens ist heute ausschließlich von Trägheit und Individualismus dominiert: Entweder bleibt sie im Produktionsprozess verborgen oder verschwimmt dank des Marketings auf den Vertriebswegen. Zu einem wesentlichen Anteil beruht der

25 Leigh Phillips/Michal Rozworski: The People's Republic of Walmart: How The World's Biggest Corporations Are Laying the Foundation for Socialism, London 2019.

Erfolg von Unternehmen wie Ikea oder Decathlon auf ihrer Fähigkeit, einige der Planungseffekte zu verbergen. Auch wenn sie für fast genauso viel Uniformität wie irgendein sowjetischer Produktionszweig sorgen, gelingt es ihnen, das Gefühl der Monotonie zu vermeiden, indem sie normierten Massenprodukten eine Aura von Design, Modernität und Exklusivität verleihen. Diese verschleierte Planung unterscheidet sich gesellschaftlich stark von dem bewussten, durch politische Debatten vermittelten und gemeinsamen Prozess, wie er beispielsweise zum Aufbau der Gesundheitssysteme in den frühen Wohlfahrtsstaaten der Nachkriegszeit führte.

Die zweite Argumentationslinie zugunsten der Planung hat damit zu tun, wie die Digitalisierung die Grundlagen der klassischen Debatte über den Sozialismus verändert hat. Das Argument, das Liberale wie Mises, Hayek oder Friedman zumindest seit den 1920er-Jahren gegen die Planung vorbrachten, lautet, dass das Preissystem ein unverzichtbares Mittel zur Informationsübertragung in komplexen Ökonomien ist.[26] Diesem Modell zufolge transportieren Preise bei minimalen Kosten Informationsfragmente, die sich automatisch zusammensetzen. Auf diese Weise wird ein Niveau gesellschaftlicher Koordination erreicht, wie keine organisierende Institution es jemals gewährleisten könnte. Von diesem Standpunkt verfälscht der zentralisierende Eingriff nur den Informationsfluss und verhindert damit die optimale Koordination.

Ein verbreiteter sozialistischer Einwand gegen dieses Argument lautet heute, die Liberalen würden damit anerkennen, dass es sich beim Preissystem in erster Linie um ein Kommunikationssystem handelt, also um eine gesellschaftliche Maschine, die von einer höheren Technologie ersetzt werden könnte.[27] In diesem Sinne ermöglichen es die im Gefolge der Digitalisierung exponentiell gewachsenen Rechenkapazitäten, das Preissystem durch bessere und nichtkonkurrente Koordi-

26 Der Grundlagentext dieser Argumentation ist selbstverständlich »Die Wirtschaftsrechnung im sozialistischen Gemeinwesen«, den Mises 1920 als Antwort auf Otto Neuraths Verteidigung der Wirtschaftsplanung veröffentlichte.

27 Paul Cockshott/Maxi Nieto: Ciber-comunismo. Planificación económica, computadoras y democracia, Madrid 2017.

nationsalternativen zu ersetzen. Tatsächlich haben die Kommunikationsmöglichkeiten in den letzten beiden Jahrzehnten rasant zugenommen. 2011 schätzte die Zeitschrift *Science* das Wachstum der bidirektionalen Kommunikation auf 28 Prozent, das der Speicherkapazitäten auf 23 Prozent jährlich. Die praktischen Effekte dieser Entwicklung sind enorm. Um es anhand eines sehr berühmten Beispiels zu illustrieren: Das Team, das 2003 erstmals die menschliche Gensequenz bestimmen konnte, hatte zehn Jahre dafür gebraucht; 2018 wurde dieselbe Aufgabe innerhalb von 20 Stunden durchgeführt.[28]

Auch das ist ein gewichtiges Argument, das allerdings den Anhängern der Marktutopie möglicherweise zu viele Zugeständnisse macht. Der liberale Angriff auf die Planung war immer ein akademisches Pseudoproblem, das auf einer Grundannahme beruhte: nämlich auf der These, dass eine einfache und nicht kontingente Antwort auf die Frage nach der optimalen Kombination von Mechanismen ökonomischer Institutionalisierung in einer komplexen Gesellschaft möglich und wünschenswert ist.[29] Dem entgegen steht die These Karl Polanyis, der auf Grundlage anthropologischer Studien seiner Zeit die Existenz einer universellen, auf dem Nutzenkalkül beruhenden ökonomischen Rationalität kritisierte. Stattdessen unterschied er eine Reihe historischer ökonomischer Institutionen – den Markt, Umverteilungsmechanismen, allgemeine Reziprozität, den Hof oder Haushalt –, die Teil der gesellschaftlichen Struktur sind und fließende Übergänge besitzen.

Wer die liberalen Begriffe der Debatte akzeptiert, misst den technologischen Instrumenten beim Aufbau einer sozialistischen Alternative zu große Bedeutung bei. Auf diese Weise wird die Suche nach einem digitalen Substitut des Markts zur zentralen Frage, anstatt einfach nur ein interessantes Hilfsmittel zur Verfügung zu stellen.

In Wirklichkeit wurde die Utopie des Marktsystems nicht als Alternative zum Plan, sondern als Antwort auf die Gefahr

28 www.wired.com/story/ultra-fast-genome-sequencing-could-save-lives-newborns.

29 Karl Polanyi: The Livelihood of Man, New York 1977.

konzipiert, die die Demokratie für die oberen Klassen repräsentierte. Deshalb schätzten selbst zutiefst reaktionäre Autoren wie Edmund Burke den Markt als eine effiziente Form, um die Hierarchie des traditionellen Ständesystems zu ersetzen. In den Worten Hayeks: »Schließlich ist der Wettbewerb immer ein Vorgang, in dem eine kleine Anzahl eine viel größere Anzahl nötigt, das zu tun, was diese nicht will – sei es härter zu arbeiten, Gewohnheiten zu ändern oder ihrer Arbeit ein Maß von Aufmerksamkeit, ständiger Zuwendung oder Regelmäßigkeit zu widmen, das ohne Wettbewerb nicht erforderlich wäre.«[30] Die Expansion des Markts betrifft nicht nur die Produktionsbeziehungen, sondern schränkt auch die Möglichkeiten ein, eine wirklich demokratische Kultur mit einer charakteristischen Subjektivität zu entwickeln. Denn die Durchsetzung des Markts ist ein gesellschaftlicher Mechanismus, der jede Diskussion über das Zustandekommen individueller Präferenzen unterbindet, indem er ein auf der Spontaneität der Wünsche beruhendes Gefühl von Wahlfreiheit hochhält. Deshalb besteht die Herausforderung für die Sozialisten nicht allein in der Frage, ob die Wirtschaftsplanung möglich oder sinnvoll ist – eine Frage, auf die sich keine allgemeingültige Antwort für sämtliche Güter und Dienstleistungen geben lässt –, sondern vor allem in der Form der ökonomischen *Deliberation,* die der Planung zugrunde liegt. Das sozialistische Dilemma par excellence, das nicht einfach als gelöst vorausgesetzt werden kann, ist, ob die demokratische politische Debatte auf kontingente Weise etablieren kann, wie viel Markt, Plan oder Reziprozität eine komplexe, vielfältige und aufgeklärte Gesellschaft benötigt.

Dieses Problem hat selbstverständlich auch technische Aspekte, aber in erster Linie ist es politischer Natur und hat weniger mit der Frage zu tun, mit welchem Mechanismus individuelle Wünsche zusammengefügt werden, als damit, wie diese Präferenzen kollektiv entwickelt werden. Die politischen Erfahrungen der jüngsten Vergangenheit erteilen uns

30 Friedrich von Hayek: Gesammelte Schriften in deutscher Sprache, Abt. B, Bd. 4: Recht, Gesetz und Freiheit, Tübingen 2003, S. 382.

wertvolle Lehren hinsichtlich der Möglichkeiten und Grenzen der Deliberation in unseren Gesellschaften sowie der fatalen Folgen des Cyber-Fetischismus. Es ist ausgesprochen unwahrscheinlich, dass die auf digitaler Planung beruhenden Projekte zur Demokratisierung der Wirtschaft die Probleme umgehen können, mit denen die aktuellen Bemühungen zur Vertiefung der demokratischen Partizipation heute konfrontiert sind.

Deliberation und die Herausbildung von Präferenzen

Ein charakteristisches, mit der neoliberalen Globalisierung eng verknüpftes Phänomen der demokratischen Politik im Westen ist die wachsende Entfremdung der Wähler von ihren politischen Repräsentanten und ihren Organisationen. Die Suche nach alternativen Partizipationsinstrumenten, die basisdemokratischer sind, die Menschen direkt erreichen und besser vor Professionalisierung und politischer Kartellbildung gefeit sind als das Parteiensystem, kam in den letzten Jahren auf sehr verschiedene Weise zum Ausdruck. Dies reichte von Initiativen, das Innenleben politischer Organisationen mithilfe allgemeiner Vorwahlen und Abstimmungen im Internet, an denen sich jeder nach einem einfachen elektronischen Registrierungsverfahren beteiligen konnte, zu verändern, bis hin zu Prozessen der Bürgerbeteiligung wie den kommunalen Bürgerhaushalten. Die Bilanz ist allerdings sehr durchwachsen.

Häufig wurde politische Partizipation als ein einfacher Prozess verstanden, dessen wichtigstes Hindernis darin besteht, eine passende digitale Vorgehensweise zu finden, um individuelle Präferenzen auf effiziente Weise zu aggregieren. Gewöhnlich verweist das konventionelle Modell der digitalen Partizipation auf Demokratiekonzepte, die als »akkumulativ« bezeichnet werden, Einstimmigkeit in der Tendenz für ideal halten und sich schwer damit tun, zwischen dem privaten Ausdruck aggregierter Präferenzen auf dem Markt und im öffentlichen politischen Leben zu unterscheiden.

Die Alternative zu diesen akkumulativen Demokratiekonzepten stellen die deliberativen Prozesse dar. Als Deliberation wird gewöhnlich ein Prozess verstanden, bei dem sich Präferenzen als Folge von Kommunikation auf endogene Weise verändern. Das bedeutet mehr oder weniger, dass unsere politischen Ideen falsch bestimmt sind, bevor wir sie gemeinsam mit unseren Mitstreitern kollektiv durchdenken, und zwar nicht, weil wir nicht über genug technische Information verfügen, um komplexe Probleme zu verstehen – obwohl auch das der Fall ist –, sondern weil unsere Wünsche vage sind und vom Kontext, in dem sie formuliert werden, und von Ausdrucksformen modifiziert werden. Wenn wir in digitalen Partizipationsprozessen individuell befragt werden, räumen wir – wenig überraschend – unseren unmittelbaren persönlichen Wünschen Priorität ein, die sich jedoch nicht mit jener allgemeineren Vision unseres Zusammenlebens decken, wie wir sie mit geeigneten deliberativen Instrumenten entwickeln würden.

Es gibt eine klare Homologie zwischen aggregativen Demokratiekonzepten, der These von der Präferenzfindung der Märkte und digitalen Lösungen des Planungsproblems. Ganz ähnlich wie auf dem politischen Feld besteht das grundlegende Problem der ökonomischen Demokratisierung nicht so sehr in der Kombination bereits existierender Präferenzen, sondern in deren kollektiver Ausarbeitung mithilfe institutioneller Verfahren.

Die deliberativen Prozesse haben ihr eigenes, beträchtliches Repertoire an Problemen, was sich unmittelbar auf ihre Anwendbarkeit auf ökonomische Prozesse auswirkt. Einmal abgesehen von den Transaktionskosten und dem Problem der Entscheidungsfindung bei Fragen großer technischer Komplexität, gibt es keinerlei Garantie dafür, dass die Deliberation eine rationalisierende Wechselwirkung zwischen Wünschen, Vorstellungen und Prinzipien befördert. Die Kritiker der deliberativen Demokratie unterstreichen zu Recht, dass es keinen Grund zur Annahme gibt, kollektive Diskussionen führten von selbst zu politisch wünschenswerteren Ergebnissen als rein aggregative demokratische Verfahren. Die übliche Erwiderung auf diese Einwände lautet, dass die Verfahrensarchitektur mithilfe komplexer Dispositive wie der Wahl von Repräsentanten per Losverfahren, der Expertenberatung oder der Rechenschafts- und Verfahrensprüfung zum Erfolg der Deliberation beitragen kann. Für die ökonomische Debatte ist das ein wichtiger Hinweis, aber es vermittelt auch eine Vorstellung von den Hindernissen und Problemen, mit denen diese Art Projekte konfrontiert sind und die durch technische Instrumente kaum reduziert werden können.

Ökonomische Deliberation und demokratische Sozialisation

Die Grenzen des »technologischen Solutionismus« in Fragen der demokratischen Wirtschaftsorganisation haben nicht nur mit der Herausbildung individueller Präferenzen zu tun, sondern auch mit dem Verhältnis von deliberativem Prozess und sozialer Identität. Wie Joshua Cohen mehrfach dargelegt hat, wirkt sich die politische Deliberation auf die soziale Identität der Bürger aus und modifiziert ihre Interessen in Richtung eines unter Gleichen hergestellten Konsenses.[31] Es gibt eine tiefe Verbindung zwischen der Bereitschaft zur Deliberation und dem Verständnis von Demokratie als einer kollektiven und verbindlichen Wahl. Die Deliberation ist nicht nur ein Verfahren, um Entscheidungen zu treffen, sondern auch das Ergebnis demokratischer Sozialisation. Sie gedeiht in Räumen komplexer und intensiver Interaktion und wird häufig von intermediären Organisationen befördert, die unsere individuellen Präferenzen in größeren Projekten im Bildungs-, Umwelt-, Sorge-, Freizeit-, Mobilitätsbereich oder eben in der Produktion artikulieren und verändern.

Das Problem, das sich daraus für die ökonomische Planung ergibt, ist enorm. Welche gesellschaftlichen und nicht nur technologischen oder politischen Voraussetzungen benötigen ökonomische Entscheidungsprozesse, die den Markt ersetzen sollen? Wie lässt sich vermeiden, dass eine postkapitalistische

31 Joshua Cohen: Deliberation and Democratic Legitimacy, in: Alan Hamlin/Phillip Petit (Hrsg.): The Good Polity: Normative Analysis of the State, New York 1989, S. 17–34; ders./Joel Rogers: Associations and Democracy. The Real Utopias Project, London 1995.

Ökonomie jene politischen Pathologien – wie die Kartell- und Fraktionsbildung – reproduziert, die für die uns bekannten Repräsentations-, Partizipations- und Deliberationssysteme so typisch sind? Der Aufbau eines technisch operablen Systems der Wirtschaftsplanung stellt zweifelsohne eine enorme Herausforderung dar. Aber diese ist klein verglichen mit der Aufgabe, eine gesellschaftlich relevante und dauerhafte Kultur der Bürgerbeteiligung zu schaffen. Viele erfolgreiche Erfahrungen der Deliberation sind aus politischer Organisierung oder einem von Idealen getragenen Aktivismus hervorgegangen. Können und wollen wir diese Dynamik in alltäglichen ökonomischen Entscheidungsprozessen reproduzieren, in denen es keine Spur von Heroismus gibt? Wollen wir, dass die komplexe und mühselige Deliberation in unserem Leben so großen Platz einnimmt? Sind wir, wenn die Antwort nein lautet, dazu verurteilt, jene Mechanismen zu reproduzieren, die Präferenzen durch nichtkompetitive technische Instrumente ermitteln?

Die jüngere Vergangenheit des Genossenschaftswesens und der sogenannten Solidarökonomie zeigen auf, mit welch enormen Schwierigkeiten wir konfrontiert sein werden, wenn wir diese Fragen zu beantworten versuchen. Es gibt sehr positive Erfahrungen, die belegen, wie die Produktions- und Arbeitsbeziehungen wieder in dichte und verwurzelte soziale Zusammenhänge »re-embedded« werden können, um einen Begriff Polanyis zu verwenden. Die Solidarökonomie kann Teil des Lebensprojekts von Gemeinschaften sein, die durch Verbindungen auch jenseits der Arbeitsbeziehungen zusammengehalten werden. Aber diese Möglichkeit hat auch eine Schattenseite, die mit den potenziell negativen Effekten zu tun hat, die enge soziale Beziehungen auch im Ökonomischen haben: unlösbare Konflikte, vergiftete persönliche Beziehungen, Selbstausbeutung, bürokratischer Autoritarismus ...

Möglicherweise besteht die wichtigste Lektion, die wir lernen müssen, darin, dass die Überwindung des Marktparadigmas weniger mit dem Verzicht auf den Wettbewerb als mit der Bereitschaft zur Kontingenz zu tun hat: Weder der Markt noch irgendeine andere ökonomische Institution – ob nun von digitalen Technologien unterstützt oder nicht – liefert eine definitive Antwort auf die radikale Unbestimmtheit des gesellschaftlichen Lebens in einer komplexen Gesellschaft. Deshalb ist die demokratische Deliberation – unsere Fähigkeit, gemeinsam nachzudenken und Regeln zu vereinbaren – der einzige Kompass bei der Suche nach einem stets provisorischen Gleichgewicht zwischen ökonomischer Zentralisierung, Marktkonkurrenz und Reziprozität. Die Potenziale und Grenzen eines möglichen Postkapitalismus decken sich mit denen einer praktikablen deliberativen Demokratie.

Eine immer wiederkehrende Versuchung der emanzipatorischen politischen Tradition besteht darin, sich den Sozialismus als einen Kapitalismus ohne Kapitalisten vorzustellen. Dieser Irrtum wird durch den Cyber-Fetischismus noch verschärft: Das Potenzial digitaler Werkzeuge kann einen dazu verführen, die Schwierigkeiten beim Aufbau einer Gesellschaft zu unterschätzen, in der die kollektive Kontrolle der Wirtschaft einen Sinn besitzt. Die Wirtschaft zu demokratisieren bedeutet nicht einfach, den Hahn von Zentralisierung und Partizipation zu öffnen, sondern ist Teil eines viel umfassenderen, komplexeren und immer unvollendeten Prozesses, der die Demokratie weniger in eine Regierungsform als in eine Lebensweise verwandelt.

Aus dem Spanischen übersetzt von Raul Zelik

Autorinnen und Autoren

Alexander Amberger ist Politikwissenschaftler. Seit 2011 ist er in der politischen Bildung beim Berliner Verein »Helle Panke« tätig. 2014 erschien seine Dissertation zum Thema »Bahro – Harich – Havemann. Marxistische Systemkritik und politische Utopie in der DDR« im Verlag Ferdinand Schöningh. Er ist Mitherausgeber von »Auf Utopias Spuren: Utopie und Utopieforschung« (2016). Zuletzt erschien »Die Dystopie des Spätkapitalismus bei Gert Prokop. Ein Sonderfall der DDR-Science-Fiction?« (2021).

Armin Beverungen ist Juniorprofessor für Organisation in Digitalen Kulturen am Institut für Soziologie und Kulturorganisation der Leuphana Universität Lüneburg. Er forscht an der Schnittstelle zwischen Soziologie, Organisations- und Medienwissenschaft zum algorithmischen Kapital, ist Mitherausgeber der Zeitschriften *Organization* und *spheres: Journal for Digital Cultures* sowie der Buchreihe »Digital Cultures« (meson press). Zuletzt erschien: »Executive Dashboard« (in: Oxford Handbook of Technology, Media and Organization; 2020).

Valeria Bruschi ist in der politischen Bildung tätig und beschäftigt sich mit der marxschen Kritik der politischen Ökonomie. Sie hat einen Beitrag zu »Marx und gesellschaftliche Naturverhältnisse. Einige Anmerkungen zur ökologischen Frage in Marx' Kritik der politischen Ökonomie« geschrieben und arbeitet derzeit an der Entwicklung von Bildungsformaten zum Thema gesellschaftliche Naturverhältnisse. Außerdem unterrichtet sie in Berlin Deutsch als Zweitsprache.

Timo Daum ist Hochschuldozent und Autor. Sein Arbeitsschwerpunkt ist die Analyse und Kritik des digitalen Kapitalismus. Sein Buch »Das Kapital sind wir. Zur Kritik der digitalen Ökonomie« erhielt den Preis »Das politische Buch 2018« der Friedrich-Ebert-Stiftung. Derzeit beschäftigt er sich vor allem mit dem Thema Plattformen im Verkehr sowie Methoden agilen Managements. Timo Daum lebt in Leipzig.

Jan Groos hat bildende Kunst an der Akademie der Bildenden Künste Wien studiert und promoviert zu soziotechnischen Imaginationen algorithmischer Regierungskunst. Er ist wohnhaft in Wien und betreibt den Podcast »Future Histories« (www.futurehistories.today). Zuletzt erschien »Dime & Punishment – Cryptoeconomics als Menschenregierungskunst» (in: engagée-Journal #9 »Disobedient Futures«; 2020).

Inga Jacobsen ist Umweltwissenschaftlerin und hat in Lüneburg und Potsdam studiert. Als Nachhaltigkeitsbeauftragte bei einem Veranstalter für Musikfestivals beschäftigt sie sich u.a. mit (Energie-)Suffizienz, Mobilität und Recycling. Seit 2016 arbeitet sie für Bildungsprojekte im Bereich der Energiewende, von denen eines 2017 mit dem »Handelsblatt Energy Award« ausgezeichnet wurde.

Georg Klaus (1912–1974) war Direktor des Instituts für Philosophie an der Humboldt-Universität zu Berlin und Leiter der Kybernetik-Kommission der Akademie der Wissenschaften. Sein Buch »Kybernetik aus philosophischer Sicht« gilt als Standardwerk der Kybernetik in der DDR.

Geert Lovink ist Medientheoretiker, Internetkritiker und Gründer des Institute of Network Cultures, einer kleinen Forschungsstelle innerhalb der Amsterdamer Universität für Angewandte Wissenschaften. Das Zentrum koordiniert Forschungsnetzwerke wie Unlike Us (Kritik der Sozialen Medien und ihre Alternativen), MoneyLab (gegen Blockchain und ähnliche digitale Geldexperimente) und Urgent Publishing. Er ist Autor von »Networks Without a Cause« (2012) und (zusammen mit Ned Rossiter) »Organization after Social Media« (2018).

Felix Maschewski ist Literatur-, Wirtschafts- und Kulturwissenschaftler und schreibt u.a. für die *Frankfurter Allgemeine Sonntagszeitung*, die *Neue Zürcher Zeitung*, *Die Republik*, den *Tagesspiegel* und das *Philosophie-Magazin*. Er ist wissenschaftlicher Mitarbeiter im Institut für Wirtschaftsgestaltung (Berlin), Mitglied im PhD-Net der Humboldt-Universität zu Berlin/Princeton University und lehrte zuletzt am Otto-Suhr-Institut an der Freien Universität Berlin. »Die Gesellschaft der Wearables« (mit Anna-Verena Nosthoff) erschien 2019 im Nicolai Verlag.

Antonella Muzzupappa studierte Philosophie in Neapel. Seit 2011 ist sie Referentin für Politische Ökonomie bei der Rosa-Luxemburg-Stiftung. Zuletzt erschien »Crash Kurs Krise. Wie die Finanzmärkte funktionieren – Eine kritische Einführung« (mit Stephan Kaufmann; 2020).

Anna-Verena Nosthoff ist Philosophin, politische Theoretikerin und schreibt regelmäßig u.a. für die *Frankfurter Allgemeine Sonntagszeitung*, die *Neue Zürcher Zeitung*, *Die Republik*, den *Tagesspiegel* und das *Philosophie-Magazin*. Zuletzt war sie Research Fellow am Weizenbaum-Institut für die vernetzte Gesellschaft, derzeit lehrt sie am Institut für Politikwissenschaften an der Universität Wien. Ihr Buch »Die Gesellschaft der Wearables« (mit Felix Maschewski) erschien 2019 im Nicolai Verlag.

Sabine Nuss ist Politologin und Publizistin. Sie ist promoviert zu Fragen des geistigen Eigentums im digitalen Kapitalismus und arbeitet als Geschäftsführerin des Karl Dietz Verlags in Berlin. Sie publiziert in diversen Zeitschriften. Ihr jüngstes Buch ist »Keine Enteignung ist auch keine Lösung. Die große Wiederaneignung und das vergiftete Versprechen des Privateigentums« (2019).

Dominik Piétron ist wissenschaftlicher Mitarbeiter am Lehrbereich »Soziologie der Zukunft der Arbeit« der Humboldt-Universität zu Berlin. Er forscht zur politischen Ökonomie der digitalen Daseinsvorsorge und engagiert sich im Netzwerk Plurale Ökonomik. Zuletzt erschien von ihm »Industriepolitik im Zeitalter Künstlicher Intelligenz. Zur Renaissance interventionistischer Staatlichkeit« (in: Behemoth – A Journal on Civilisation; 2020, mit Philipp Staab).

César Rendueles ist Professor für Soziologie an der Complutense Universität in Madrid. Auf Deutsch erschienen zuletzt »Soziophobie. Politischer Wandel im Zeitalter der digitalen Utopie« (2015) sowie »Kanaillen-Kapitalismus: Eine literarische Reise durch die Geschichte der freien Marktwirtschaft« (2018). Er hat einen Beitrag zu »Die große Regression: Eine internationale Debatte über die geistige Situation der Zeit« (2017) beigesteuert. Er schreibt regelmäßig für die spanische Tageszeitung *El País*.

Ned Rossiter ist Professor für Kommunikation an der School of Humanities and Communication Arts und Forschungsleiter am Institute for Culture and Society der Western Sydney University. Er ist Autor von »Software, Infrastructure, Labor: A Media Theory of Logistical Nightmares« (2016) und (zusammen mit Geert Lovink) »Organization after Social Media« (2018).

Oliver Schlaudt ist Privatdozent am Philosophischen Seminar der Universität Heidelberg und vertritt zurzeit die Professur Epistemology and Theory of Science am University College Freiburg. Er arbeitet u.a. über Fragen der Quantifizierung und Messung in den Wissenschaften. Als Buch erschien zuletzt »Die politischen Zahlen. Über Quantifizierung im Neoliberalismus« (2018) bei Klostermann.

Jens Schröter ist Inhaber des Lehrstuhls Medienkulturwissenschaft an der Universität Bonn. Seine jüngsten Publikationen sind »Medien und Ökonomie. Eine Einführung« (2019) und (zusammen mit Christoph Ernst) »Zukünftige Medien. Eine Einführung« (2020), beide erschienen bei Springer.

Anne Steckner ist Politikwissenschaftlerin und in der politischen Bildung tätig. Sie hat mehrere Bildungsmaterialien veröffentlicht, u.a. als Co-Autorin von »PolyluxMarx. Bildungsmaterial zur Kapital-Lektüre« (2012), »Gramsci lesen. Einstiege in die Gefängnishefte« (2013) sowie »Häufig gestellte Fragen zur Europäischen Union. Kleine kritische Institutionenkunde« (2019). Der von ihr konzipierte »Feminist History Walk: Auf wessen Schultern wir stehen« wird 2021 analog und digital erscheinen.

Tom Strohschneider hat zwei Jahrzehnte im Journalismus gearbeitet, u.a. bei der *taz,* dem *Freitag* und als Chefredakteur der Tageszeitung *neues deutschland.* Er veröffentlichte unter anderem »Eduard Bernstein oder: Die Freiheit des Andersdenkenden« (2019) und »Linke Mehrheit? Über Rot-Rot-Grün, politische Bündnisse und Hegemonie« (2014).

Katharina Volk arbeitet in der IG Metall Bezirksleitung Küste in Hamburg und ist u.a. zuständig für Digitalisierung und Frauen. In ihrer 2018 erschienenen Dissertation »Von der Gesellschaftsanalyse zur Utopie« beschäftigt sie sich mit der Überwindung des Widerspruchs von Erwerbs- und Familienarbeit und utopischen Ideen.

Sun Wei arbeitet als Projektmanagerin in der Pekinger Niederlassung der Rosa-Luxemburg-Stiftung, wo sie mit der Entwicklung, Erleichterung und Evaluierung von Gemeinschaftsprojekten und politischen Projekten betraut ist, die mit China zu tun haben. Die Stiftung veröffentlichte vor Kurzem ihre Artikel »Towards ›Health for All‹. The Chinese healthcare system over the decades» (August 2020) und »A Historic Glimpse of Internationalism in China« (Februar 2020). Sie war Mitherausgeberin der chinesischen Ausgabe von »Beyond Development«.

Christopher Wimmer ist Sozialwissenschaftler und promoviert aktuell an der Humboldt-Universität zu Berlin zum Klassenbewusstsein der marginalisierten Klasse in Deutschland. Zuletzt erschienen sein Sammelband »Where have all the Rebels gone? Perspektiven auf Klassenkampf und Gegenmacht« (2020) sowie sein Buch (zusammen mit Detlef Hartmann) »Die Kommunen vor der Kommune 1870/71« (2021). Er schreibt regelmäßig u.a. für die *taz* und *neues deutschland.*

Florian Butollo/
Sabine Nuss (Hrsg.)
Marx und die Roboter

Roboter, Künstliche Intelligenz und digitale Vernetzung treiben die Automatisierung der Produktion voran. Die lebendige Arbeit werde verschwinden, der Mensch endgültig ersetzbar, warnen die einen aufgeregt. Die anderen sehen Wachstumspotenziale, Standortvorteile – oder sogar neue Chancen zur Überwindung des Kapitalismus.

Karl Marx war Zeit seines Lebens fasziniert von den Potenzialen der Technik, Produktivkraft war der Begriff, den er dafür prägte. Wie kann heute eine an Marx orientierte Analyse den technologischen Wandel erklären? Was ist das Neue, wo tritt nur das Alte in anderer Form auf die Bühne? Braucht die Kritik des Kapitalismus neue Begriffe?

Es schreiben: Florian Butollo,Timo Daum, Kristina Dietz, Franza Drechsel, Christine Gerber, Felix Gnisa, Frigga Haug, Georg Jochum, Elena Louisa Lange, Christian Meyer, Kim Moody, Phoebe Moore, Nadine Müller, Sabine Nuss, Sabine Pfeiffer, Simon Schaupp, Dorothea Schmidt, Sebastian Sevignani, Karsten Uhl, Judy Wajcman.

»Ein analytisch innovativer Sammelband.« — NDR Kultur

Florian Butollo / Sabine Nuss (Hrsg.)
Marx und die Roboter
Vernetzte Produktion, Künstliche Intelligenz und lebendige Arbeit
352 Seiten, Broschur
ISBN 978-3-320-02362-1

Antonio Negri
Über das Kapital hinaus

1979 erschien das Buch »Marx oltre Marx«. Es machte Antonio Negri schon lange vor »Empire« international bekannt. 40 Jahre später sind Negris Vorlesungen über die »Grundrisse« von Karl Marx (MEW, Band 42), die er an der Universität in Paris auf Einladung von Louis Althusser hielt, endlich auch in deutscher Sprache erhältlich.

»Marx über Marx hinaus« – so die wörtliche Übersetzung des Originaltitels – war ein Resümee der operaistischen Marx-Lektüre, die Anfang der 1960er-Jahre in Italien begonnen hatte. Zugleich markieren die Vorlesungen den Übergang in den sogenannten Post-Operaismus. Die darin von Negri entwickelte Lesart ist heute zum Bezugspunkt aktueller Debatten geworden, die sich um immaterielle Arbeit, Postkapitalismus und ein vermeintlich drohendes Ende lebendiger Arbeit durch die Technologien des Postfordismus sowie die Digitalisierung und Künstliche Intelligenz drehen.

Antonio Negri
Über das Kapital hinaus
246 Seiten, Klappenbroschur
ISBN 978-3-320-02360-7